FORME ET RÉFÉRENCE
le langage de Roman Ingarden

 *PHILOSOPHIE ET LANGAGE*

V. Kocay

forme et référence

le langage de Roman Ingarden

MARDAGA

© 1996, Pierre Mardaga éditeur
Hayen 11 -B-4140 Sprimont
D. 1996-0024-20

Pour Véra.

Préface de l'auteur

Ce livre a pour objet la philosophie littéraire de Roman Ingarden, philosophie de plus en plus connue parmi les philosophes mais très peu utilisée en critique littéraire. Ce manque est d'autant plus étonnant que la philosophie d'Ingarden, de caractère surtout ontologique, se prête bien à ce que l'on pourrait nommer une méthode d'analyse «fonctionnelle» incorporant des théories herméneutiques de la réception aussi bien qu'une approche linguistique et stylistique. Notre but est de combler cette lacune. Nous espérons mettre en valeur certains aspects de la philosophie d'Ingarden dans le contexte de l'analyse littéraire. Ce n'est pourtant pas dire que notre réflexion sur la philosophie d'Ingarden n'est valable que dans ce seul contexte. Au contraire, nous proposons une interprétation originale de sa pensée. Nous le défendons contre les critiques qui croient que sa conception de l'œuvre littéraire est trop «classique», mais nous nous opposons à sa conception des qualités et valeurs esthétiques.

Par analyse littéraire nous entendons une compréhension du texte suivi d'une description de ses qualités. Aussi nous orientons-nous vers ce qu'on peut appeler la subjectivité du lecteur, mais tout en insistant sur les traits formels, linguistiques et autres, qui permettent au lecteur de comprendre ce qu'il lit. Nous verrons que tout comme la communication implique un locuteur, un message et un interlocuteur, de même l'analyse de texte littéraire, comme nous la comprenons, implique un auteur (explicite ou implicite — i.e. un narrateur), un message et un médium, aussi bien qu'un lecteur. Notre thèse peut être formulée ainsi : dans un texte quelconque, considéré du point de vue de sa réception, le message et le médium exercent l'un sur l'autre une influence réciproque que l'analyse littéraire a pour but de mettre au clair. Le rapport entre le message et son médium, c'est-à-dire entre le signifié présenté par le signifiant dans un contexte particulier, est réalisé par le lecteur qui «concrétise» le référent fictionnel. La philosophie d'Ingarden, et surtout sa conception du langage, remet en valeur et la subjectivité du lecteur dans son rôle d'interprète, et celle de l'auteur dans le choix de mots et de séquences linguistiques sur la page.

Ingarden se voulait réaliste mais, à notre sens, sa philosophie représente une synthèse de deux philosophies on ne peut plus opposées. Derrière le soi-disant réalisme d'Ingarden se faufile une tendance idéaliste dans le sens husserlien du mot — la concrétisation ayant lieu dans la conscience du lecteur. La rencontre de ces deux tendances philosophiques (réalisme et idéalisme husserlien) rend problématique toute interprétation de cette philosophie. Les critiques se rangent en général du côté du réalisme, étant donné sans doute les nombreux commentaires d'Ingarden à ce sujet. Après avoir longuement réfléchi à ces questions, en développant les notions de concrétisation, de valeur esthétique, et d'intentionalité linguistique jusque dans leur rendement le plus étendu, nous avons pourtant abouti à une conception plus idéaliste du langage et de la littérature. A quel moment le «réalisme» d'Ingarden se laisse concevoir comme un échec, comme une tentative pour empêcher le plein épanouissement de la philosophie husserlienne dans ses dimensions linguistiques et littéraires? Ou plutôt, faut-il redéfinir les notions d'idéalisme et de réalisme?

Nous aimerions remercier ici les professeurs H. Schogt, B.T. Fitch, P. Perron, et G. Nicholson, tous de l'Université de Toronto pour l'aide qu'ils nous ont accordée lors de la première rédaction de ce travail, et le professeur P.J. McCormick de l'Université d'Ottawa pour les critiques et suggestions qu'il nous a offertes dans le cours des dernières années. Toutefois, nous sommes seuls responsables des arguments avancés ici. Nous tenons également à remercier l'Université Saint-François-Xavier pour l'aide financière qu'elle a accordée à la réalisation de cet ouvrage, ainsi que M. Jacques Bourque qui nous a donné des conseils d'ordre linguistique.

Introduction

Roman Ingarden est né à Cracovie en 1893. Il est mort en juin 1970. Il a écrit surtout en allemand et en polonais (il existe aussi quelques articles rédigés en français), sans compter les nombreuses traductions de ses œuvres en anglais, français, italien, etc. Il a connu une certaine renommée en Pologne et en Allemagne où ses œuvres philosophiques sont toujours lues et commentées, et cette renommée est en train de s'accroître dans le monde anglo-saxon, grâce, en partie, aux traductions récentes de ses œuvres aux Etats-Unis. Cependant, Ingarden reste quasi inconnu en France et dans le monde francophone. Il a écrit sa thèse de doctorat sur la philosophie de Bergson sous la direction de Husserl, d'abord à Göttingen, ensuite à Fribourg en Breisgau. Une fois de retour en Pologne il a enseigné à l'Université de Lvov (maintenant en Ukraine), s'est vu interdit d'exercer ses fonctions de professeur pendant l'occupation allemande, et après la guerre a accepté la chair de philosophie à l'Université Jagellonienne à Cracovie.

La bibliographie d'Ingarden est complexe. Ingarden a écrit plusieurs livres et publié des articles dans différentes langues. Souvent, il a réécrit un article ou un livre dans une langue autre que l'originale. *Das literarische Kunstwerk*, par exemple, d'abord écrit en allemand, a été réédité en polonais et traduit en anglais et en français, tandis que *Spór o istnienie swiata*, d'abord écrit en polonais l'a été subséquemment en allemand sous le titre *Der Streit um die Existenz der Welt* (une traduction partielle existe en anglais; elle a pour titre *Time and Modes of Being* : voir bibliographie). Pour le chercheur qui se soucie de la justesse de ses remarques, cette diversité de langues et de traductions est problématique en ce qu'il est parfois difficile de préciser la pensée d'Ingarden. On se voit finalement contraint de hasarder une interprétation de sa pensée qui ne serait pas toujours en accord avec d'autres interprétations faites par différents chercheurs travaillant dans une autre langue, mais cela va de soi.

Mis à part ces problèmes bibliographiques, il reste toujours celui de la complexité de sa pensée. Le chercheur se voit parfois obligé de mettre en question la nécessité et le bien-fondé de certaines distinctions nuancées rencontrées dans l'œuvre d'Ingarden. Ingarden avait l'esprit fin, subtil, et cette finesse, cette subtilité, se retrouvent dans ses discussions philosophiques, ainsi que dans la terminologie dont il se sert. Sans donner ici des précisions, nous hasardons que cette complexité d'ordre ontologique explique pourquoi Ingarden n'est pas mieux connu dans les milieux littéraires et esthétiques. Quand on y ajoute que la philosophie d'Ingarden, de caractère surtout ontologique, s'est développée à une époque où l'ontologie n'était pas à la mode par rapport à la philosophie logique et analytique dans les pays anglo-saxons, par rapport au néo-kantisme en Allemagne, et par rapport au bergsonisme en France, le peu d'intérêt que cette philosophie a suscité n'est pas étonnant.

Nous ne comptons pas «rectifier» cette injustice en chantant les gloires d'Ingarden mais nous espérons mettre en valeur certaines de ses idées intéressantes et originales. Et comme notre perspective est linguistique et littéraire nous faisons abstraction, dans la mesure du possible, des aspects de sa philosophie ontologique qui ne touchent pas à son travail sur l'œuvre littéraire. Nous écartons également de notre propos sa philosophie anthropologique afin de mieux mettre en valeur le problème de l'œuvre littéraire et sa réception.

Reste que certaines notions dans la philosophie d'Ingarden sont très connues, telle la stratification de l'œuvre qui en effet sert de schéma organisateur à la deuxième partie de ce livre (les quatre couches ou strates de l'œuvre sont : les formations phoniques, les unités de signification, les objets figurés, et les aspects schématisés). La notion de stratification est intéressante en ce qu'elle nous permet de mieux préciser quelle strate de l'œuvre littéraire est visée par un domaine particulier. L'analyse phonétique de l'œuvre vise la première strate, tandis que l'analyse syntaxique et sémantique en vise la seconde. L'analyse référentielle a surtout pour objet la troisième strate et la couche des aspects schématisés, en un sens chevauchant les trois autres strates, pourrait faire l'objet de diverses approches méthodologiques.

Pour intéressante qu'elle soit, cette notion est cependant limitée dans le contexte de l'analyse littéraire. Elle y restreint par trop le domaine du chercheur qui s'en sert telle quelle parce qu'elle impose des limites à la lecture. L'analyse d'une œuvre littéraire devrait avoir pour objet toutes les parties de l'œuvre, peu importe la strate à laquelle elles appartiennent. Parfois, la prononciation influe sur le sens, parfois la syntaxe est inséparable du référent, et ainsi de suite. Vouloir faire de la notion de stratification une méthode d'analyse est une entreprise erronée dont les résultats ne seraient au mieux que médiocres. D'ailleurs, Ingarden ne préconise pas la notion de stratification en ce qui concerne l'analyse de l'œuvre particulière (sauf peut-être dans le but de vérifier son hypothèse que l'œuvre est en fait stratifiée). Il reconnaît bien que sa conception de l'œuvre littéraire comme une entité stratifiée n'est qu'une abstraction, et il sait bien que les strates dépendent les unes des autres. Ainsi il est absurde de vouloir séparer la phonétique de la syntaxe et du sens dans le contexte d'une œuvre littéraire. Celle-ci n'est œuvre que grâce à ses diverses parties qui, ensemble, la constituent. Elle n'est pourtant pas la simple somme de ses parties, c'est une entité nouvelle qui parfois nous touche ou nous offusque mais qui joue néanmoins un rôle important dans notre vie. L'analyse littéraire qui découle de la notion ingardénienne de la stratification de l'œuvre doit, tout en reconnaissant l'importance de cette notion, la dépasser afin de tenir compte de l'ensemble de l'œuvre dans le plein sens du mot.

La vraie originalité de la pensée d'Ingarden, à notre sens, ce n'est pas d'avoir proposé la notion selon laquelle l'œuvre littéraire est stratifiée, c'est d'avoir su que la notion d'intentionalité appartient en quelque sorte à la lecture, le référent s'établissant au fur et à mesure que la lecture progresse, la syntaxe et les mots donnant lieu à un monde figuré dans la conscience du lecteur. Il est évident que la «linguistique» d'Ingarden, dans la mesure où elle sert la pratique critique, souligne le dynamisme du langage : le sujet de phrase faisant susciter un référent chez le lecteur, le prédicat en développant les propriétés ou les qualités, le tout incorporé au mouvement de la lecture, normalement du début jusqu'à la fin du livre. C'est que la linguistique d'Ingarden, nous espérons bien le montrer, vise la dynamique du langage dans une structure (situation) précise, le seul endroit où le langage est en fait dynamique, vivant.

Or, il est impossible de ne pas «faire de la philosophie» lorsqu'on aborde le travail d'un philosophe, mais il faut tout de même insister sur le fait que notre approche ne représente pas une exégèse de la pensée d'Ingarden. Une exégèse ferait sans doute ressortir les sources philosophiques d'Ingarden aussi bien que les parallèles avec les idées d'autres philosophes. Ainsi parlerait-on des origines de la phénoménologie dans la philosophie scolastique du Moyen Age, philosophie remise en valeur par Franz Brentano et ensuite par l'élève de celui-ci, Edmund Husserl, le maître d'Ingarden. Il faudrait également faire l'analyse de la critique qu'Ingarden a réalisée des *Idéens* de Husserl, à savoir que la pensée de Husserl est idéaliste[1]. Il serait également intéressant de poursuivre l'aspect hégélien de la pensée d'Ingarden, la dialectique de la lecture et de la concrétisation donnant lieu à la manifestation d'une idée métaphysique d'ordre supérieur. De plus, il existe une forte ressemblance entre la notion de concrétisation dans la philosophie d'Ingarden et la notion kantienne d'entendement, le divers du sensible trouvant son unité, chez Kant, grâce au «je» qui fait du divers une synthèse tout comme, chez Ingarden, la concrétisation impose une harmonie à l'œuvre littéraire[2]. Et ensuite, il faudrait parler de la divergence de la pensée d'Ingarden de celle de Heidegger, son contemporain, et même de celle de Sartre.

Nous nous limitons ici à la philosophie «littéraire» et esthétique d'Ingarden. Les deux œuvres les plus importantes dans cette perspective sont *Vom Erkennen des literarischen Kunstwerks* et *Das literarische Kunstwerk*. C'est dans ces deux œuvres que la pensée esthétique et littéraire de cet auteur trouve son meilleur développement. L'organisation de ce livre est donc axée sur une lecture de ces deux œuvres, la première partie ayant pour objet la concrétisation d'une œuvre littéraire, la deuxième mettant en valeur la pensée «linguistique» d'Ingarden. Le cas échéant nous faisons tout de même référence aux nombreux articles et aux autres œuvres qu'Ingarden a publiés. Dans la troisième partie de ce livre, notre conclusion, s'ébauchent deux analyses littéraires d'après les notions philosophiques et linguistiques discutées.

NOTES

[1] *Cf.* «O motywach, które doprowadzily Husserla do transcendentalnego idealizmu» ((1975), *On the Motives which led Husserl to Transcendental Idealism*, The Hague, Martinus Nijhoff).

[2] Pour une discussion de la différence essentielle de la phénoménologie et du néo-kantisme, voir E. Fink, «face à la critique contemporaine», dans *De la phénoménologie*, Editions de Minuit, 95-175. Selon Fink l'idéalisme phénoménologique se différencie du néo-kantisme en ce que «L'idéalisme phénoménologique est un *idéalisme constitutif* qui comprend (*einbegreift*) fondamentalement le monde par retour à l'origine constitutive» (167), tandis que l'interprétation néo-kantienne «du problème du monde reste *immanente au monde* (précisément par le retour à la "forme apriorique du monde")» (119). On se rappelle, pourtant, qu'Ingarden a récusé l'idéalisme de Husserl. En parlant de ce qu'il appelle les «ontologues réalistes» (et on suppose qu'Ingarden fasse partie de ce groupe), Fink dit : «Ils interprètent la phase des *Recherches logiques* comme une "conversion à l'objet", comme un dépassement de la stérile problématique gnoséothéorétique par le questionnement ontologique, et voient dans les *Idées* l'influence du "néo-kantisme"» (note 4, p. 104).

PREMIÈRE PARTIE

L'ESTHÉTIQUE D'INGARDEN

L'expérience esthétique

La notion de base de l'esthétique d'Ingarden est celle de concrétisation. Simplement dit, la concrétisation est la « matérialisation » ou la « figuration » du référent de l'œuvre fictionnelle dans la conscience du lecteur. Evidemment c'est une notion métaphorique. Le référent de l'œuvre fictionnelle ne se « matérialise » jamais. Il est possible de donner une représentation de l'œuvre ou d'une partie de l'œuvre (surtout lorsqu'il s'agit du drame ou d'une transposition d'un roman au cinéma), mais de telles représentations restent justement des représentations du référent de l'œuvre littéraire et ne sont nullement une matérialisation du référent dans le sens absolu du mot. Elles ne constituent pas le référent de l'œuvre ni ne le remplacent. D'ailleurs, elles peuvent exister en plusieurs exemplaires. On dirait par analogie qu'elles sont des « variantes » de l'œuvre qui, elle, reste « invariante ».

Or, la notion de concrétisation a connu une certaine renommée. Tout en étant métaphorique elle signifie ce qu'on peut appeler la compréhension d'un texte lors de la lecture. Ainsi, elle nous aide à entrevoir le rôle du lecteur dans la « création » et dans le « développement » au sein de la société de ce qu'on appelle couramment l'œuvre littéraire. Dans cette première partie de notre étude sur Ingarden nous explicitons cette notion à la fois complexe et fascinante. Nos commentaires auront surtout pour objet quelques difficultés que cette notion suscite, ainsi que les conséquences dans le contexte de l'analyse littéraire.

Dans la philosophie d'Ingarden la concrétisation n'est pas limitée à une «matérialisation» du référent, pour métaphorique et vague que soit cette notion. Ingarden insiste tout au long — et c'est cette insistance, croyons-nous, qui délimite la notion de concrétisation chez lui et qui la distingue de l'idée subjectiviste et relativiste de certaines interprétations de cette notion — que la concrétisation d'une œuvre littéraire et fictionnelle dépend d'une analyse formelle et ontologique de l'œuvre. Ce n'est qu'après avoir entrepris de telles analyses que le critique parvient à une concrétisation satisfaisante de l'œuvre. Il en découle deux notions importantes et distinctes. D'abord, l'analyse formelle et ontologique exerce un contrôle sur le critique ou sur l'interprète[1]. Dans la mesure où l'analyse renseigne, pour ainsi dire, la concrétisation, elle influe sur l'interprétation de l'œuvre : certaines interprétations sont possibles dans le sens où elles concordent avec une analyse formelle de l'œuvre, d'autres sont rejetées, et d'autres encore réussissent à convaincre les interprètes de leur justesse, de sorte qu'elles s'imposent dans la société littéraire plus étendue. Comme un corollaire du principe de contrôle exercé par l'œuvre, il en découle que toute concrétisation exige une communication, et que cette communication recouvre en un sens la notion de concrétisation. Pour se faire connaître, pour se faire juger, la concrétisation exige une formulation. Elle doit respecter les paramètres formels et ontologiques de l'œuvre, et représente alors un besoin de communication[2].

Après ces remarques liminaires, il convient de dire plus clairement en quoi consiste la concrétisation. Dans la philosophie d'Ingarden la concrétisation se situe sur le plan esthétique propre, à distinguer du plan pré-esthétique qui correspond à l'analyse des aspects formels de l'œuvre, et du plan réfléchi qui représente le jugement que le lecteur porte sur les qualités et sur les valeurs esthétiques de l'œuvre (*Cognition*, 170-171). Il faut d'abord discuter l'expérience esthétique elle-même parce que c'est lors de cette expérience que la concrétisation se fait, le résultat étant la formation de l'objet esthétique. La concrétisation est une expérience, un vécu qui réunit un lecteur et une œuvre, bien qu'elle ne coïncide ni avec le lecteur ni avec l'œuvre, mais trouve son point d'origine dans l'acte par lequel le lecteur «connaît» l'œuvre. Selon Ingarden, l'objet esthétique n'est pas un objet dans le sens ordinaire du mot — un objet du monde naturel —, mais il joue néanmoins un rôle très important dans la «vie» de l'œuvre littéraire[3].

La concrétisation, ou la formulation d'un objet esthétique, a donc lieu au cours de l'expérience esthétique. Dans son livre, *Vom Erkennen des literarischen Kunstwerks* (*The Cognition of the Literary Work of Art*), Ingarden décrit cette expérience dans le détail. Il écarte de l'expérience esthétique tout ce qui ne lui appartient pas, c'est-à-dire : (a) l'objet d'art lui-même qui est pourtant la source de l'expérience esthétique, (b) les états mentaux de l'auteur, ainsi que ceux du lecteur, (c) et le référent de l'œuvre.

L'expérience esthétique consiste en la réception d'un texte par un lecteur, de sorte qu'on peut écarter, ou «mettre entre parenthèses» à la manière de Husserl, tout ce qui relève de ce que nous pouvons nommer ici la structure de l'œuvre, ce qu'Ingarden appelle le schéma de l'œuvre. L'analyse de cette structure, de ce schéma, appartient à l'analyse pré-esthétique ou formelle. A ce niveau de l'analyse on s'intéresse, par exemple, à l'organisation des chapitres (si, en effet, le roman est divisé en chapitres); ou bien on fait l'analyse de la perspective temporelle de l'histoire racontée : a-t-elle lieu en quelques heures, en une journée, ou en plusieurs années ? Comment les différentes périodes temporelles sont-elles présentées ? Par quels moyens l'auteur fait-il la transition d'une période à l'autre ? On pourrait même composer une biographie des personnages afin de faciliter la compréhension de l'œuvre. Selon Ingarden, tous ces aspects de l'œuvre sont des aspects neutres. Ils appartiennent au schéma neutre de l'œuvre[4].

Or une telle séparation de l'esthétique du formel est problématique, dirait-on, parce que l'esthétique de l'œuvre est fondée sur des structures formelles et linguistiques. Cette distinction peut donc induire en erreur, si le lecteur insiste trop sur l'expérience esthétique jusqu'à faire abstraction de la forme de l'œuvre. Pourtant, et Ingarden en est bien conscient, les analyses formelle et esthétique sont comme les deux tableaux d'un diptyique : toute analyse complète implique les deux analyses ou les deux tableaux. La séparation de l'esthétique du formel est donc une séparation méthodologique. Il faut se garder de s'y laisser méprendre, mais cette séparation nous permet d'insister sur l'importance de la notion de concrétisation, notion souvent masquée ou négligée par la poussée de l'analyse formelle.

Il faut aussi écarter de l'analyse esthétique tout ce qui reste extérieur à l'œuvre une fois l'œuvre terminée (*L'œuvre d'art*, 36-39) : les états mentaux de l'auteur pendant qu'il composait l'œuvre, et ceux du lecteur pendant que celui-ci lit l'œuvre terminée. Il est évident que les états mentaux de l'auteur compris dans le sens d'un contenu psychologique quotidien, peuvent influer sur l'œuvre au moment de sa création mais, il est également évident que ces états mentaux se perdent ou sont oubliés une fois que l'œuvre est terminée. De plus, il est impossible de localiser et de préciser ces états mentaux. Une fois terminée l'œuvre est indépendante, par exemple, du fait que l'auteur avait bien déjeuné un jour et ressentait un certain plaisir à écrire. De même, l'œuvre est indépendante des états mentaux du lecteur. Une lecture nocturne à l'aide d'une bougie ou une lecture dans un bureau éclairé et bien chauffé n'entame pas l'œuvre en ce qu'elle nous offre de plaisir esthétique. D'une façon analogue, les états mentaux du lecteur peuvent influer sur la concrétisation mais, ces états mentaux (ceux du lecteur aussi bien que ceux de l'auteur) ne constituent aucune partie de l'analyse esthétique et ne peuvent se substituer à elle. L'expérience esthétique est autre et plus objective que l'étude psychologique des processus mentaux du lecteur ou de l'auteur. Une fois l'œuvre terminée elle s'ouvre à l'analyse et aux différentes perspectives des critiques. Elle n'est plus limitée par les désirs de son auteur, et elle n'est pas contrainte par une lecture particulière et subjectiviste.

Ingarden écarte également de l'expérience esthétique la sphère des objets représentés et les états de choses signifiés par le texte (ce que nous appellerons aussi le référent littéraire). Par là il faut comprendre que l'analyse esthétique chez Ingarden n'est pas synonyme de l'analyse du contenu de l'œuvre comme l'analyse pré-esthétique semble correspondre à l'analyse formelle de l'œuvre. L'expérience esthétique ne se limite pas à un certain domaine thétique : plutôt elle est fondée sur les qualités de l'œuvre qui attirent l'attention du lecteur, qu'elles soient phonétiques, sémantiques, référentielles ou aspectuelles. Aussi implique-t-elle une réaction de la part du lecteur face à l'œuvre entière, mais une réaction « contrôlée » par les qualités et les valeurs de l'œuvre[5].

Qu'est-ce donc l'expérience esthétique ? Selon Ingarden c'est tout d'abord une expérience active (*Cognition*, 170-240). Elle débute par une émotion captivante qui n'est pourtant pas un simple plaisir passif. Que le lecteur en soit conscient ou pas, il est mobilisé sur le plan de l'affect par l'œuvre qu'il est en train de lire. Une qualité particulière de l'œuvre ou un aspect de l'ensemble de l'œuvre suscitent l'intérêt ou au moins le désir de mieux connaître cette qualité ou cet aspect. Eveillé par ce qui dans l'œuvre a provoqué cette émotion, le lecteur veut, selon Ingarden, poursuivre et même répéter sa lecture afin de mieux connaître le plaisir esthétique ou afin de le reconnaître. La répétition de ce plaisir esthétique par des lectures successives ou par une connaissance approfondie de l'objet en question a pour résultat l'encadrement de la qualité qui a provoqué l'émotion captivante. Ainsi cette qualité se fait voir sur le fond de l'œuvre de sorte que le lecteur peut mieux la contempler. Il faut insister sur le fait que, selon Ingarden, la qualité ainsi isolée est une véritable qualité esthétique à laquelle on attribue de la valeur. Elle n'est pas, par exemple, la représentation d'un thème quelconque ou d'une coutume sociale particulière que l'auteur se serait évertué à nous présenter. Tout ce qui relève des domaines social, psychologique, philosophique, etc., est extra-esthétique et ne figure pas dans l'expérience esthétique telle qu'Ingarden la délimite. Les domaines extra-esthétiques peuvent influer sur le plaisir esthétique du lecteur mais ils ne constituent pas l'esthétique propre de l'œuvre. Chez Ingarden l'esthétique concerne la représentation elle-même dans la perspective de l'effet qu'elle produit chez le lecteur. L'objet représenté est éclipsé par le plaisir esthétique mais il ne s'agit pas d'un plaisir passif. Le plaisir est plutôt actif et implique la participation et la culture du lecteur.

La qualité esthétique qui a d'abord attiré le lecteur est, selon Ingarden, un centre potentiel de «cristallisation» de qualités. A force de répéter la lecture, d'autres qualités sont mises en relief, et leur présence a pour résultat l'affaiblissement de l'émotion captivante originelle. D'autres qualités de l'œuvre apparaissent, et elles ne sont pas isolées comme l'était la qualité qui a attiré le lecteur. Ces autres qualités sont souvent liées à la première ou à d'autres qualités encore, de façon que se manifestent différentes qualités à différents niveaux. De plus, les qualités s'influencent les unes les autres. L'expérience esthétique devient de plus en plus complexe, de plus en plus riche, un véritable labyrinthe de qualités et de relations entre différentes qualités. Toutes ces qualités prises ensemble dans une concrétisation constituent ce qu'Ingarden appelle l'objet esthétique. Ce terme d'apparence anodine est alors très important dans sa philosophie. Il nous oriente vers la subjectivité du lecteur, mais comme l'objet esthétique reste un «objet», il implique aussi une certaine mesure d'objectivité. La constitution de l'objet esthétique représente, finalement, l'aboutissement du processus de concrétisation.

Dans son article intitulé «Das ästhetische Erlebnis» (*Erlebnis, Kunstwerk und Wert*, 3-7), Ingarden présente l'expérience esthétique en sept étapes, à savoir, la séparation de l'objet réel de l'objet esthétique, les différents aspects (*Phasen*) de l'activité créatrice du lecteur, l'apparition d'une qualité originelle (*Ursprungsemotion*), la formation de l'objet esthétique, l'harmonie esthétique qui en résulte, la contemplation de cette harmonie et, l'existence de l'objet esthétique. A notre sens le nombre et l'ordre de ces étapes sont peu importants. Ingarden ne présente pas toujours l'expérience esthétique en sept étapes; l'essentiel, c'est que l'objet esthétique soit formé à partir des qualités de l'œuvre et qu'il existe par l'intermédiaire du lecteur.

La relation qui se forme entre le lecteur et l'œuvre est donc une relation nuancée qui ne peut ne pas influer sur la psyché de l'individu. C'est par cette relation, au moment où elle a lieu, que la «réalité esthétique» qu'est l'objet esthétique est formée (*Cognition*, 202). D'après Ingarden ce genre d'expérience joue un rôle très important dans la vie psychique de l'être humain. Dans un article intitulé «Artistic and Aesthetic Values» il dit même que la réalisation de l'objet esthétique est peut-être le phénomène le plus radical qui puisse avoir lieu dans notre vie psychique (119). L'expérience esthétique a pour effet qu'on s'oublie, même si ce n'est que pendant quelques secondes, et qu'on est absorbé par la contemplation de l'œuvre d'art, peu importe la «qualité» de cette expérience.

Ce bref résumé de la notion ingardénienne de l'expérience esthétique fait clairement ressortir l'importance que cet auteur accorde à cette notion. Une expérience au cours de laquelle on «s'oublie» exerce sans doute une influence sur le développement de la personnalité. Ingarden met en parallèle sa propre conception de l'expérience esthétique avec celle d'Aristote :

> Ad-mirer dans l'attitude esthétique ne nous remplit pas seulement de plaisir et de ravissement, mais nous vaut également cette détente spécifique que nous ressentons après toutes situations pénibles qui exigent de nous le plein engagement de nos forces. C'est précisément ce soulagement, et cet apaisement intérieur qui fait suite à l'ad-miration esthétique d'une qualité métaphysique qu'*Aristote* désignait, semble-t-il, par «catharsis» (*L'œuvre d'art littéraire*, note 12, 250).

Il est pourtant possible d'expliquer cet oubli de soi d'une façon autre. On pourrait dire, par exemple, que la conception ingardénienne de l'esthétique, dans son sens le plus étendu, implique surtout la contemplation neutre ou désintéressée de l'œuvre d'art et que par là sa philosophie esthétique est au fond classique, platonicienne même. Certains critiques l'ont dit ou répété; nous y reviendrons. Cependant, nous ne voulons pas prononcer trop tôt un jugement sur l'ensemble de la philosophie esthétique d'Ingarden. Nous verrons que cette philosophie est plus nuancée que certains ne le croient.

Il convient toutefois de faire remarquer que dans le contexte de l'expérience esthétique la philosophie d'Ingarden est plutôt speculative. Ingarden fait d'abord une distinction problématique et un peu arbitraire entre l'analyse esthétique et pré-esthétique, problématique dans le sens qu'il est difficile de séparer l'esthétique d'une œuvre littéraire de la forme de l'œuvre sur laquelle l'esthétique est basée. De même, l'expérience qu'Ingarden décrit, étape par étape pour ainsi dire, ne correspond pas nécessairement dans le détail à une vraie expérience esthétique. Faut-il toujours qu'il existe une émotion originelle captivante? L'objet esthétique peut-il se constituer dès le départ en un seul moment esthétique? Des questions de ce genre soulignent le côté spéculatif de cette philosophie, mais insister là-dessus, c'est manquer l'essentiel. Que l'objet esthétique se constitue en deux étapes, en trois étapes ou en une seule, il faut néanmoins reconnaître que cet objet «existe» et qu'il implique la subjectivité du lecteur.

La formation de l'objet esthétique à partir des qualités de l'œuvre et selon les relations entre différentes qualités ne marque pourtant pas la fin de l'expérience esthétique. Selon Ingarden, l'objet esthétique représente une harmonie finale ou un *Gestalt*[6] qui est une harmonie des différentes qualités de l'œuvre. Elle se situe au niveau de la concrétisation de l'œuvre, moment où toutes les qualités de l'œuvre entrent en synergie («Artistic and Aesthetic Values», 125). Or l'harmonie finale dépend en quelque sorte du lecteur. Le lecteur réagit aux qualités que manifeste l'œuvre et la qualité de cette réaction fait connaître la valeur esthétique de l'œuvre. Une réaction négative met fin à l'expérience, on ne poursuit plus l'expérience elle-même parce qu'on juge l'œuvre insuffisante du point de vue esthétique, et une réaction positive mène à la constitution complète de l'objet esthétique. En d'autres mots, lorsque le lecteur réagit favorablement à l'œuvre, c'est qu'il la croit digne de son attention prolongée, de sorte que l'harmonie finale s'impose. A son tour cette harmonie fait naître une attitude investigatrice. De cette façon Ingarden distingue l'œuvre véritablement esthétique du spectacle de qualité inférieure que l'on offre à la consommation facile au sein d'une culture de masse (*Cognition*, 212). Il se peut que les spectacles de qualité inférieure recèlent certaines qualités esthétiques qui peuvent attirer le spectateur, mais pas suffisamment pour permettre à l'harmonie finale de s'imposer. Le chercheur, selon Ingarden, finit vite par abandonner ce genre de spectacle.

Or le terme «objet esthétique» n'est pas à la mode, et l'est encore moins la distinction entre les œuvres «véritablement esthétiques» ou «belles», et les œuvres moins «esthétiques» ou moins «belles». La sémiotique nous enseigne avec raison que tout produit culturel est digne de l'attention du chercheur. Dire qu'une œuvre particulière est plus digne d'attention qu'une autre, c'est se fonder sur des valeurs ou des préjugés qui restent cachés. Mais cela n'empêche ni que certains individus ont des goûts particuliers ni que certaines œuvres sont jugées meilleures que d'autres. Il existe toujours la possibilité qu'une œuvre s'impose dans une communauté de lecteurs bien que les diverses œuvres litteraires n'aient pas toutes les mêmes succès. Il suffit de faire remarquer que même si les termes «esthétique» et «œuvre d'art» ne sont plus à la mode, il existe toujours des œuvres «bonnes» et des œuvres «moins bonnes». Ainsi il est possible de nous servir des termes qu'Ingarden utilise pour décrire l'expérience esthétique et son produit, c'est-à-dire l'objet esthétique. Eviter le vocabulaire d'Ingarden parce qu'on le croit trop subjectif n'est pas, à notre sens, une position bien fondée. D'ailleurs, se prétendre complètement objectif dans ses jugements ou complètement neutre en tant que chercheur est une position aussi chimérique et dangereuse que celle du chercheur qui croit toute interprétation valable.

Il faut, néanmoins, se garder de croire que la notion d'objet esthétique dans la philosophie d'Ingarden implique le subjectivisme ou le relativisme. Bien que l'objet esthétique dépende des goûts et des préjugés du lecteur, il n'est pas synonyme de ces goûts ni de ces préjugés. L'émotion esthétique joue un rôle dans la formation de l'objet esthétique, mais selon Ingarden ce n'est pas l'émotion seule qui constitue cet objet; l'émotion représente une de ses conditions essentielles, tandis que l'objet esthétique, lui, est une harmonie finale qui s'impose selon le jugement que le lecteur porte sur l'œuvre. D'ailleurs, l'objet esthétique qui est une harmonie finale des qualités harmonieuses de l'œuvre, selon l'expression d'Ingarden, oriente le chercheur vers ces qualités elles-mêmes comme la source du plaisir esthétique. Autrement dit, l'objet esthétique «invite» le chercheur à entamer une étude formelle et approfondie de l'œuvre, car les qualités de l'œuvre sont fondées sur sa forme. En fin de compte l'analyse des qualités dépend de l'analyse formelle de l'œuvre, et l'analyse formelle recouvre au moins en partie l'analyse linguistique de l'œuvre (*Cf.* notre deuxième partie).

Afin de conclure cette discussion sur l'expérience esthétique nous précisons que selon Ingarden l'émotion qui accompagne la formulation de l'objet esthétique, ou l'émotion qui résulte de la concrétisation, n'est pas l'émotion originelle qui au départ a attiré l'attention du lecteur. Plutôt, cette émotion «finale» est une «approche investigatrice», une envie de procéder à l'analyse sans quoi l'émotion ne peut durer, ou pour mieux dire, ne peut prendre une forme spécifique (*Cognition*, 238). C'est ainsi, croyons-nous, que la notion d'objet esthétique échappe au subjectivisme et au relativisme : l'objet exige une formulation de la part du chercheur, une formulation qui pour cette raison s'offre au jugement critique des autres.

NOTES

[1] Le contrôle que l'œuvre exerce sur sa concrétisation, ou bien l'objectivité de la concrétisation, est l'analogon d'un précepte de la phénoménologie de Husserl, à savoir, que l'image que suscite chez moi (dans la conscience) une photographie est objective dans le sens que cette image a son point d'origine non pas dans ma conscience à moi mais dans la photographie elle-même (cf. Fink p. 88).

[2] Wolfgang Iser est de l'avis que la notion de concrétisation, telle que formulée par Ingarden, ne représente pas un besoin de communication. Il dit que la notion de lieux indéterminés ne peut tenir compte des qualités qui ont une valeur négative quant à l'harmonie finale de la concrétisation et, vu que de telles qualités sont importantes dans le contexte de la littérature contemporaine («*modern literature*»), la notion de lieux indéterminés est d'autant plus faible (*The Act of Reading*, 172). Ailleurs, Iser le dit plus clairement : «That Ingarden did not think of the "places of indeterminacy" or of concretization as concepts of communication is made abundantly clear by the fact that the aesthetic value, which was to be actualized in the concretization, remains a central gap in his whole system» (178-179).

[3] Nous parlons surtout de la littérature mais nous croyons possible d'étendre la notion de concrétisation à la compréhension en général dans d'autres domaines et selon différents médias. Nous ne pouvons poursuivre cette hypothèse ici.

[4] Nous ne voulons présenter ici que les idées d'Ingarden. Le bien fondé de la neutralité du schéma de l'œuvre, peut-être une notion à contester, voire à récuser, est une question qui nous ne préoccupera pas ici.

[5] Il faut qualifier cette remarque. Les termes «qualités» et «valeurs» dans la philosophie d'Ingarden semblent ouvrir la pratique critique au subjectivisme et au relativisme par le fait que tout peut être qualité selon les valeurs qu'on veut y attribuer. Pourtant, comme nous le verrons, ces termes ont un sens plus limité chez lui. Il suffit de préciser ici qu'il incombe au critique de trouver les qualités de l'œuvre aussi bien que les valeurs. Ensuite il faudrait que le critique se justifie ou s'explique. La question de savoir ce qu'est une qualité, ce qu'est une valeur, reste pour le moment sans réponse (voir plus loin, «les valeurs esthétiques»).

[6] Ingarden utilise le terme «*Gestalt*» dans un sens limité. Ce terme représente l'harmonie finale de l'expérience esthétique, un ensemble des diverses qualités harmoniques de l'œuvre. Le texte allemand utilise aussi le terme «Qualität des Zusammenklanges» (*Vom Erkennen*, 212) et la traduction anglaise donne «quality of harmony» (*Cognition*, 204).

L'harmonie de l'objet esthétique

Les termes d'harmonie et de polyphonie reviennent souvent sous la plume d'Ingarden. Dans le contexte de l'expérience esthétique ils sont synonymes. On se rappelle que selon Ingarden il existe non pas *une* harmonie de l'œuvre, mais deux harmonies, l'une des qualités de l'œuvre, et l'autre une harmonie finale ou un *Gestalt* qui s'impose à l'ensemble de l'objet esthétique reconnu par le lecteur. En premier lieu, on s'imagine mal en quoi cette distinction consiste : une harmonie des harmonies étant en principe une redondance. Elle a néanmoins un rôle à jouer dans la philosophie d'Ingarden. Elle permet au chercheur de reconnaître certaines qualités à une œuvre sans l'obliger à prononcer un jugement favorable sur l'ensemble de l'œuvre. Il semble qu'Ingarden vise deux choses distinctes par la notion d'une double harmonie. D'un côté il parle des qualités de l'œuvre; de l'autre côté il parle de l'effet que l'œuvre produit sur son lecteur[1]. Il faut se garder de confondre les deux plans. Les qualités de l'œuvre ne se réduisent pas à un effet produit sur le lecteur bien que ce soit le lecteur, selon ses connaissances et selon ses talents, qui met ces qualités en valeur.

Or, la notion d'harmonie constitue-t-elle une difficulté pour l'ensemble de la philosophie d'Ingarden? Représente-t-elle une conception classique et limitée de l'œuvre littéraire? Nous ne le croyons pas. Cependant, d'autres chercheurs (voir plus loin) ont cru nécessaire d'insister sur cet aspect de la philosophie esthétique d'Ingarden, car, à leur sens, il rend cette philosophie inopératoire sur le plan de l'analyse littéraire et dépourvue d'intérêt sur le plan esthétique. Aussi croient-ils que cette philosophie n'est valable que lorsqu'il s'agit d'œuvres anciennes dans lesquelles l'auteur s'est évertué à faire « harmoniser » sa pièce, son roman ou son poème. Une telle philosophie, toujours selon certains chercheurs, ne peut tenir compte de la littérature contemporaine qui a parfois pour but de désorienter le lecteur.

Par ailleurs, la notion d'« organisme »[2] est liée à celle d'une harmonie qui s'impose à l'ensemble de l'œuvre. Selon Ingarden, l'œuvre littéraire consiste en plusieurs parties distinctes (qu'on ne peut supprimer sans changer ou altérer l'œuvre), et se mue au cours des années selon l'appréciation des critiques, tout comme un organisme vivant change sans cesse au cours des années, mais tout en restant essentiellement le même. L'œuvre littéraire n'est pas une simple succession de mots (*Cognition*, 74). Elle a une structure individuelle et un sens particulier même s'il n'est pas toujours facile d'analyser sa structure ou de cerner son sens. Ingarden précise ce point de vue téléologique comme suit : « si [...] toutes les [...] couches de l'œuvre d'art littéraire doivent contribuer médiatement à la révélation d'une qualité métaphysique, il apparaît à nouveau que, malgré sa structure stratifiée, l'œuvre d'art littéraire forme une unité *organique* » (*L'œuvre d'art littéraire*, 252). Il faut, néanmoins, accorder que cette métaphore, aussi bien que la métaphore de l'harmonie, est une vieille métaphore de nos jours démodée. Nous ne nous hâterons pourtant pas de condamner la philosophie d'Ingarden parce qu'on y trouve une terminologie désuète. Ces expressions de caractère métaphorique trahissent en un sens les goûts littéraires et esthétiques d'Ingarden, mais ne nuisent pas pour autant à sa conception ontologique et linguistique de l'œuvre littéraire. Les termes « organisme » et « organique » désignent, semble-t-il, ce qu'on peut également appeler l'interdépendance des différentes parties de l'œuvre.

Dans son article intitulé, « Des Différentes conceptions de la vérité dans l'œuvre d'art », Ingarden précise que dans le contexte de l'œuvre littéraire une « harmonie interne » est un des sens possibles du mot « vérité » :

> On appelle parfois « vraie » une œuvre d'art lorsque celle-ci montre une *cohésion de l'ensemble de ses moments qualificatifs* de sorte que rien, pour ainsi dire, ne saurait en être retranché ni ajouté ni changé sans que sa cohésion particulière, son *harmonie intérieure* [nous soulignons] soit détruite. L'œuvre d'art prend alors un caractère d'homogénéité, à travers laquelle resplendit cependant toute la richesse de ses moments qualificatifs reliés entre eux (172-173).

Il paraît alors que certaines œuvres sont harmonieuses tandis que d'autres ne le sont pas. En même temps, il faut reconnaître que d'après Ingarden les différentes qualités de l'œuvre constituent par analogie les différents organes d'un être animé. La question que nous nous posons est la suivante : en quelle mesure ces termes métaphoriques et analogiques constituent-elles une description philosophique de l'œuvre littéraire, et quelles en sont les conséquences pour la philosophie d'Ingarden ?

René Wellek, Richard Holub et Wolfgang Iser pensent que la notion d'harmonie implique l'esthétique classique. Wellek dit, par exemple, que la conception ingardénienne de l'œuvre littéraire implique des normes classiques en littérature à tel point que la perte de l'harmonie serait peu souhaitable, décadente même (1981, 70). Holub, tout comme Iser, fait écho à la critique de Wellek[3]. D'ailleurs, Iser interprète Ingarden comme voulant dire que le lecteur doit « remplir » le texte à tout prix lors de la concrétisation et de la formulation de l'objet esthétique. Le résultat d'un tel processus, selon Iser, est une illusion de totalité, un trompe-l'œil qui ne correspond plus à la réalité de la littérature (Iser 175). Iser ajoute même que la concrétisation adéquate ou acceptable dont parle Ingarden indique que celui-ci donne la préférence à certaines concrétisations tout en négligeant d'autres, ce qui a pour résultat une hiérarchie d'interprétations (Iser, 178).

Quant à cette dernière remarque, juste à notre sens, il faut dire qu'une hiérarchie d'interprétations n'est pas aléatoire, elle est peut-être même inévitable. Il incombe au lecteur de justifier sa concrétisation et de défendre ses idées. Le lecteur doit également justifier la formulation de l'objet esthétique relative à sa communication. Il s'ensuit que certaines interprétations valent plus que d'autres ; parfois ce n'est qu'une question d'erreur (ou de mémoire) de la part du chercheur, erreur qui nuit en général à la concrétisation (certains lecteurs pourraient, par exemple, se tromper dans la description d'un personnage). Quant à la question d'interprétations également valables d'un point de vue esthétique, nous croyons qu'Ingarden reconnaîtrait la valeur de chaque interprétation. Il faut pourtant se rendre compte que nous abordons là un raisonnement théorique qui frôle le solipsisme. Il est on ne peut plus évident que deux interprétations « également valables » s'égalent. Ingarden et Iser seraient sans doute d'accord là-dessus. Pourtant, lorsqu'il est question d'une interprétation réelle, il faut reconnaître qu'elle est soit plus heureuse, soit moins heureuse qu'une autre, ce qui n'est pas, nous semble-t-il, aller à l'encontre du bon sens en analyse littéraire.

Nous reviendrons à la deuxième remarque d'Iser, selon laquelle la concrétisation implique que le lecteur doit «remplir» le texte à tout prix, donnant ainsi lieu à un trompe-l'œil, lorsqu'il s'agira de la concrétisation elle-même. Nous verrons que la position d'Iser, comme nous la comprenons, ne diffère pas sensiblement de la position d'Ingarden. C'est la première remarque d'Iser, selon laquelle le terme d'harmonie implique les normes de la littérature classique, qui retiendra ici notre attention.

Que signifie donc le terme «harmonie» dans la philosophie d'Ingarden? Nous avons déjà fait savoir que la notion d'harmonie est une notion métaphorique. Selon Bureau, nous l'avons vu (voir la note 1), la notion d'harmonie représente une «convergence de plusieurs surcodages» et a une «valeur opératoire» qui la situe dans le domaine de la «stylistique objective» (Bureau, 43). Le *Petit Robert* nous définit cette notion (dans notre contexte) de deux façons différentes : la première définition est esthétique, un «ensemble de rapports entre les parties, les élements d'un objet, d'une œuvre d'art»; et la deuxième définition vise l'euphonie du discours, un «ensemble de caractères (combinaison de sons, accents, rythme) qui rendent un discours agréable à l'oreille». Dans chaque définition on retrouve le substantif «ensemble». Dans la première définition ce mot a pour objet les rapports entre les parties d'une œuvre et non pas ces parties elles-mêmes. Dans la deuxième définition ce mot a pour objet les éléments de l'œuvre mais dans la perspective du plaisir que connaît l'auditeur du discours. Proprement dit, c'est la musique de la phrase qui est visée et les caractéristiques de la phrase n'y ont qu'un intérêt secondaire en tant que véhicule de l'euphonie.

Aucune de ces définitions ne nous satisfait dans le contexte du prétendu «classicisme» d'Ingarden. Il s'agit toujours de l'effet que produisent les caractéristiques d'une œuvre et non de ces caractéristiques elles-mêmes. On se rappelle que Bureau parle d'une «convergence» de surcodages. Mais en quoi les surcodages convergent-ils? Il incombe finalement au lecteur de dire à quel moment il y a convergence et à quel moment il n'y en a pas. En effet la notion d'harmonie met en valeur la culture et le goût du critique. L'harmonie se constitue parfois de caractéristiques bien assorties ou bien similaires, mais elle représente parfois des contrastes vifs et des caractéristiques non similaires, toujours selon le goût ou selon les préjugés du critique. La notion d'harmonie ne précise en aucune manière la façon dont le lecteur doit concrétiser l'œuvre. Elle ne présuppose pas, à notre sens, les normes classiques en littérature. Aucun des critiques mentionnés ne dit, d'ailleurs, ce qu'il entend par le mot «harmonie», et les «normes classiques» en littérature ne sont pas définies. Vu que l'harmonie d'un texte littéraire dépend plutôt du lecteur, il est concevable qu'une œuvre du vingtième siècle, qui a pour but de nous désorienter, soit «harmonieuse» à sa façon, dans son contexte et selon les attentes du lecteur.

Il est, d'ailleurs, bien évident que les exemples dont Ingarden se sert ne laissent rien supposer quant aux normes «classiques» de la concrétisation. Thomas Mann et Henry Fielding sont des écrivains fort différents; ils ont une culture linguistique différente, sont nés dans différents pays, et ont vécu pendant des périodes éloignées l'une de l'autre. On pourrait en conclure qu'Ingarden a une préférence pour les œuvres connues, mais cela est moins un défaut théorique qu'une précaution méthodologique. Et Ingarden ne se limite pas non plus à un genre particulier, préférant plutôt traiter les différents genres, y compris le film, la musique, et les arts plastiques. Il est vrai qu'il a surtout écrit sur l'œuvre littéraire, et sur le roman en particulier, mais de tous les genres littéraires, le roman est sans doute le moins classique. Selon Bakhtine, par exemple, le roman représente une «plurivocité» et un «plurilinguisme» organisés en un système harmonieux («Du Disours romanesque», *Esthétique et théorie du roman*, 120). Toute forme littéraire qui introduit un narrateur ou un auteur présumé libère l'auteur, toujours selon Bakhtine, d'un langage unique (135). Nous retrouvons, alors, chez Bakhtine le terme d'harmonie, non pas utilisé dans le contexte des normes classiques, mais pour décrire un genre «plurilinguistique» et «plurivoque». En littérature, du moins, le terme d'harmonie ne permet pas de distinguer les caractéristiques harmonieuses des caractéristiques non harmonieuses. Ce terme dénote plutôt l'effet esthétique que l'œuvre produit sur le lecteur.

A notre sens donc le mot «harmonie» ne dénote ni les techniques dont l'auteur se sert, ni certains traits stylistiques qui rendent le texte «harmonieux», ou plus harmonieux qu'un autre. (Il faut ajouter, pourtant, que le discours qui a pour objet le degré auquel un texte est harmonieux nous semble dépourvu de sens.) Dire, par contre, que le terme «harmonieux» a un sens figuratif chez Ingarden, ce n'est pas expliquer pourquoi ce terme revient si souvent sous sa plume. Il paraît que chez Ingarden les techniques littéraires et les expressions particulières sont moins importantes que le système ou la structure de l'œuvre dans le sens d'un ensemble. C'est dire que l'œuvre proprement harmonieuse a des qualités qui attirent le lecteur, et que le lecteur croit dignes de son attention. Les qualités ne sont pas isolées les unes des autres, mais forment une synergie où l'œuvre est, pour ainsi dire, *plus* que l'ensemble de ses qualités. Il en découle que l'œuvre n'est harmonieuse que dans sa réception, car ce n'est que chez le lecteur que les rapports entre les qualités de l'œuvre trouvent leur fondement. Ce terme courant et d'apparence simple implique ainsi un des problèmes les plus épineux en esthétique, c'est-à-dire la valorisation d'une interprétation « harmonieuse et heureuse » par rapport à une interprétation « non harmonieuse ou moins heureuse ». Autrement dit, il s'agit de la relativité en esthétique.

En insistant à ce point sur l'importance de la réception de l'œuvre nous ne voulons pas dire que la réception arbitraire et subjective du lecteur doit toujours tenir le haut du pavé, que l'analyse objective est vouée à l'échec, qu'on a beau étudier les techniques de l'écrivain. Si nous avons essayé de cerner le sens du mot « harmonie » (et par là le sens des mots « organisme » et « polyphonie » qui sont tout aussi métaphoriques) dans la philosophie d'Ingarden, c'est pour faire comprendre que ce terme est plus complexe qu'il ne le paraît. En fin de compte il met en valeur le rôle du lecteur qui « harmonise » le texte d'après ses connaissances et d'après ses goûts. D'ailleurs, comme la signification n'est jamais univoque, il en découle que diverses interprétations d'une même œuvre sont possibles. Il ne convient pas de se « débarrasser » d'un lecteur importun qui gêne tout effort pour être « objectif ». C'est le lecteur qui « concrétise » l'œuvre et qui laisse s'imposer une harmonie en accord avec son appréciation de l'œuvre. Il donne ensuite une forme à l'objet esthétique ainsi composé, et cette forme s'offre au jugement des autres.

Dans la mesure où l'harmonisation de l'œuvre est le résultat et de la réception de l'œuvre, et de la réflexion du lecteur, on dirait que la réception elle-même est l'analogon de la perception selon la position intellectualiste (par rapport à la position empiriste). Merleau-Ponty dit, par exemple, que la perception intellectualiste est une « "interprétation" des signes que la sensibilité fournit conformément aux *stimuli* corporels, une hypothèse que l'esprit fait pour "s'expliquer ses impressions" » (42)[4]. Le terme-clé de cette définition, en ce qui concerne notre discussion, est l'« interprétation des signes ». Selon la perception intellectualiste l'esprit organise et « interprète » les signes fournis par la sensibilité en leur attribuant un sens, tout comme la lecture fournit au lecteur un certain nombre de signes sous forme syntagmatique que le lecteur interprète[5].

La façon dont nous comprenons le rôle du lecteur dans l'interprétation d'une œuvre littéraire existe déjà en un sens chez Platon et surtout chez Kant. Dans le *Banquet* Socrate dit qu'« il n'y a point harmonie de ce qui est laid avec tout ce qui est divin, tandis qu'il y a harmonie de ce qui est beau [...] » (118). Or, les termes « beau », « laid » et « divin » ne décrivent pas les propriétés matérielles d'un objet quelconque, mais décrivent plutôt l'effet favorable ou non favorable que l'objet produit chez le spectateur ou, par analogie, que l'œuvre littéraire produit chez son lecteur. Comme la beauté elle-même n'est pas une idée fixe — ou du moins n'a pas toujours les mêmes objets comme représentants — mais change sans cesse au cours des siècles, il se peut que différents spectateurs (ou lecteurs) voient une harmonie là où auparavant on n'en voyait pas. Le terme «harmonie» est un terme qui nous oriente vers la perception elle-même ou, dans le cas de la littérature, vers la réception.

Kant a également insisté sur le rôle du sujet (le je) dans la synthèse des phénomènes du divers qui se réalise dans l'entendement. Il dit que «la liaison n'est pas dans les objets [...] elle n'est, au contraire, qu'une opération de l'entendement qui, lui-même, n'est rien de plus que le pouvoir de lier *a priori* et de ramener le divers de représentations données à l'unité de l'aperception; c'est là le principe suprême dans la connaissance humaine tout entière» (*Critique de la raison pure*, 2e éd., Livre I, ch. II, 2e section, 16). Cassirer exprime cette notion kantienne de façon plus simple. Il dit que depuis Kant on comprend que le moi est «ce par rapport à quoi les représentations trouvent leur unité synthétique» (*Les Formes Symboliques*, I, 231). Comme la beauté ou l'harmonie de l'œuvre est une «harmonie» de l'ensemble, de toute l'œuvre, il en découle que cette harmonie implique une synthèse qui se réalise chez le lecteur, synthèse que nous pouvons nommer l'objet esthétique.

Ainsi comprise, la notion d'harmonie dans la philosophie d'Ingarden n'est pas aléatoire. Elle n'implique pas les «normes de la littérature classique» — quelles qu'elles soient (voir la section suivante) — et elle ne nous enferme pas non plus dans le subjectivisme d'un lecteur particulier. Cette notion a une longue histoire en philosophie et est très connue dans le domaine de l'esthétique où on pourrait presque lui substituer le terme de beau. Si le lecteur trouve une œuvre belle, c'est qu'une harmonie s'impose. Il incombe ensuite au lecteur de se justifier, opération qui implique toujours une part de subjectivité, mais nous ne pouvons entamer ici la question des préférences personnelles. Chez Ingarden la notion d'harmonie nous oriente vers le lecteur, c'est-à-dire vers l'agent qui interprète les chaînes syntagmatiques et qui réalise la formulation de l'objet esthétique. Nous verrons tout de même que parfois cette notion n'est opératoire dans sa philosophie que de façon implicite, surtout dans le contexte de la signification.

NOTES

[1] Bien qu'il ne parle pas d'Ingarden, C. Bureau propose lui aussi deux interprétations différentes du terme «harmonie». Il dit : «Nous croyons en effet que l'HARMONIE, définie comme convergence de plusieurs surcodages, prend ainsi un sens technique et une valeur opératoire qui situent cette notion dans le domaine de la stylistique objective et que le fait esthétique est ailleurs, c'est-à-dire dans l'effet produit sur un récepteur par cette harmonie, laquelle est un caractère ou présent ou absent dans la construction et non une projection dans l'objet de la part du lecteur, voire de l'analyste» (Bureau C. (1976), *Linguistique fonctionnelle et stylistique objective*, Presses Universitaires de France, 43).

[2] Nous avons déjà signalé qu'à notre sens les termes de polyphonie et d'harmonie, sont des termes métaphoriques. Le terme d'organique, ou bien le terme d'organisme, ne se comprennent dans ce contexte que par analogie : l'œuvre littéraire est comme le corps humain dans le sens que ses parties diverses sont constitutives d'un être qui n'est pas la simple somme de ces parties. Bien qu'Ingarden ne parle pas du caractère métaphorique de ces termes — sauf dans le cas de la «transparence» du jugement qui vise le monde réel et existant (*L'Œuvre d'art littéraire*, note 149, p. 146) —, il les souligne, ou les met en italique, ce qui indique, à notre sens, qu'ils ont un sens particulier, sans doute métaphorique.

[3] Voir mon article (1990), «L'Objet esthétique chez Roman Ingarden : prémisses et "valeur"», *Revue canadienne de littérature comparée*, 36-44.

[4] La position intellectualiste n'est pas celle de Merleau-Ponty mais, vu que la réception d'une œuvre littéraire n'implique pas — ou seulement sous-entend — la perception, nous croyons cette mise en parallèle valable.

[5] Selon notre interprétation de la notion d'harmonie, cette notion est essentiellement kantienne. Or, Ingarden se croit «réaliste», ce qui veut dire qu'il se croit «non-kantien». Il reconnaît pourtant l'importance du lecteur dans la concrétisation de l'œuvre littéraire même si souvent il fait abstraction du rôle du lecteur ou, du moins, même s'il y ignore de temps à autre la contribution du lecteur (voir plus loin notre discussion des valeurs et des qualités esthétiques).

La concrétisation

Jusque-là nous avons présenté deux notions distinctes mais connexes dans la philosophie d'Ingarden : l'expérience esthétique et l'harmonie de l'objet qui en résulte. Nous avons dit que les termes de concrétisation et d'harmonie sont métaphoriques. Ils désignent respectivement la formulation de l'objet esthétique et une appréciation des qualités esthétiques de l'œuvre. Il faut maintenant nous tourner vers la notion de concrétisation elle-même afin de préciser la fonction et les implications de cette notion dans la philosophie d'Ingarden.

Tout d'abord, le terme de concrétisation n'est pas, d'après Ingarden, synonyme du terme « œuvre ». L'œuvre et sa concrétisation sont deux entités différentes. L'œuvre est indépendante de la concrétisation qui a lieu chez le lecteur. C'est-à-dire que les syntagmes linguistiques de l'œuvre, ainsi que le sujet traité par l'œuvre — le référent — sont tous deux indépendants de la concrétisation. Quoique l'expression linguistique de l'œuvre soit le médium par lequel le référent se porte à manifestation, ni l'expression linguistique ni le référent n'ont leur point d'origine dans la conscience du lecteur. Selon Ingarden, l'œuvre elle-même est « neutre », malgré les traditions sociales et politiques dans lesquelles elle s'insère. C'est un objet d'étude tout comme un objet du monde naturel est un objet potentiel d'étude.

Il ne s'ensuit pas qu'on doit aborder l'analyse de l'œuvre littéraire comme si l'on abordait une réaction chimique. Plutôt, étant donné le rapport nécessaire entre les notions de lecteur et d'œuvre littéraire, il faut reconnaître que le lecteur n'est ni plus indépendant ni plus libre que ne l'est l'œuvre elle-même. Le critique ne peut «disposer» de l'œuvre comme bon lui semble. Selon Ingarden, c'est justement la confusion qui peut exister entre l'œuvre et ses concrétisations qui fait dériver l'analyse vers le relativisme (*Cognition*, 376-377). Lorsque l'œuvre se confond avec une concrétisation particulière, il en découle que les valeurs du critique se confondent avec les valeurs de l'œuvre de sorte qu'on ne peut plus distinguer l'œuvre de ses concrétisations, qu'il s'agisse de valeurs sociales, politiques ou esthétiques.

Nous retrouvons, ainsi, dans la conception ingardénienne de l'œuvre et sa réception un thème cher aux disciples de Husserl, un thème qui a eu un certain succès sous la formule «un retour aux choses elles-mêmes» (*An die Sachen selbst*). Il fallait, selon ceux qui adhéraient à cette formule, revenir à l'étude des choses elles-mêmes afin de retrouver la vérité qui avait été, disons, masquée par des préjugés dans le domaine de l'analyse et par des traditions littéraires et sociales qui gouvernaient l'orientation des recherches. Le principe de la séparation de l'œuvre et de ses concrétisations connaît donc un préalable historique, mais sa justesse est non pas moins évidente sur le plan pratique. Le fait qu'il peut exister *une* œuvre avec *plusieurs* concrétisations atteste qu'on y «ressent» une distinction. Si on veut mettre une concrétisation particulière à l'épreuve, il faut revenir au texte. Il peut exister différentes interprétations d'une même phrase par exemple, mais c'est presque toujours l'œuvre elle-même qui informe les diverses interprétations[1]. Il faut, toujours selon Ingarden, distinguer ce qui vient de l'œuvre de ce qui vient du critique.

Est-ce une contradiction d'insister à la fois sur la participation du lecteur à la concrétisation et sur la séparation ontologique de l'œuvre de ses concrétisations? Nous ne le pensons pas. Pourtant, le lecteur s'implique culturellement dans son interprétation de l'œuvre, et l'œuvre s'enracine dans une tradition sociale et littéraire : l'idéologie du lecteur et de l'auteur rendant ainsi cette séparation difficile, du moins en apparence. Il n'est peut-être pas possible de séparer l'œuvre du lecteur de façon aussi nette qu'Ingarden le voudrait[2], mais il faut se rappeler que la concrétisation représente un besoin de communication et existe sous la forme que son auteur (c'est-à-dire le lecteur) lui prête. Ainsi se distingue-t-elle des états mentaux du lecteur, tout comme l'œuvre se distingue des états mentaux de son auteur. Par ailleurs, la concrétisation réalisée par un seul lecteur ne constitue pas l'œuvre elle-même. Je peux, par exemple, lire *Le Lys dans la vallée* de Balzac sans savoir que selon Lanson cette œuvre est mauvaise[3]. Et je peux même récuser ce jugement. Intuitivement on ressent une différence entre l'œuvre et la concrétisation, même si l'œuvre, afin de pouvoir exister comme œuvre, exige une concrétisation.

Dans la philosophie d'Ingarden une nouvelle entité s'insère, alors, entre les pôles de la relation interprétative binaire qui oppose l'œuvre au lecteur. Chez Ingarden cette relation est tertiaire : entre l'œuvre et le lecteur il y a une concrétisation qui dépend et de l'œuvre et du lecteur mais qui n'y coïncide pas. Ces deux notions d'apparence contradictoire (il s'agit de la distinction entre l'œuvre et le lecteur ainsi que du rôle du lecteur sur le plan de l'interprétation) sont en effet complémentaires. Tandis qu'il est vrai que le lecteur s'implique dans sa concrétisation, il est tout aussi vrai que cette concrétisation, pour fidèle qu'elle soit à l'œuvre, n'est pas l'équivalente de l'œuvre et ne se substitue jamais à elle. Il en découle que l'œuvre littéraire est toujours autre que la somme de ses concrétisations. Son histoire, c'est-à-dire l'histoire de ses concrétisations, n'est pourtant interrompue que par l'oubli.

Il serait utile d'établir en ce moment un parallèle entre le schéma interprétatif d'après Ingarden et celui que proposent d'autres chercheurs, à savoir Paul Ricœur, Tzvetan Todorov et Stephen Pepper.

La réception d'une œuvre littéraire, selon Ricœur, constitue un processus herméneutique. La discipline herméneutique se donne pour tâche de faire l'analyse de l'acte interprétatif, c'est-à-dire de la façon dont le lecteur apporte au texte sa propre «culture», ou pour emprunter un terme à Gadamer, ses propres «préjugés». On pourrait résumer l'essentiel de la discipline herméneutique en quelques phrases (qui n'attestent certes ni la longue histoire, ni la complexité de cette philosophie). Selon cette philosophie toute interprétation présuppose des connaissances culturelles qu'on nomme un «horizon d'attente» : le lecteur participe au texte qu'il lit. Y sont impliquées alors sa formation aussi bien que les traditions sociales et littéraires auxquelles il appartient. Pourtant, différents chercheurs ont différentes opinions en ce qui concerne la fonction de l'horizon d'attente et nous ne voulons pas entamer ici la question du degré d'importance qu'on attribue, par exemple, à la tradition littéraire par rapport à la formation du lecteur. Nous avons plutôt l'intention de montrer en quoi la philosophie herméneutique de Ricœur ressemble, sous certains aspects, à la notion ingardénienne de concrétisation.

Dans son livre, *Interpretation Theory*[4], Ricœur affirme que toute interprétation s'effectue sous forme de dialectique, d'un «va-et-vient» entre la compréhension et l'explication (74). La première partie de l'interprétation est la compréhension du texte, opératoire même avant toute lecture. D'après les premiers mots d'un texte, d'après son titre même, le lecteur devine en quelque mesure le sujet de l'œuvre. Evidemment les préjugés et l'attente du lecteur y sont impliqués : on juge, par exemple, le titre d'un roman d'après d'autres romans qu'on a lus ou d'après des formules linguistiques que l'on reconnaît. La compréhension d'une œuvre littéraire est ainsi fondée sur divers aspects, ainsi que sur la notion même d'œuvre littéraire, notion qui constitue le fondement de la distinction entre un roman et une pièce de théâtre, entre un roman policier et un poème lyrique, etc. D'ailleurs, la connaissance d'une langue particulière a pour conséquence que le lecteur appartient à une certaine communauté linguistique, ce qui influe également sur la tradition critique et sur la réception d'une œuvre particulière[5].

La notion de compréhension semble plus passive que celle d'explication, la deuxième étape du processus de l'interprétation selon Ricœur. Le lecteur se doit de justifier son interprétation : toute compréhension fautive est rejetée en faveur d'une compréhension plus heureuse. Lorsqu'il interprète l'œuvre, le lecteur est obligé, d'après Ricœur, de valider son interprétation en se référant au texte. Tout comme la justification dont nous avons parlé lorsqu'il s'agissait de la concrétisation chez Ingarden, cette validation implique que certaines interprétations sont meilleures que d'autres (Ricœur 79). Selon Ricœur, il existe de bonnes interprétations et de mauvaises. Finalement, c'est leur «probabilité» qui décide de leur justesse ou de leur manque de justesse. Une bonne interprétation est celle qui est la plus probable, ou disons, celle qui est le plus «raisonnable».

Une compréhension probable et une explication heureuse attestent que le lecteur s'est bien approprié l'œuvre en question. Ricœur se garde de faire entendre par là que l'appropriation d'un texte est un processus subjectif, déterminé par la seule «valeur» que le lecteur accorde à l'œuvre. Il dit plutôt que «ce qui est approprié n'est pas quelque chose de mental, pas l'intention d'un autre sujet qui serait caché derrière le texte, mais le projet d'un monde, d'une façon d'être» (94, traduction de l'auteur). Dans la terminologie d'Ingarden, la concrétisation d'une œuvre littéraire ne se réduit ni aux états mentaux de l'auteur ni à ceux du lecteur; plutôt elle représente une catégorie ontologique d'être («un projet de monde», «une façon d'être») qui ne correspond ni à l'existence du lecteur, ni à l'existence de l'œuvre.

Le bien fondé de la théorie d'interprétation dans la philosophie de Ricœur ne découle pas du fait que l'interprétation doit à la fin être probable, mais du fait que l'interprétation chez Ricœur se fait par «approximations» (Ricœur, 78). Selon Ricœur, l'interprétation n'est pas linéaire, lecture-compréhension-interprétation, mais est en train de se faire et de se refaire tout au long de la lecture. Vu que les syntagmes du texte sont linéaires et qu'ils dénotent un référent qui se crée et se recrée chez le lecteur, il est logique de proposer que le référent peut être modifié au cours de la lecture. C'est-à-dire que les notions de compréhension et d'explication tiennent compte du «va-et-vient» du lecteur entre les différentes parties de l'œuvre, et entre les chaînes syntagmatiques et le référent.

La notion d'interprétation dans la philosophie herméneutique de Ricœur rejoint la thèse d'Ingarden au sujet de la concrétisation et s'accorde bien avec la méthode d'analyse littéraire que nous en dégageons. Pourtant, que l'interprétation d'une œuvre littéraire ait bien lieu comme Ricœur le propose est une question métaphysique. Bien que nous n'attachions aucun sens péjoratif à ce terme il faut dire que la notion d'appropriation chez Ricœur est aussi spéculative que la notion d'expérience esthétique dans la philosophie d'Ingarden. Il est impossible à la fin de «délimiter» ou de «préciser» le processus de compréhension et l'ordre dans lequel se produisent ses différentes étapes. C'est dire que la théorie d'interprétation chez Ricœur est un modèle qui tient compte du phénomène d'interprétation et qui l'explique d'une certaine façon, mais dont la vérification reste quasi impossible[6].

Par ailleurs, le modèle d'interprétation lui-même ne constitue pas une méthode d'analyse. Nous avons parlé de l'herméneutique. Or, il est difficile de dire si Ricœur respecte ce qu'on appelle couramment un cercle herméneutique ou s'il faut plutôt décrire son modèle comme un «arc interprétatif» avec un point d'origine et un point final[7]. Toutefois, le modèle, pour intéressant qu'il soit, ne nous renseigne pas sur la méthode d'analyse à employer. Le chercheur doit trouver ailleurs sa grille analytique. C'est-à-dire que la philosophie herméneutique est justement une philosophie et non pas une méthode d'analyse[8].

Bien que le point de départ de ces deux chercheurs soit autre (herméneutique chez Ricœur et ontologique chez Ingarden), leurs modèles se ressemblent. Ingarden souligne l'aspect esthétique de la concrétisation tandis que Ricœur met l'accent sur l'appropriation. Ces deux notions ne sont pourtant pas nécessairement exclusives l'une de l'autre. Il nous semble que toute appropriation implique une dimension esthétique, vu que c'est le lecteur qui s'approprie le texte et que toute expérience esthétique implique une appropriation.

D'ailleurs, le modèle herméneutique de Ricœur et le modèle esthétique d'Ingarden font ressortir une même notion, celle d'un relativisme limité dans le contexte de l'analyse littéraire. Chez Ricœur, chez Ingarden, l'analyse se justifie par un recours au texte, bien que l'interprétation elle-même ne soit pas contrainte par un modèle d'analyse particulier. A mesure que les notions analytiques changent, disons à travers une période de plusieurs années, changent aussi les interprétations d'une œuvre particulière. Une interprétation est valable et dans la mesure où on peut la justifier en recourant au texte, et dans la mesure où elle sait s'imposer à la communauté critique.

D'autres chercheurs ont proposé un modèle d'interprétation qui ressemble aux deux modèles discutés ici. Dans son article, «la lecture comme construction»[9], Todorov propose que le rapport entre l'auteur et le texte, ainsi que celui entre le texte et le lecteur, sont des rapports de signification. Pour que le lecteur comprenne le texte il faut qu'il appartienne à la communauté linguistique de l'auteur de sorte que tous deux partagent une même langue. La lecture d'une œuvre littéraire implique, par contre, non pas une seule œuvre, mais deux œuvres différentes, celle que l'auteur a écrite, et celle que le lecteur lit. Ces deux œuvres ne correspondent pas toujours en leurs divers aspects. Entre les deux s'effectue une relation de symbolisation. Todorov représente ces relations ainsi (180) :

1. récit de l'auteur   4. récit du lecteur

   $\downarrow$ $\uparrow$

2. univers imaginaire   →   3. univers imaginaire
   évoqué par l'auteur   construit par le lecteur

Chez Todorov le terme de symbolisation a un sens particulier opposé à celui de signification. Le terme de signification est plus ou moins synonyme du terme de dénotation, il représente les faits «*compris*» (180). La symbolisation désigne plutôt l'évocation de ce qui est sous-entendu par l'œuvre. Les «faits symbolisés sont *interprétés*» (180)[10]. Ainsi, selon Todorov, l'univers imaginaire de l'auteur est autre que l'univers imaginaire du lecteur bien que ces deux univers participent tous deux du même texte écrit.

Or, ce schéma simple ne s'accorde pas tout à fait avec la notion de concrétisation parce qu'il met en valeur une relation linéaire et uniquement symbolique entre un univers évoqué et un univers construit. L'univers imaginaire construit par le lecteur et l'univers imaginaire évoqué par l'auteur sont différents en ce qu'ils correspondent à deux subjectivités distinctes. Mais il semble que ces deux univers dépendent à la fois des deux formes de relations évoquées par Todorov, c'est-à-dire, la signification et la symbolisation. Ces relations sont impliquées toutes deux dans la construction de l'univers imaginaire. L'univers imaginaire construit par le lecteur implique et la dénotation et des lieux d'indétermination. Il n'y a qu'une seule œuvre, mais il y en a plusieurs concrétisations possibles. Si l'auteur se mettait à lire son œuvre, il en ferait lui aussi une concrétisation. Nous pouvons schématiser la concrétisation comme suit :

A notre sens, la concrétisation est non-linéaire (elle se fait plutôt par des retours répétés au texte, ce qui est indiqué par la flèche double), et implique la signification tout aussi bien que la symbolisation. D'ailleurs, ce qui est signification pour un lecteur pourrait être ambiguïté pour un autre[11]. Dire, comme Todorov le fait, qu'il existe deux œuvres, et non pas une seule œuvre concrétisée de diverses manières, c'est donner dans l'ambiguïté : on finirait par ne plus savoir de quelle œuvre on parle, ou peut-être par en substituer l'une à l'autre.

Pour sa part, le philosophe américain, Stephen Pepper, a lui aussi formulé un modèle qui tient compte de la formation de l'objet esthétique. Pepper insiste moins sur le modèle, pourtant, que sur la formation de l'objet[12]. Selon Pepper l'œuvre d'art est indépendante du lecteur, bien qu'elle n'existe que par rapport à lui. C'est dire que l'œuvre d'art littéraire n'est une œuvre d'art que lorsqu'on la lit[13]. La lecture elle-même n'est pourtant pas un processus continu. Un lecteur interrompt sa lecture de temps en temps pour la reprendre à un autre moment. Pepper : « L'objet esthétique propre est en effet un objet intermittent construit de perceptions successives et fugitives » (146)[14]. Et Pepper d'insister, tout comme Ingarden, que l'objet esthétique est créé à partir des énoncés de l'œuvre ; l'« objet esthétique » et l'« œuvre » ne sont donc pas synonymes. Ces deux entités ne sont pas des créations du même genre : l'objet esthétique découle de la création de l'œuvre et dépend d'elle. Selon Pepper cette différence ontologique a pour résultat que le relativisme extrême est impossible (166). L'œuvre existe et ne se mue pas ; elle représente la source de l'objet esthétique, mais ne s'y confond pas.

Ces commentaires lapidaires qui résument la pensée de trois chercheurs à l'égard de ce qui constitue chez Ingarden la notion de concrétisation, n'ont pas pour but ni pour conséquence de marquer une préférence pour un des modèles discutés. Plutôt, ils mettent en valeur certains aspects qui se ressemblent dans la pensée de chercheurs de différents milieux (phénoménologique, herméneutique, structuraliste) et de différents pays (Pologne, France, Bulgarie, Etats-Unis). A leur manière tous ces chercheurs distinguent l'œuvre de ses interprétations. Tous mettent en valeur la dialectique de l'interprétation, et soulignent le fait que la notion d'œuvre littéraire implique la notion de lecteur. Les notions d'œuvre et de lecteur sont en effet connexes.

Autrement dit, l'œuvre exige une concrétisation, et impose en même temps des limites à l'interprétation. Elle ne propose, pourtant, aucune directive qui précéderait la concrétisation elle-même. Certaines interprétations se laissent justifier, d'autres connaissent un succès moindre. Comprise à la fois comme un objet délimitant les paramètres de son interprétation et comme dépendant du lecteur, l'œuvre littéraire est un paradoxe. Elle représente un plaisir esthétique, et alors subjectif, mais en même temps elle constitue la négation de la subjectivité du lecteur, le lecteur étant transporté, en un sens, hors de soi. L'œuvre résiste au lecteur, mais c'est sous forme de résistance qu'elle rend possible le plaisir qu'on nomme esthétique.

NOTES

[1] Nous disons « presque toujours » et non pas « toujours » parce qu'il se peut qu'un détail biographique, etc., soit opératoire dans une interprétation particulière vis-à-vis d'une autre interprétation.
[2] Dans l'ontologie d'Ingarden ces deux objets ont deux modes différents d'exister. L'existence de la concrétisation, ou de l'objet esthétique, dépend de l'existence de l'œuvre d'art.
[3] Au sujet des romans de Balzac Lanson écrit : « D'abord le style manque : de ce côté-là Balzac n'est pas du tout artiste ; dès qu'il se pique d'écrire, il est détestable et ridicule ; il étale une phraséologie pompeuse, ornée de métaphores boursouflées ou banales. Cela lui rend impossible les notations délicates de sentiments poétiques, les fines analyses de passions tendres, d'exaltations idéalistes : là Balzac s'enfonce dans le pire *pathos*, étale un pateux galimatias ; lisez, si vous pouvez, le *Lys dans la vallée*. Son impuissance éclate cruellement partout où la perfection du style est nécessaire à la valeur de l'idée » (Lanson G., *Histoire de la littérature française*, Paris, Librairie Hachette, 1001).

⁴ Ce petit livre formule de façon claire les idées-clés de Ricœur au sujet de l'interprétation d'un texte littéraire.
⁵ Les «présupposés» ou les «préjugés» de la compréhension en général sont si nombreux et si difficiles à catégoriser que nous nous limitons ici à quelques exemples «faciles».
⁶ A ce sujet nous faisons remarquer l'œuvre de C.S. Lewis, *The Discarded Image* (Cambrdige, Cambridge University Press, 1964). Lewis y dit que le modèle métaphysique dont l'homme se sert pour expliquer sa situation dans le monde change au cours des siècles. Le modèle médiéval, par exemple, place l'homme à la base d'un système hiérarchique où la lumière figure en haut; le modèle de nos jours place l'homme au sommet d'une hiérarchie, au-dessus des ténèbres (74-75). Selon cet auteur le modèle métaphysique consiste en ce que la théorie proposée se conforme aux données perçues de sorte que toutes les données sont expliquées par le modèle (14-16).
⁷ Voir à ce sujet l'article de Vera Grayson (mars 1990), «"Cercle" ou "arc" herméneutique. Les théories de Gadamer et de Ricœur», minutes du colloque, *Colloque sur la lecture du roman*, Toronto.
⁸ Au sujet de la philosophie de Gadamer, J. Weinsheimer dit : «That philosophical hermeneutics has nothing to offer the interpretative industry is no mere deficiency; and although it does not concern itself with interpretative acts, it does not have for its subject matter a merely negative universal. Gadamer's topic is not what we do but what happens to us» (Weinsheimer J., 1991, *Philosophical Hermeneutics and Literary Theory*, New Haven and London, Yale University Press, 32).
⁹ Todorov T., 1971, 1978, *Poétique de la prose*, Paris, Editions du Seuil.
¹⁰ O.J. Miller formule cette distinction d'une façon autre. Il dit que le terme «signification» chez Todorov dénote un accord général en ce qui concerne l'interprétation, tandis que le terme «symbolisation» désigne les désaccords, c'est-à-dire les ambiguïtés d'interprétation. Selon Miller cette distinction se fait mieux comprendre dans le contexte du concept herméneutique de «lieux d'indétermination», concept-clé de la philosophie d'Ingarden (Miller O.J., 1978, «Reading as a Process of Reconstruction : A Critique of Recent Structuralist Formulations», dans M.J. Valdés et O.J. Miller, eds, *Interpretation of Narrative*, Toronto, Buffalo, University of Toronto Press).
¹¹ Le mode ironique, par exemple, met en valeur différents sens possibles d'une même phrase.
¹² Pepper S., 1963, *The Basis of Criticism in the Arts*, Cambridge, Massachusetts, Harvard University Press.
¹³ Selon Ingarden une œuvre d'art littéraire ne constitue un objet esthétique (c'est-à-dire, une véritable œuvre d'art) que lorsqu'elle est exprimée dans une concrétisation (*L'œuvre d'art littéraire*, 315-316).
¹⁴ «The central aesthetic object turns out to be an intermittent object made up of fugitive successive perceptions.»

La perspective ontologique

Dans la philosophie d'Ingarden, l'ontologie de l'objet esthétique se laisse résumer de la façon suivante[1]. L'acte créateur de l'auteur dépend des expériences psychiques de celui-ci, tout comme la concrétisation dépend des expériences psychiques du lecteur. Pourtant, la concrétisation dépend également de l'œuvre (*L'œuvre d'art littéraire*, 285-290) ; le lecteur prononce le texte dans son propre dialecte, ce qui peut influer sur la concrétisation, mais il ne prononce pas de façon que les mots soient autres ou changent de sens. L'œuvre exerce un contrôle sur la concrétisation, mais ces deux entités ne se laissent pas confondre en une même visée subjective (*L'œuvre d'art littéraire*, 301-303). Ingarden :

> Si la concrétisation d'une œuvre littéraire était une composante réelle des vécus de conscience qui entrent en ligne de compte, ou si elle était quelque chose de psychique, on devrait également pouvoir la saisir de cette manière et de celle-là seule. Or cela n'est ni le cas de l'œuvre littéraire elle-même, ni de quelque concrétisation d'œuvres littéraires que se (*sic*) soit. Effectivement personne, ni comme lecteur, ni comme spectateur, ne se dirige sur ses propres vécus de conscience ou sur ses états psychiques. Personne ne prendrait au sérieux la proposition de le faire. Il n'y a que des théoriciens de la littérature pour avoir l'idée saugrenue de chercher l'œuvre littéraire «dans l'âme»[2] du lecteur (*L'œuvre d'art littéraire*, 285).

Dans la perspective ontologique l'œuvre et sa concrétisation ne sont pas identiques. En lisant, pourtant, on a souvent l'impression de «rencontrer» les structures linguistiques de l'œuvre ainsi que les personnages présentés. On se demande en quoi l'œuvre et sa concrétisation sont différentes. Le personnage fictionnel de l'œuvre n'est pas «double» selon la perspective naïve, existant à la fois dans le texte et dans la conscience du lecteur, c'est un seul personnage qu'on connaît de mieux en mieux au fur et à mesure que la lecture progresse. Ainsi l'intuition naïve du lecteur ferait croire que seule l'œuvre existe, que la concrétisation n'est qu'une idée «saugrenue» qui ne correspond pas à l'expérience immédiate.

Comme nous l'avons cependant déjà vu, les interprétations d'une même œuvre sont souvent divergentes et parfois s'opposent les unes aux autres. Par ailleurs, une différence d'interprétation a souvent sa source dans une ambiguïté rencontrée au niveau du texte, ce que Todorov appelle la «symbolisation» (voir la section précédente), ce qu'Ingarden appelle un lieu d'indétermination. Si, par exemple, l'explication du comportement d'un personnage n'est pas donné par le texte, le lecteur trouve lui-même, le cas échéant, les motivations de ce comportement, peut-être la raison pour laquelle un personnage déteste ou aime un autre personnage.

Selon Ingarden, l'œuvre littéraire est fondée sur deux régimes hétérogènes, celui des concepts idéaux et celui des signes linguistiques (*L'œuvre d'art littéraire*, 305). L'œuvre dépend des actes de conscience de son auteur mais sans y coïncider. Selon la terminologie d'Ingarden l'œuvre est ainsi hétéronome. Elle a une forme linguistique, d'ailleurs, qui rend sa connaissance possible. Selon la terminologie d'Ingarden elle est donc dérivée. Elle n'est pas comme un objet du monde naturel qui est complet en soi selon la philosophie phénoménologique, un objet inépuisable du point de vue de la description. La description ne peut jamais épuiser l'objet du monde naturel. Elle en présente certains aspects et en laisse d'autres indéterminés. Ainsi la description elle-même, tout en faisant connaître un objet du monde naturel, présente aussi des lacunes sur le plan conceptuel. Cela ne veut pas dire qu'une description lacunaire est mauvaise, c'est plutôt un présupposé ontologique de la description elle-même : l'objet du monde naturel étant inépuisable. La description ou la présentation du référent de l'œuvre littéraire comprend, alors, et un schéma linguistique, des signes présentés sous forme de syntagmes, et des lieux d'indétermination ou des ambiguïtés qui font partie même de l'œuvre. Lorsque le texte nous parle d'un objet du monde naturel, ou d'un objet qui pourrait être du monde naturel, il ne nous présente que le schéma de cet objet, et cela au moyen de signes linguistiques[1].

Les paroles font appel à un concept grâce auquel le lecteur comprend le texte qu'il lit ; et comme la description n'épuise jamais son objet il doit exister dans le texte des lacunes d'ordre conceptuel que le lecteur remplit pour faciliter la compréhension. Souvent le lecteur n'est même pas conscient de son activité d'interprète, tellement son réflexe est conditionné. Ingarden appelle ces lacunes des lieux d'indétermination. Elles appartiennent à l'œuvre de façon ontologique, et à différents niveaux. Il se peut que la lacune ou le lieu d'indétermination soit syntagmatique dans le cas, par exemple, d'une phrase elliptique ; et il se peut qu'elle soit conceptuelle si, par exemple, un objet est décrit mais pas nommé de sorte que le lecteur ne devine pas tout à fait de quoi il s'agit. Parfois le lecteur n'est même pas conscient de son travail de « remplissage ». Pour en donner un exemple banal, même si un roman ne nous dit pas explicitement que certain personnage a un nez, le lecteur suppose (remplit le texte) que le personnage en a un étant donné qu'il s'agit d'un être humain[4]. Même la mention d'un prénom peut nous faire remplir toutes sortes de lieux d'indétermination si l'on suppose que ce prénom soit le prénom d'un personnage et d'un être humain. Et si le personnage et bel et bien un être humain le lecteur lui attribue, parfois de façon inconsciente, une certaine forme, un sexe, une réflexion, des émotions, des désirs, une volonté et ainsi de suite. La lecture implique ainsi la participation du lecteur à l'œuvre qu'il lit et cette participation est créatrice : en lisant le lecteur se constitue le référent fictionnel de l'œuvre d'après sa propre expérience du monde naturel et à partir de ses connaissances dans les domaines de la psychologie, de l'émotion, etc., sans mentionner l'importance des traditions littéraires et sociales du lecteur, ainsi que la langue dont se servent les membres de sa communauté linguistique.

L'ensemble des actes au moyen desquels on remplit les lieux d'indétermination d'un texte constitue une concrétisation dans la terminologie d'Ingarden. L'emploi du mot « concrétisation » dans ce nouveau sens (le remplissage d'une œuvre par rapport à la formation d'un objet esthétique) semble pourtant impliquer qu'il s'agit d'un phénomène différent, que la concrétisation représente d'abord une appréciation esthétique de l'œuvre et ensuite un travail de remplissage. Ces deux activités constituent cependant deux aspects d'une seule et même notion. L'harmonie esthétique découle de la participation du lecteur à l'œuvre. Celui-ci remplit le texte, ou ne le remplit pas, jusqu'à ce que l'harmonie s'impose. Le meilleur exemple qu'Ingarden en donne est sans doute l'appréciation esthétique de la Vénus de Milo, sculpture généralement reconnue comme une œuvre d'art de haute qualité ou de grande beauté. Ingarden dit que le fait que certaines parties de cette œuvre manquent ou sont entamées ne nuit pas à notre appréciation esthétique[5] de l'œuvre ; ne pas reconnaître la beauté ou la valeur de cette sculpture parce qu'il lui manque un bras, relève, selon Ingarden, du ridicule. L'harmonie finale de la concrétisation implique la participation du spectateur à l'objet contemplé, et cette participation est rendue possible grâce aux lieux d'indétermination dans l'œuvre.

Nous rejoignons ici un commentaire fait par Iser (dont nous ne pouvions traiter plus tôt) selon lequel la conjoncture de « concrétisation » et d'« harmonie » dans la philosophie d'Ingarden indique que le lecteur doit remplir «tous» les lieux d'indétermination selon les critères de l'«harmonie». D'après Iser une telle conjoncture met en valeur les normes de l'esthétique classique (Iser, 178). A son sens, il en résulte une illusion de totalité ou un trompe-l'œil.

Dans le contexte de la concrétisation, le jugement d'Iser est pourtant mal fondé. Ingarden dit clairement que la fonction du lecteur n'est pas de remplir tous les lieux d'indétermination; certains sont même nécessaires à l'ensemble de l'œuvre (*Cognition*, 293). Le suspense ou la clé de l'intrigue d'un roman policier sont souvent représentés de façon négative par un lieu d'indétermination. Parfois il est impossible de remplir les lieux d'indétermination, l'expérience du lecteur s'y avérant impuissante. Ce n'est pas le devoir du lecteur, selon Ingarden, de faire de l'œuvre littéraire une illusion ou un trompe-l'œil.

Par ailleurs, vu que les lieux d'indétermination sont eux-mêmes ontologiques, c'est-à-dire qu'ils font partie de l'œuvre, il serait impossible de les remplir tous. Les objets décrits sont inépuisables. On pourrait écrire des traités très longs sur une seule œuvre sans épuiser ses lieux indéterminés. D'ailleurs, écrire un texte sur un autre texte, ce n'est pas combler ses lieux indéterminés. Ce nouveau texte possède lui aussi ses lieux d'indétermination; parfois ils recouvrent ceux qui appartiennent à l'œuvre originale, mais parfois ils appartiennent au nouveau texte.

Pour sa part, et lorsqu'il parle de la participation du lecteur au texte, Iser utilise le terme «blanc». Il trouve que le mot «blanc» est plus juste que ne l'est, à son sens, la formule «lieu d'indétermination». Il explique que le terme «blanc» ne représente pas une indétermination syntagmatique dans l'œuvre, mais plutôt une indétermination paradigmatique. Selon cette distinction les syntagmes de l'œuvre littéraire sont complets en soi, et ne recèlent aucun lieu d'indétermination. Le syntagme présente le référent de façon absolue de sorte que le lecteur est contraint par le sens signifié. La notion de paradigme, selon Iser, suggère par contre que la compréhension du texte dépend de la participation du lecteur au moyen d'associations thématiques et linguistiques, c'est-à-dire par l'intermédiaire de son horizon d'attente. Iser met en valeur non pas la structure de l'œuvre littéraire, mais plutôt la structure de la lecture en général. Il dit que le «blanc» a différentes qualités structurales qui appartiennent à différentes parties de la lecture. A son avis le lecteur remplit d'abord le blanc au niveau du texte, ce qui donne lieu au référent; le blanc au niveau du référent est rempli selon la structure de thème et d'horizon; et le blanc qui résulte de la juxtaposition des thèmes de l'œuvre et de l'horizon du lecteur constitue finalement la perspective du lecteur (Iser, 203). Mais la perspective du lecteur, toujours selon Iser, n'est jamais fixe. Elle continue à se modifier ou à se déplacer tout le long de la lecture. Il paraît alors que le blanc chez Iser correspond aux écarts d'ordre épistémologique entre le texte et le référent et entre le référent et le lecteur.

Ainsi présentée, la perspective changeante du lecteur (*the wandering viewpoint*), correspond à la position de Ricœur en ce que l'appropriation d'un texte littéraire représente une dialectique, une tension incessante entre la compréhension et l'explication, les deux parties de l'appropriation. Et elle ne diffère pas sensiblement de la notion de concrétisation non plus. Il faut préciser, d'ailleurs, que dans la philosophie d'Ingarden le lieu d'indétermination n'est pas limité aux ambiguïtés syntagmatiques. Il est présent au niveau référentiel, thématique, connotatif même et aussi au niveau linguistique. Comme il fait partie de l'œuvre et de son médium (la langue écrite) dans une perspective ontologique, il est impossible, à notre sens, de le limiter à un seul aspect du langage, à savoir le syntagmatique.

En quoi donc consiste la différence entre la position d'Iser et celle d'Ingarden? Tous deux insistent à leur façon sur des «vides» ou sur des «lacunes» au niveau de la réception d'un texte. Ingarden appelle ces «lacunes» des lieux d'indétermination; Iser préfère le terme «blanc». Nous prenons ces deux termes pour synonymes. Le lieu d'indétermination chez Ingarden implique tous les niveaux ou toutes les strates de l'œuvre littéraire, et la concrétisation est distincte de l'œuvre. Le lecteur participe au texte mais ne change pas les syntagmes de l'œuvre. Tout comme Ingarden, Iser parle de la constitution d'un objet esthétique. Chez Iser, l'objet esthétique paraît lors de l'interaction du lecteur avec le texte, et la perspective changeante du lecteur mène finalement à la constitution de l'objet esthétique (Iser, 203). Les positions respectives d'Iser et d'Ingarden se ressemblent sous plusieurs aspects. Il y existe, pourtant, une différence de perspective. La philosophie d'Ingarden vise l'œuvre elle-même et ses différentes parties ou structures. Cette philosophie est ontologique. Pour sa part, Iser s'oriente plutôt vers le processus de lecture et vers l'appropriation du texte par le lecteur. En d'autres mots, Ingarden souligne la concrétisation de *l'œuvre*, et Iser met l'accent sur le *lecteur* qui concrétise. Tous deux s'orientent vers la notion de concrétisation, mais à notre sens la perspective d'Iser masque l'approche ontologique. Les notions d'Iser ont pour objet l'idéologie du lecteur (la perspective changeante) tandis qu'Ingarden s'intéresse à la compréhension linguistique et au plan référentiel du texte. Autrement dit, Iser s'intéresse à l'interprétant et à la communauté interprétative, tandis que la philosophie d'Ingarden a pour objet la signification sur le plan du signe linguistique.

NOTES

[1] En ce qui concerne la philosophie ontologique d'Ingarden, voir la traduction qu'a réalisée Micheda (*Time and Modes of Being*) de certaines parties de l'œuvre proprement ontologique d'Ingarden, *Spór o istnienie swiata*, vol. 1., Kraków, PAU, 1947, 1960 (*cf. Der Streit um die Existenz der Welt*).

[2] Dans le texte allemand on trouve le mot «Seele» qui est traduit en français par «âme» et en anglais par «mind». Nous pensons que le terme «esprit» traduit mieux en français le terme «Seele» sans perdre l'ironie de l'expression. Il faut pourtant ajouter que dans la philosophie d'Ingarden le terme «Seele» a un sens particulier (ce que l'on pourrait nommer le concept d'«énergie» ou de «puissance» fondamentale de l'être) par rapport à d'autres concepts comme celui de «corps», ou de «flux de la conscience», ou d'«égo» (*cf.* Janina Makota, 1975, «Roman Ingarden's Philosophy of Man», *Journal of the British Society for Phenomenology*, 6, 126-130).

[3] Il est intéressant de faire remarquer à cet endroit la divergence, d'après Ingarden, entre la façon dont lui comprend la notion des concepts dans le langage et la façon, toujours d'après Ingarden, dont Husserl la comprend. Ingarden dit que les concepts qu'on peut communiquer au moyen du langage sont des concepts idéaux et ontologiquement autonomes (*L'Œuvre d'art littéraire*, 305; Ingarden fait savoir, d'ailleurs (96), que ses idées au sujet de l'existence des concepts [les signifiés] ont changé depuis l'époque d'*Essentiale Fragen*, à quel moment il ne croyait pas à l'existence des concepts). L'existence du concept ou du signifié ne dépend pas, alors, d'un acte de conscience. Même si l'énonciation d'un mot particulier dépend d'un acte phonétique, ni le mot ni le concept dénoté ne coïncident avec cet acte : ils précèdent ou transcendent le locuteur particulier. Selon Ingarden le concept lui-même est transcendant par rapport aux mots que nous utilisons pour l'évoquer. Toujours selon Ingarden, le point de vue de Husserl est autre que le sien parce que Husserl prenait les mots eux-mêmes (dans le sens de la «signification» ou du contenu) pour idéaux et transcendants (*L'Œuvre d'art littéraire*, 97), vu que la réalité était ramenée par Husserl à une unité noétique individuelle. C'est dire que chez Husserl, d'après Ingarden, la seule réalité est celle de la pensée qui se réfléchit dans l'emploi des mots (*On the Motives*, 21). Dans la perspective d'Ingarden la transcendance du concept par rapport à sa réalisation linguistique, par rapport à l'actualisation d'une unité noétique par un mot, implique un réalisme que Husserl a écarté en faveur d'un idéalisme transcendantal. C'est donc par un détour ontologique (i.e. les concepts idéaux sont ontologiquement autonomes selon Ingarden et ne dépendent pas de la conscience) qu'Ingarden espère réfuter l'idéalisme transcendantal de son maître. S'il y réussit, ou s'il évite tout simplement de tirer les conclusions qui s'imposent est une question que nous ne pouvons aborder ici.

[4] Ingarden dit quelque part que le «remplissage» du texte ne doit pas être compris de cette façon banale mais, il nous semble que l'acte de remplissage ne reconnaît pas de limites fixées de façon *apriorique*. L'acte par lequel le lecteur remplit un texte constitue un acte de compréhension dans un sens étendu, peu importe le niveau intellectuel impliqué. D'ailleurs, attribuer certaines qualités ou certaines propriétés à un personnage ou à un objet représentés, etc., nous paraît légitime et en parfait accord avec cette notion, le lecteur procédant à un remplissage du texte «en accord avec les déterminations déjà établies des objets figurés» (*L'Œuvre d'art littéraire*, 214).

[5] Le mot «esthétique» ici est important. Chez Ingarden l'attitude esthétique représente l'interruption de l'attitude normale ou quotidienne. Mais Ingarden ne rend pas compte de cette irruption de l'attitude esthétique dans la conscience, ce qui semble lourd de conséquences sur le plan métaphysique.

L'Idée de l'œuvre
et l'idée métaphysique

Les prémisses herméneutiques de la philosophie d'Ingarden, présentées sous forme d'une théorie de la réception de l'œuvre littéraire, rendent cette philosophie intéressante et de plus en plus à la mode (à juger seulement d'après des livres récemment sortis aux Etats-Unis et au Canada : Weinscheimer, Scholes, Crittendon, Nicholson, Fitch et ainsi de suite)[1]. Les points faibles de ce système philosopique sont, par contre, sa conception de l'idée métaphysique de l'œuvre et la notion de valeur esthétique qu'il avance. Selon Ingarden, l'objet esthétique est constitué à partir de la réception des qualités et des valeurs esthétiques de l'œuvre, et cet objet est une nouvelle entité. Nous venons de remarquer que l'objet esthétique représente l'aboutissement de l'expérience esthétique et qu'il existe sous forme de concrétisation (*Cognition*, 307-308). Il participe au monde réel de l'œuvre qui transcende la subjectivité du lecteur particulier, bien qu'il participe aussi au monde subjectif du lecteur (la concrétisation a lieu dans la conscience du lecteur). Cette double participation à la fois objective et subjective s'accorde bien avec les préceptes de la philosophie phénoménologique de Husserl. Comme Dufrenne le dit : cette philosophie interdit « la séparation de l'objet réel situé dans la nature de l'objet intentionnel immanent à la perception et situé dans le vécu » (*Phénoménologie de la perception esthétique*, 269). Dans le contexte de la philosophie d'Ingarden, alors, l'objet esthétique est un objet intentionnel informé par l'œuvre selon les capacités et les talents du lecteur. C'est-à-dire que l'œuvre et le lecteur entrent en synergie et que cette synergie constitue un objet esthétique. Pourtant, cet objet n'est pas un véritable objet comme un objet du monde naturel, tel un arbre ou un rocher. Il n'est que «reconnu existentiellement» (*Cognition*, 215).

Pour bien comprendre l'importance et la portée de cette notion, il faut revenir à la notion de concrétisation elle-même et à sa forme finale, c'est-à-dire à une harmonie des qualités harmonieuses de l'œuvre, ce qu'Ingarden appelle également l'«Idée de l'œuvre»[2]. L'œuvre d'art a la capacité de nous présenter un autre monde, selon Ingarden, un monde référentiel qui enrichit notre vie psychique et esthétique grâce à l'expérience qu'elle nous découvre. Mais, comme ses concrétisations permettent à l'œuvre de connaître une histoire (plus ou moins glorieuse) au sein des traditions littéraires d'une communauté, l'œuvre finit par se conceptualiser et par transcender chacune de ses concrétisations, comme les concepts de la langue transcendent leur réalisation dans le discours d'un individu. Ingarden appelle cette existence virtuelle ou conceptuelle l'Idée de l'œuvre, laquelle est à distinguer du sujet ou du référent présenté par l'œuvre, ce qu'on appelle aussi l'«idée» de l'œuvre mais dans le sens de son contenu. Ingarden : «L'objet esthétique est alors la `réalisation' du contenu d'une idée particulière que l'artiste a dû intuitionner en quelque sorte. Mais l'artiste a dû aussi inventer les moyens de réaliser ce contenu; c'est-à-dire, qu'il a dû créer l'œuvre d'art correspondante. Car il faut reconnaître que l'Idée n'est pas l'idée (contenu) de l'œuvre d'art, mais seulement l'idée de l'interconnection ontique entre la qualité (de valeur) rencontrée et l'ensemble des qualités d'une valeur esthétique qui coexistent avec elle en une entité harmonieuse» (*Vom Erkennen*, 425-426 : traduction de l'auteur; *Cognition*, 407)[3].

Cette ambiguïté terminologique masque deux notions différentes qui exigent chacune un éclaircissement et un commentaire. Il y a d'abord le contenu d'une idée particulière qui est *dans* l'œuvre; et ensuite il y a l'Idée de l'œuvre qui résulte de la participation du lecteur à l'œuvre qu'il lit. Or l'affirmation que l'objet esthétique est la réalisation du contenu d'une idée particulière est elle-même ambiguë; veut-elle dire que l'œuvre littéraire présente une thèse que le lecteur doit trouver et comprendre, ou veut-elle dire, sur le plan linguistique, que la concrétisation a lieu chez le lecteur et qu'elle est faite à partir de signes linguistiques, le lecteur constituant intentionnellement (dans la conscience) le référent de l'œuvre? Il nous semble qu'Ingarden entend par l'idée dans l'œuvre ce que nous avons exprimé par la première formule donnée ici, étant donné que la deuxième n'ajoute rien à la notion de concrétisation elle-même et ne fait donc qu'accroître le nombre de termes utilisés. Dans *L'œuvre d'art littéraire*, Ingarden dit que l'idée qui est *dans* l'œuvre, laquelle n'est pas l'Idée *de* l'œuvre, se réfère à ce qu'on pourrait aussi appeler la thèse de l'auteur (voir la note 3).

Par contre, Ingarden ne parle pas de thèse ou d'engagement dans le contexte de l'objet esthétique. Il parle plutôt d'une idée métaphysique qui se manifeste sur le plan du référent et au moyen de la formulation même du référent. Une œuvre d'art exprime une qualité métaphysique d'après sa définition même. C'est-à-dire qu'une qualité de l'œuvre nous incite à réfléchir sur un aspect de la vie humaine, que ce soit un aspect moral, esthétique, spirituel, tragique ou autre. Ingarden se garde pourtant d'inclure l'idée métaphysique dans son système ontologique des strates (voir notre deuxième partie), préférant plutôt la situer dans l'objet esthétique, bien qu'elle appartienne à l'œuvre.

Chez Ingarden l'idée métaphysique de l'œuvre est sans doute une qualité de représentation qui nous incite à la réflexion. Ce qui est problématique dans le contexte d'une idée métaphysique qui se manifeste dans l'œuvre, c'est l'attribution de cette idée à la forme de l'œuvre elle-même. Une telle formulation ne coïncide pas avec la notion ingardénienne de concrétisation, parce qu'elle semble abandonner la notion d'une vérité relative ou partielle en faveur d'une vérité absolue et fixe. Si l'idée métaphysique est dans l'œuvre, il convient au lecteur de la trouver et de la mettre en lumière. Il se peut qu'Ingarden n'ait pas pu rompre entièrement avec la notion d'une vérité absolue en littérature. Sa conception de l'idée métaphysique semble « flotter » entre l'œuvre et le lecteur. Il écrit : « Mais si la révélation de la qualité métaphysique dépend, entre autres, de la couche des aspects tenus prêts [voir notre deuxième partie], il faut dire que les qualités métaphysiques ne sont pas explicitement révélées dans l'*œuvre elle-même*, mais qu'elles sont seulement *prédéterminées* par les situations objectales et *tenues prêtes* par lesdits éléments, car ils ne peuvent se révéler que dans une situation objectale *réellement portée à manifestation*, donc que dans la concrétisation d'une œuvre qu'est la lecture qu'on en fait » (*L'œuvre d'art littéraire*, 252-253). D'un côté l'idée métaphysique paraît dans l'œuvre mais sans constituer une strate à elle seule ; de l'autre côté elle se réalise dans l'objet esthétique du lecteur. Placer l'idée métaphysique dans l'œuvre, c'est attribuer à l'œuvre un sens particulier que le lecteur serait obligé de trouver. L'attribuer à la concrétisation et aux jugements du lecteur, c'est faire de l'œuvre le support de différentes idées métaphysiques selon la situation et les talents du critique. L'idée métaphysique de l'œuvre reste une idée confuse et difficile dans la philosophie d'Ingarden, une notion pour ainsi dire à cheval sur deux philosophies différentes.

Or l'Idée de l'œuvre[4], laquelle n'est pas l'idée métaphysique de l'œuvre, concorde mieux avec la notion de concrétisation. Ingarden dit que l'Idée de l'œuvre est l'idée de l'interconnection ontique entre la qualité de valeur pertinente et les qualités esthétiques valables qui coexistent avec l'œuvre d'art en une unité harmonieuse (*Cognition*, 407). L'Idée de l'œuvre n'est donc pas entièrement dans l'œuvre elle-même, comme c'est le cas des qualités. Elle est fondée sur la connexion essentielle qui se manifeste à l'intuition et qui existe entre une situation de vie déterminée et représentée, et une qualité métaphysique qui se fait voir dans cette situation[5]. L'Idée de l'œuvre implique donc et le référent, et une qualité métaphysique prédéterminée qui se fait connaître dans une concrétisation. La présence dans l'œuvre d'une qualité métaphysique nous amène à une réflexion générale et universalisante, et cette réflexion a alors son point d'origine dans la lecture d'une œuvre que l'on trouve esthétiquement valable. Et on suppose que cette réflexion puisse être esthétique ou morale, etc., selon la perspective et les intérêts du lecteur.

Il est évident que l'Idée de l'œuvre est toute autre chose que l'idée métaphysique de l'œuvre. L'Idée de l'œuvre représente la conceptualisation de l'œuvre, un niveau d'abstraction qui nous permet de dire naïvement des œuvres de Balzac, «ah! ça c'est du Balzac», ou de dire d'une situation représentée, «ah! c'est vrai ça». C'est-à-dire que la difficulté suscitée par la notion de l'Idée de l'œuvre ne vient pas d'une ambiguïté quant aux présupposés classiques ou autres d'Ingarden, mais provient plutôt de sa terminologie.

On serait tenté de dire en ce moment que la notion d'idée métaphysique est tout simplement un autre aspect du classicisme d'Ingarden, la littérature ayant pour but de nous instruire. Le terme «classique» est pourtant problématique dans ce contexte parce qu'il dénote des tendances variées à des époques différentes selon qu'on parle, par exemple, du classicisme grec, latin ou français. C'est dire que ce terme est presque devenu, selon les conceptions de celui qui s'en sert, soit un terme d'éloge soit un terme péjoratif[6]. Outre les trois unités et la notion d'imitation en faveur chez les Grecs et les Latins, dans le contexte français le terme «classique» désigne aussi une appropriation entre la forme et le fond d'une œuvre. L'*Encyclopaedia Universalis* décrit cet aspect du classicisme comme la «recherche d'un équilibre intérieur et profond entre la substance intellectuelle ou affective de l'œuvre littéraire et la forme qui la traduit». Ou bien, dans le contexte de la philosophie de Descartes : «La perfection des œuvres classiques consiste précisément à combiner les deux formules, esthétique et scientifique, de la littérature, de façon que la beauté de la forme manifeste la vérité du fond» (Lanson 402).

Dans la pensée classique l'appropriation entre la forme et le fond existe au niveau de l'œuvre et non pas au niveau de sa réception. Evidemment une appropriation sur le plan de la réception, et alors relativisée par chaque lecteur particulier, est dépourvue de sens; pour être une véritable appropriation il faudrait être telle pour tout le monde ou du moins pour la plupart des lecteurs. Dans la pensée classique l'appropriation entre la forme et le fond implique une attitude de contemplation, le sujet s'abandonnant au plaisir de connaître des formes reconnues comme belles. D'ailleurs, le classicisme a souvent pour objet l'être humain, ses souffrances, ses rêves, ses passions et sa volonté. En général la pensée d'Ingarden semble s'orienter vers ces deux aspects du classicisme, l'appropriation entre la forme et le fond, et l'étude de l'homme en général. On suppose que selon Ingarden une véritable œuvre d'art mette en scène un aspect de la vie humaine qui nous touche et nous incite à la réflexion. On suppose également qu'Ingarden tienne la pureté du style et la clarté de l'expression pour des vertus en littérature[7]. Mais tandis qu'il est vrai que le classicisme français exaltait et la pureté et la clarté de l'expression, ces qualités ne sont finalement pas plus classiques qu'elles ne sont romantiques : «A leur manière, mais non moins que les auteurs du romantisme ou du symbolisme, les classiques ont visé à ce qui a toujours été l'objet de l'art le plus efficace : concentrer la pensée et l'émotion plutôt que la délayer, provoquer des durables résonances de cette pensée et des prolongements de cette émotion chez ceux que l'on veut toucher, et suggérer plutôt que dire» (*Encyclopaedia Universalis*). Dire de nos jours que l'œuvre littéraire manifeste une qualité métaphysique représente sans doute une position démodée, vu les connotations négatives du mot «métaphysique», mais comme on le verra, l'idée métaphysique constitue un élément essentiel de l'ontologie esthétique ingardénienne parce qu'elle représente le point vers lequel convergent les qualités et les valeurs de l'œuvre. Quant à l'appropriation entre la forme et le fond, il semble que chez Ingarden elle ne soit ni dans l'objet d'art, ni chez le spectateur, mais se situe quelque part sur le plan de la concrétisation.

NOTES

[1] *Cf.* J. Weinscheimer, 1991, *Philosophical Hermeneutics and Literary Theory*, Yale University Press; R. Scholes, 1989, *Protocols of Reading*, Yale University Press; C. Crittendon, 1991, *Unreality*, Cornell University Press; G. Nicholson, 1984, 1989, *Seeing and Reading*, Humanities Press International, Inc.; B.T. Fitch, 1991, *Reflections in the Mind's Eye*, Toronto, Buffalo, London, University of Toronto Press.

[2] La majuscule distingue l'Idée de l'œuvre de cette autre idée qu'est le contenu de l'œuvre, aussi bien que de l'idée métaphysique de l'œuvre.

[3] Der ästhetische Gegenstand ist dann eine «Realisierung» des Gehaltes einer besonderen Idee, der vom Künstler irgendwie erschaut werden musste. Der Künstler musste aber ausserdem die Mittel zur «Realisierung» dieses Gehaltes erfinden, das heisst, das entsprechende Kunstwerk erschaffen. Denn wohlgemerkt, diese Idee ist nicht die Idee des betreffenden Kunstwerks, sondern nur des eigentümlichen Seinszusammenhanges zwischen der betreffenden Wertqualität und der mit ihr in harmonischer Einheit zusammenbestehenden Mannigfaltigkeit der ästhetisch wertvollen Qualitäten (425-426).

[4] Dans un article écrit en 1946, publié en 1949, Ingarden remarque que seize ans auparavant (soit, dans *L'Œuvre d'art littéraire* — source de nos commentaires ici), il avait «entrepris d'établir les sens — justifiés, je l'espère — dans lesquels une œuvre littéraire peut avoir son Idée» («Des différentes conceptions de la vérité dans l'œuvre d'art», note 1, p. 179). Il y dit aussi que préalablement il n'avait «qu'esquissé la solution».

[5] «L'"idée" de l'œuvre, en ce sens, réside dans la *connexion* essentielle des choses (Wesenszusammenhang), amenée à se présenter à l'intuition (zur anschaulichen Selbstgegebenheit gebracht), entre une certaine situation de vie (Lebenssituation) figurée, en tant qu'elle est la phase de culmination d'un développement antérieur, et une qualité métaphysique qui, dans cette situation, accède à l'autorévélation et qui tire de sa teneur une coloration unique (*L'Œuvre d'art littéraire*, 257).

[6] Selon L'*Encyclopeadia Universalis* l'adjectif «classicus» désignait en latin une certaine classe de citoyens mais dans les langues européennes de nos jours ce sens a disparu. Ce n'est que dans le cours du XIXe siècle que «classicisme» a commencé d'avoir son sens d'aujourd'hui. Il désignait d'abord les œuvres dignes d'être étudiées en classe, et ensuite les œuvres qui faisaient preuve de certaines caractéristiques communes (i.e. la simplicité, la pureté de la langue, etc.).

[7] *Cf.* Ingarden R., 1969, «Das Problem des Systems der ästhetisch valenten Qualitäten». Dans cet article Ingarden traite des qualités et des valeurs artistiques aussi bien qu'esthétiques. Il essaie de les grouper en qualités neutres et en qualités matérielles en opposition avec les qualités formelles, et il s'évertue à expliquer la façon dont les qualités de l'œuvre fondent les valeurs esthétiques de l'œuvre et finalement la valeur de l'œuvre elle-même (voir la section suivante).

Les qualités de valeur esthétique

Dans la philosophie d'Ingarden les qualités sont dans l'œuvre et constituent pour ainsi dire le support des valeurs. Dans le préambule d'un article intitulé, « Des différentes conceptions de la vérité dans l'œuvre d'art » (1949), Ingarden écrit qu'un « facteur de nature *artistique* » veut dire « tout au moins dans le cadre de l'œuvre » (162). Il semble ajouter ainsi un autre plan à la réception de l'œuvre pour porter le nombre d'éléments impliqués à quatre : l'œuvre d'art, les qualités prédéterminées, la concrétisation et le lecteur. Cette multiplication de termes manifeste à notre sens l'échec ultime de la tentative ontologique pour « stratifier » tous les aspects de l'œuvre littéraire.

Selon Ingarden, la relation entre les qualités et les valeurs est la source de l'Idée de l'œuvre. Nous avons vu que l'Idée de l'œuvre est l'« interconnection ontique entre la qualité de valeur pertinente et les qualités esthétiques qui coexistent avec l'œuvre » (*Cognition*, 407). Or, une telle interconnection ne peut avoir lieu que dans la conscience du lecteur, source synthétisante des « phénomènes du divers », selon la formule kantienne. Sur le plan de la concrétisation l'Idée de l'œuvre et l'objet esthétique coïncident alors, car l'objet esthétique représente l'aboutissement de l'expérience esthétique et dépend des valeurs esthétiques de l'œuvre. Si aucune valeur esthétique ne se manifeste, l'expérience ne se prolonge pas, l'harmonie ne peut s'imposer et l'objet esthétique lui-même n'est pas réalisé. Si, par contre, la lecture fait connaître de vraies valeurs esthétiques, l'objet esthétique s'impose. C'est dire que la définition de l'objet esthétique est circulaire : l'objet esthétique dépend des valeurs esthétiques de l'œuvre qui rendent cet objet possible. Autrement dit, la présence dans l'œuvre de valeurs esthétiques mène à l'imposition d'une harmonie qui est le résultat de la présence même dans l'œuvre de ces valeurs.

Sybil Cohen appelle cette circularité le «cercle bénin» d'Ingarden (*Ingarden's benign circle*). Selon cet auteur la circularité impliquée par la définition de l'objet esthétique est la conséquence inévitable de l'intentionalité (Cohen, 144). Etant donné que l'œuvre une fois terminée ne dépend plus de son auteur, la «valeur» de l'œuvre doit dépendre des qualités esthétiques pertinentes qui fondent la valeur esthétique de l'œuvre ; les qualités sont esthétiquement valables pour cette raison. Cette circularité rejoint, en un sens, la prise de position d'Ingarden au sujet de l'expérience esthétique. Une œuvre a de la valeur dans la perspective esthétique grâce à ses qualités-de-valeur esthétiques et non pas, par exemple, à cause des traditions sociales qu'elle veut présenter ou à cause du thème dont il traite.

Ingarden définit la valeur esthétique comme l'intuition des qualités esthétiques de l'œuvre (*Cognition*, 85), définition qui ne nous sort guère de la circularité. Malheureusement Il ne donne aucun exemple d'une concrétisation réalisée à partir des valeurs esthétiques d'une œuvre. Il propose, par contre, une catégorisation des qualités esthétiques et en donne des exemples. Il distingue le formel du matériel (on pourrait dire la forme du fond), et l'émotionnel de l'intellectuel. Ainsi il parle de la catégorie matériel-émotionnel — une histoire triste ou heureuse — et de la catégorie matériel-intellectuel — une histoire brillante ou ennuyeuse. Lorsqu'il s'agit de la forme il existe également deux catégories différentes : émotionnelle — ce que le lecteur ressent à partir du rythme d'un poème ou à partir de la symétrie d'une œuvre — et intellectuelle — la difficulté ou la complexité du style, la clarté de l'œuvre, etc. («Das Problem des Systems der ästhetisch valenten Qualitäten»; voir aussi, Falk 1981b, 197).

Selon cette catégorisation il faudrait conclure que la valeur esthétique elle-même n'est opératoire que chez le lecteur, car c'est le lecteur qui «active», disons, certains aspects ou certaines qualités de l'œuvre. Les qualités de l'œuvre ont ainsi de la valeur esthétique et sont appelées des qualités-de-valeur. L'œuvre possède des qualités que l'on peut décrire, mais ces qualités n'ont de la valeur que dans une concrétisation. Selon Falk, par exemple, dans la philosophie d'Ingarden la valeur de l'objet esthétique est fondée sur les fonctions réciproques de l'œuvre artistique, qui est neutre par rapport aux valeurs, et sur l'«activation», par un lecteur, des éléments artistiques de l'œuvre. Les éléments artistiques ainsi «activés» fondent, toujours selon Falk, les valeurs esthétiques. Et Falk de conclure qu'il faut, selon l'ontologie ingardénienne, orienter ses recherches et ses analyses vers les qualités de l'œuvre alors «neutres», parce que ce sont ces mêmes qualités qui rendent possibles les valeurs esthétiques[1].

Mise à part la catégorisation des valeurs, Ingarden donne aussi des exemples de valeurs esthétiques dont il existe plusieurs espèces. A son sens, la représentation d'un personnage peut constituer une valeur esthétique si le personnage a une vraie «personnalité», des traits véritables qui constituent son individualité, de la vraie indépendance, sa propre volonté, etc. Les aspects stylistiques d'une œuvre peuvent également constituer une valeur esthétique si le style «agit» sur le lecteur, c'est-à-dire, si le style provoque chez le lecteur une intuition du beau ; et différentes valeurs elles-mêmes exprimées en une harmonie représentent aussi une valeur esthétique. Ingarden est pourtant clair lorsqu'il dit qu'on doit se garder de confondre l'objet esthétique et l'objet artistique, et que la valeur esthétique de l'œuvre ne se laisse pas réduire au simple plaisir du lecteur. Ne pas distinguer l'œuvre de ses concrétisations, c'est donner dans un subjectivisme absolu, selon Ingarden, tout comme la réduction d'une valeur esthétique au plaisir physique du lecteur oriente la recherche vers les différents aspects de ce plaisir et non vers l'œuvre littéraire.

Des valeurs esthétiques dans une concrétisation il faut distinguer les qualités artistiques qui sont, au dire d'Ingarden, dans l'œuvre elle-même. D'ailleurs, les qualités artistiques sont de deux espèces : elles comprennent les mérites et les défauts techniques de l'œuvre aussi bien que ses qualités et son effet d'ensemble («Artistic and Aesthetic Values» 100). Ingarden utilise l'exemple de l'obscurité qui, à son sens, est une qualité artistique de valeur négative. Une telle qualité nuit à l'ensemble de l'œuvre bien qu'un auteur puisse inclure certaines «qualités négatives» dans son œuvre pour satisfaire certains besoins ou un certain but esthétique (101-102). Dans un article écrit vers la même époque, Ingarden précise mieux ce qu'il appelle les groupes de valeurs. Il faut, dit-il, distinguer le squelette neutre de l'œuvre d'art (c'est-à-dire, l'ordre des phrases, l'intrigue, etc.) des qualités (*Momenten*) de valeur artistique et des qualités (*Momenten*) de valeur esthétique. D'ailleurs, il en donne quelques exemples. Toujours est-il qu'Ingarden croyait que son travail en axiologie ne représentait qu'un début, un début empirique de ce qui constituerait finalement le vrai domaine de l'esthétique «scientifique»[2].

Cet aspect de sa philosophie a suscité nombreux commentaires, surtout chez des chercheurs en Pologne. En ce qui concerne le « lieu d'origine » des valeurs, on n'est pas toujours d'accord. S. Morawski est de l'avis, selon B. Dziemidok, que la qualité qui suscite l'émotion originelle est dans l'œuvre. Selon A. Szczepanska, par contre, toujours selon Dziemidok, la qualité et l'œuvre font partie toutes deux de l'expérience esthétique (Dziemidok, 1975b, 19-20). Ce genre de débat fait preuve de l'ambiguïté même de la pensée d'Ingarden à ce sujet et représente peut-être une faiblesse de la tentative ontologique en général, laquelle veut justement séparer des notions qui sont liées. Nous sommes de l'avis de Dziemidok qui donne raison à Morawski — c'est-à-dire que les qualités, selon Ingarden, appartiennent à l'œuvre : une telle compréhension concorde mieux en général avec sa philosophie et sa pensée analytique. Toutefois, selon Ingarden, le noyau de l'objet esthétique est formé des qualités qui représentent dans l'œuvre le fondement ontologique des valeurs, ce qui semble donner également raison à Szczepanska. Etant donné le point de départ d'Ingarden (le débat entre réalistes et idéalistes), nous dirons pourtant qu'Ingarden a justement cherché à éviter ce genre de discussion par la « création » de nouvelles catégories ou de nouveaux modes. Il échappe ainsi à la distinction binaire entre objet et sujet.

Dans la philosophie d'Ingarden les qualités semblent plus objectives que les valeurs[3], et elles impliquent les structures linguistiques et thématiques de l'œuvre. Quoi qu'on dise de leur valeur esthétique, quoi qu'on pense de la concrétisation du lecteur, l'œuvre possède certaines structures (une juxtaposition de syntagmes par exemple) qui influent sur la concrétisation mais qui, quant à leur existence, ne dépendent pas d'elle. La difficulté que présente l'axiologie d'Ingarden provient en partie de cette séparation voulue entre qualités et valeurs. Ces deux termes ont un sens différent, mais est-il possible de séparer ces deux notions de façon ontologique ? Il semble que cette distinction mette encore une fois en valeur la circularité implicite à la notion d'objet esthétique. Une qualité a de la valeur dans la mesure où elle est valable ; et le fait d'attribuer de la valeur à un aspect de l'œuvre fait de cet aspect une qualité (tout comme l'*objet* esthétique se définit selon l'*expérience* esthétique que l'œuvre offre au lecteur). La distinction voulue par Ingarden entre les qualités et les valeurs de l'œuvre paraît renier, d'ailleurs, un des préceptes de la philosophie phénoménologique de Husserl, c'est-à-dire qu'est interdite la « séparation de l'objet réel situé dans la nature de l'objet intentionnel immanent à la perception et situé dans le vécu » (Dufrenne, 1953, p. 269). Tantôt Ingarden semble adhérer à ce précepte, lorsque il parle de la concrétisation, tantôt il semble l'oublier ou le renier, lorsqu'il parle des qualités et des valeurs de l'œuvre. Un exemple mettra l'accent sur cette ambiguïté.

Les valeurs esthétiques, selon Ingarden, sont ou émotionnelles ou intellectuelles. Les qualités artistiques comprennent surtout des techniques utilisées dans la composition de l'œuvre, mais Ingarden parle également de l'obscurité et de l'imprécision dans le contexte des qualités artistiques («Artistic and Aesthetic Values» 100-101). Il nous paraît juste de dire que l'ordre syntaxique de la phrase relève du domaine des qualités artistiques d'une œuvre en principe «neutre». La longueur de la phrase, l'ordre direct ou inversé du sujet et du prédicat, sont des qualités qu'on peut appeler objectives pourvu qu'on n'y attache pas de valeur subjective[4]. Dire, par contre, comme Ingarden le dit, que l'obscurité et l'imprécision constituent des traits négatifs, nous paraît dépasser les bornes de l'objet artistique, parce que l'attribution du terme «obscur» ou du terme «imprécis» à différents aspects d'une œuvre littéraire implique un jugement de valeur qui ne doit pas y figurer. Il se peut que l'obscurité chez un lecteur soit «clarté» pour un autre, car en partie du moins l'obscurité ou la clarté d'un texte relève de la formation du lecteur et de ses connaissances dans le domaine traité par l'œuvre. Il est possible, d'ailleurs, qu'un auteur invente de nouvelles techniques littéraires ou de nouvelles formules linguistiques jugées obscures par les adhérants d'un classicisme rigoureux[5]. Il nous semble que le jugement d'«obscur» ou d'«imprécis» porté sur une œuvre littéraire participe non pas de l'objet artistique (l'œuvre) mais plutôt de l'objet esthétique.

Il faut noter, cependant, que sous la plume d'Ingarden les termes «qualités» et «valeurs» sont souvent juxtaposés dans l'expression «qualités-de-valeur», ainsi soulignant leur interdépendance. Comme la concrétisation représente une conjonction «œuvre-lecteur», l'expression «qualités-de-valeur» y fait écho, et souligne de nouveau la circularité implicite à la notion de valeur esthétique. Les qualités sont qualités dans la mesure où elles ont de la valeur (positive ou négative), et les valeurs sont valeurs dans la mesure où elles sont fondées sur les qualités de l'œuvre. Bien que cette formulation de la réciprocité des valeurs et des qualités soit intéressante et utile dans le domaine de l'analyse littéraire, nous trouvons qu'elle masque une désignation fautive de ce qui constitue une qualité et une valeur. L'«obscurité», nous l'avons vu, doit figurer sous la rubrique des valeurs et non pas sous celle des qualités, ou bien, ce terme doit figurer à la fois sous les deux rubriques, ce qui trouble un peu la clarté de cette distinction.

Il semble que les qualités de l'œuvre ne soient pas aussi «neutres» qu'Ingarden le prétend. Elles sont en effet des qualités dans la mesure où on sait les isoler, leur attribuant ainsi de la valeur. A notre sens, les qualités de l'œuvre littéraire sont «trouvées» par le lecteur qui leur accorde ainsi de la valeur, et elle sont qualités parce que le lecteur leur a reconnu de la valeur. C'est-à-dire que la perception d'une qualité constitue une valeur, et que la valeur esthétique d'une œuvre représente la perception, dans une perspective esthétique, des qualités valables de l'œuvre.

Pour bien comprendre l'axiologie d'Ingarden il faut tenir compte, d'ailleurs, de ce qu'il dit au sujet des valeurs esthétiques par rapport à d'autres valeurs en général. Il existe, selon Ingarden, différents groupes de valeurs : les valeurs vitales, les valeurs morales et les valeurs culturelles («Zum Problem der "Relativität" der Werte», 91-96). Dans le contexte des valeurs culturelles, Ingarden dit que les valeurs esthétiques sont données en même temps que l'objet artistique contemplé :

> L'être des valeurs esthétiques n'est pourtant pas un «être pour», comme c'est caractéristique, par exemple, de toutes les valeurs d'utilité. Elles [les valeurs esthétiques] existent plutôt comme des qualifications propres d'une espèce particulière d'objets bien composés et harmonisés en soi. Elles résultent nécessairement de la production même de ces objets dont leur être est codéterminé (traduction de l'auteur)[6].

Dans une note à part qui fait référence au passage que nous venons de citer, Ingarden remarque, d'une façon qui lui est caractéristique, que ce qu'il vient de dire n'est peut-être pas toujours juste, qu'il faudrait revenir subséquemment à cette affirmation pour juger, suppose-t-on, de sa valeur[7]. Toujours est-il que les valeurs esthétiques se distinguent des autres groupes de valeurs dont Ingarden parle par le fait qu'elles «ne peuvent jamais atteindre à cette apparence d'existence qui est le propre des valeurs morales réalisées dans des actes. Les valeurs esthétiques sont toujours limitées à la sphère de l'être purement intentionnel» (traduction de l'auteur)[8].

Ces deux passages font preuve, semble-t-il, d'un léger changement de perspective de la part d'Ingarden. Les valeurs esthétiques sont dès lors des «qualifications d'une espèce particulière d'objets» et elles résultent «de la production même de ces objets». Leur existence dépend alors d'un objet, ce qui veut dire qu'elles ne sont pas indépendantes des qualités. Pour reprendre notre exemple, l'obscurité d'un texte est une qualité qui fait connaître une valeur esthétique, bien qu'il ne soit pas clair en quoi cette valeur diffère de la qualité qui la fonde. Faut-il parler d'une qualité et d'une valeur désignées toutes deux par le seul terme «obscurité»? Dans la philosophie d'Ingarden la distinction entre qualité et valeur n'est pas toujours nette, d'autant plus que les qualités, ainsi que les valeurs, appartiennent en quelque sorte à l'œuvre d'art.

Afin surtout de faire ressortir une différence de perspective, mettons en parallèle la pensée d'Ingarden et celle de Kant. Celui-ci dit que les beaux-arts possèdent en quelque sorte une supériorité à l'égard du monde réel en ce qu'ils peuvent représenter ce qui est laid mais d'une façon belle (*Critique de la faculté de juger*, 142)[9]. Autrement dit, l'intentionalité (pour utiliser le mot d'Ingarden) des valeurs esthétiques libère l'objet d'art face au monde réel et naturel. Pour sa part, Ingarden n'attribue aucune supériorité (dans le sens d'une hiérarchie) aux valeurs esthétiques. Chez lui, les valeurs esthétiques dépendent d'un objet créé et sont objectives dans la mesure où elles se fondent sur cet objet. On dirait que pour Ingarden les valeurs esthétiques sont plutôt concrètes, tandis que Kant les conçoit sous forme d'une synthèse réalisée par le spectateur (lecteur).

Il reste que la distinction ingardénienne entre qualités et valeurs prête à confusion. A la fin il est difficile de savoir ce qui appartient à l'œuvre et ce qui appartient à l'objet esthétique. Le point de départ ontologique d'Ingarden semble en opposition ici avec la phénoménologie transcendantale de Husserl. A cet égard la formule de Husserl paraît pourtant plus heureuse. Dans *Ideens I* Husserl dit que l'objet visé par l'intentionalité est visé « sur le mode de l'actualité » et que tout ce qui ne fait pas partie de la visée intentionnelle est par là « non-visé » ou « sur le mode de l'inactualité »; ce qui n'est pas visé est relégué à l'« arrière plan » (*Idées*, 317-322). Lorsqu'on vise les qualités de l'objet ce sont ces mêmes qualités qui forment l'objet intentionnel, et tout autre aspect, toute autre dimension de l'œuvre, constitue cet arrière plan du non-visé. Il se peut également que la valeur qui paraît en contiguïté avec la qualité soit elle-même visée de sorte que la qualité fait partie du fond ou de l'arrière plan de la visée intentionnelle. Cette formulation de la relation entre qualité et valeur, présentée ici seulement de façon schématique, nous paraît plus heureuse que la distinction ontologique d'Ingarden parce que, à notre sens, elle évite la double tentative qui caractérise la philosophie d'Ingarden, celle de réaliser en même temps deux projets contraires : séparer les qualités des valeurs en les fondant toutes deux de façon objective, et les unir les unes aux autres dans une concrétisation.

La problématique des valeurs et des qualités, telle qu'explicitée par Ingarden, fait d'ailleurs abstraction des dimensions sociales et historiques de l'œuvre littéraire. Sur le plan théorique il est possible de distinguer l'objet esthétique réalisé par le lecteur de l'objet artistique ou l'œuvre elle-même. Ne pas distinguer ces deux objets mène au relativisme et au scepticisme absolu. Pourtant, Ingarden ne réussit pas cette distinction au moyen d'une ontologie axiologique[10]. Il réussit à tirer au clair le caractère intentionnel de l'objet esthétique, c'est-à-dire un objet produit par un être humain, mais il semble négliger cette intentionalité lorsqu'il parle des qualités et des valeurs de l'œuvre. L'œuvre d'art littéraire représente déjà la réalisation de certains complexes qualités-valeurs vu qu'elle est le produit de l'intentionalité. Elle fait donc valoir un système de codes, pour emprunter un terme aux sémioticiens, ou une idéologie, pour emprunter un terme aux marxistes. Les traditions sociales et les valeurs que ces traditions impliquent constituent une actualisation de certaines valeurs esthétiques et informent la production de l'œuvre avant que le lecteur lui-même en fasse une concrétisation. Pour sa part le lecteur est lui aussi membre d'une société littéraire. Il appartient soit à celle de l'auteur de l'œuvre, soit à une autre société, et actualise les valeurs et les qualités qui lui sont connues. Bref, l'axiologie d'Ingarden fait abstraction de plusieurs aspects (idiosyncratique, culturel, social, moral, etc.) des valeurs esthétiques, aspects qui gouvernent au moins en partie la concrétisation de l'œuvre et la relation entre qualités et valeurs.

Nous croyons que la notion husserlienne d'une visée actuelle et inactuelle formule mieux que l'ontologie d'Ingarden cet aspect de la concrétisation, en partie parce que Husserl semble exprimer plus clairement qu'Ingarden l'interdépendance des qualités et des valeurs. Mais la perspective husserlienne, présentée ici de façon schématique, ne permet finalement pas de distinguer les qualités des valeurs. La perspective de Husserl n'est pas ontologique, si bien que la visée intentionnelle (actuelle et inactuelle) n'exclut pas la quasi-identité des qualités et des valeurs, leur distinction n'étant pas substantielle, mais perspectuelle.

Nous ne voulons pourtant pas trop nous éloigner de notre préoccupation principale qui est celle de mettre en valeur les possibilités analytiques de cette philosophie. L'axiologie d'Ingarden nous importe dans la mesure où elle influe sur la concrétisation et sur la formation de l'objet esthétique mais dépasse les objectifs plus modestes que nous nous sommes proposés ici.

NOTES

[1] « What matters is that we should fathom as clearly as possible the qualities of the objects and occurences to which the terms refer, for it is they that carry the aesthetic values which found the aesthetic value of the concretized work and it is they that reveal the artistic means in which the aesthetic concretization is grounded » (Falk, Poetics, 197).

[2] *Cf.* A. Szczepanska (1975), « Perspectives of the Axiological Investigations of the Work of Roman Ingarden », *Journal of the British Society for Phenomenology*, 2, 116-125. Cet article s'appuie sur l'enregistrement des discussions qui ont eu lieu lors des colloques auxquels l'auteure a pu assister.

[3] Ingarden traite le sujet de l'objectivité des valeurs esthétiques dans au moins deux articles (*cf.* 1969, « Das Problem des Systems der ästhetisch valenten Qualitäten », 207-218 ; 1969, « Betrachtungen zum Problem der Objektivität », 219-255, et surtout les pages 241-255 où il donne différentes catégories d'objectivité, dont une catégorie où l'être et l'essence d'un objet « dépendent du regard d'un sujet » (*im Schauen eines Subjekts ihren Grund hat*), p. 251). Vu que le mot « objectif » est polysémique d'après lui, il est possible de parler de différents degrés d'objectivité tout en respectant sa pensée.

[4] Dans notre étude sur Genet nous montrerons qu'en effet l'ordre inversé de la phrase n'est pas toujours (s'il l'est jamais) neutre. A notre sens Genet se sert de la structure de la phrase pour communiquer une intentionalité que son récit est incapable d'exprimer.

[5] Ingarden est bien conscient de cette recherche active de nouveautés de la part des artistes : « Tout artiste créateur, en créant de nouvelles œuvres, prévoit par l'intuition créatrice des complexes de qualités esthétiquement valables et la façon dont elles conduiront à l'apparition d'une valeur esthétique pour l'ensemble de l'œuvre » (« Artistic and Aesthetic Values », 105, traduction de l'auteur).

[6] « Das Sein der ästhetischen Werte ist aber nicht ein « Sein für », wie es z.B. für alle Nutzwerte charakteristisch ist, sondern sie existieren als Eigenbestimmtheiten besonderer Art gut komponierter und innerlich harmonisierter Gegenständlichkeiten, aus deren eigener Beschaffenheit sie sich notwendig ergeben und von denen sie somit seinsabgeleitet sind » (« Zum Problem der Relativität der Werte », 94).

[7] Cette note est la suivante : « Dies kann in einzelnen Fällen ganz verschieden sein. Das ist noch ein Punkt, auf den hinzuweisen und zu dem noch zurückzukehren ist » (94).

[8] « Diese letzteren [die ästhetischen Werte] können jene Effektivität des Seins, wie sie für die realisierten sittlichen Werte charakteristisch ist, nicht erlangen. Die ästhetischen Werte bestehen immer doch nur in der Sphäre des rein intentionalen Seins. » (« Was wir über die Werte nicht wissen », *Erlebnis, Kunstwerk und Wert*, 127)

[9] On se rappelle, d'ailleurs, qu'Ingarden a traduit en polonais deux œuvres de Kant, à savoir la *Critique de la raison pure*, et ce qui est encore plus significatif, la *Critique de la faculté de juger*.

[10] En ce sens notre critique rejoint celle des marxistes. A consulter l'œuvre de N. Krenzlin (1979), *Das Werk « rein für sich » : Zur Geschichte des Verhältnisses von Phänomenologie, Ästhetik und Literaturwissenschaft*, Berlin, Akademie Verlag. Celui-ci écrit : « Uber das Wesen des literarischen Kunstwerkes etwas aussagen zu wollen, wenn es losgelöst von seiner gesellschaftliche Realität und damit von der ganzen funktionalen Seite betrachtet wird, muss notwendig zu Fehldeutungen führen » (p. 17).

L'existence de l'objet esthétique

Dans la philosophie d'Ingarden l'objet esthétique existe (est reconnu existentiellement). Il est la conséquence d'une analyse esthétique occasionnée par un plaisir esthétique originel. Ce n'est pourtant pas un objet du monde naturel qu'on peut saisir à la main comme l'œuvre littéraire elle-même. Il se formule plutôt dans la conscience du lecteur. En effet, Ingarden définit la notion d'objet[1] de façon à y inclure des constructions mentales dont l'existence dépend d'un acte de conscience. La réaction des critiques à l'égard de l'ontologie d'Ingarden est diverse, bien qu'à notre sens la réponse à la question concernant l'existence ou l'inexistence de l'objet esthétique relève de la métaphysique : c'est-à-dire que toute réponse définitive à cette question semble impossible.

Pour sa part Sybil Cohen fait remarquer que l'objectivité selon Ingarden ne correspond pas au sens que la philosophie anglo-américaine prête généralement à ce terme, philosophie pour laquelle le seul objet est celui à interpréter (Cohen, 144). Dans la philosophie d'Ingarden il existe deux objets différents, le schéma de l'œuvre d'art ou l'objet artistique, et la concrétisation de l'œuvre ou l'objet esthétique (148-149). L'objet esthétique représente une expérience. Dans le cas de la littérature il se constitue lorsqu'on lit une œuvre littéraire et réfléchit à ses qualités. C'est une espèce de *Durchleben* : connaître l'objet esthétique, c'est en faire l'expérience (Gierulanka, 1977, 118).

Dans un article intitulé, « On Ingarden's Account of the Existence of Aesthetic Objects », P. McCormick s'évertue à défendre à sa façon la notion ingardénienne de l'existence de l'objet esthétique. Selon McCormick, Ingarden élargit la notion d'existence jusqu'à y inclure le domaine du possible, ce qui implique qu'un objet n'est pas toujours une entité spatio-temporelle comme la table à laquelle je suis assis. McCormick précise qu'il faut plus de recherches dans ce domaine (37), mais il est d'accord que la perception esthétique n'est pas l'équivalent de l'objet esthétique. Il croit bien fondée la notion d'objet esthétique, et trouve raisonnable l'affirmation de son existence.

L'ontologie d'Ingarden n'est pourtant pas aussi simple que pourraient le faire entendre ces brefs commentaires tirés des critiques. Ingarden propose différentes catégories d'êtres, dont une catégorie qui implique l'existence de l'objet esthétique. Point n'est besoin de résumer ici toutes les catégories proposées. Il suffit de mentionner que d'après lui l'être idéal et l'être possible aussi bien que l'être réel[2] existent à leur manière. C'est dire que l'être idéal et l'être possible ont chacun un mode d'être (*Time and Modes*, 32-33), et comme le mode d'être est le mode d'être de quelque chose ou de quelque « être », il s'ensuit que l'être idéal et l'être possible existent. Autrement dit, dès qu'un objet existe il a un mode d'être. Il en découle que différents objets, par exemple des objets réels, imaginés ou pensés, existent sur différents modes.

Il y a quatre modes d'être selon Ingarden : absolu et éternel, atemporel ou idéal, temporel ou réel, et purement intentionnel. Le mode purement intentionnel est le mode d'être de l'objet de pensée et des actes créateurs de l'homme. Ceux-ci (et on pourrait également dire le contenu de pensée dans ce contexte[3]) dépendent de la conscience d'un individu mais n'y coïncident pas. Et même s'ils ne coïncident pas avec une conscience individuelle, ils « existent » sur le mode intentionnel qui est le mode d'être d'une visée de conscience. Un acte créateur particulier et unique n'est ni éternel, ni idéal, ni réel dans le sens d'un objet du monde naturel. De tels actes existent, pourtant, et ont lieu tous les jours. Le mode purement intentionnel les décrit.

Sans tenir compte des codes sémiotiques ni de l'idéologie qui influent sur la production de l'œuvre littéraire, Ingarden précise que les actes créateurs d'une conscience particulière disparaissent presque aussitôt qu'ils sont nés. Certains actes se répètent, d'autres se perdent sans jamais se reproduire dans la conscience de l'individu, et même ceux qui s'y répètent ne sont plus les actes créateurs d'autrefois. La conscience existe dans le temps ; à deux moments différents elle n'est pas identique à soi.

Les actes créateurs peuvent, néanmoins, trouver une forme fixe. Si, par exemple, je me concentre et trace sur le papier des symboles qui retiennent ma pensée (même si les symboles ne réfléchissent pas ma pensée entière, ou même si elles la réfléchissent mal), cette pensée trouve alors une forme qui la fige. Cette forme fixe est un objet intentionnel dérivé ; elle a sa source dans des actes de conscience créateurs, comme l'œuvre littéraire a sa source dans les actes de conscience de son auteur. L'œuvre possède une forme fixe, mais dérivée par rapport aux états mentaux originaires de l'auteur. Ingarden : «Les œuvres d'art ne sont pas, comme chacun sait, des objets purement intentionnel. Elles ne sont pas fondées exclusivement dans les actes créateurs des artistes ; elles possèdent en outre une deuxième fondation, celle d'un objet physique formé en rapport avec ces actes» (traduction de l'auteur)[4].

Or personne ne prendrait au sérieux l'affirmation que l'œuvre littéraire, c'est-à-dire une forme linguistique, un objet physique qu'on peut feuilleter, etc., n'existe pas. On peut en trouver à la bibliothèque, dans une librairie, dans la plupart des bureaux de professeur et probablement dans la plupart des maisons et appartements. Mais existe-t-il un objet esthétique qui n'est pas synonyme de l'œuvre littéraire ? L'objet esthétique est-il autre chose que l'objet physique, que l'œuvre que je lis ? Dans le cas d'une réponse affirmative à cette question, on se demanderait, d'ailleurs, s'il est possible de vraiment connaître l'œuvre littéraire elle-même, ou s'il y aura toujours un objet esthétique qui s'impose, disons, entre moi, le lecteur, et l'œuvre que je désire connaître ? Selon Ingarden, l'objet esthétique existe (est reconnu existentiellement) et correspond à la concrétisation d'une œuvre littéraire. Cet objet ne gêne pourtant pas la connaissance de l'œuvre parce que, comme Gierulanka le dit (1977, p. 118), il représente l'expérience de l'œuvre à travers une période de temps plus ou moins longue.

A notre sens Ingarden a raison de poser l'existence de l'objet esthétique. Une telle affirmation implique qu'une seule concrétisation ne peut jamais épuiser l'œuvre. Différents lecteurs réaliseront toujours des concrétisations autres d'une même œuvre. Elle implique aussi qu'une seule concrétisation vraie et absolue est une notion erronée. La vérité de la concrétisation, et alors de l'interprétation en général, est une vérité relative (mais pas subjective et idiosyncratique) à construire et à défendre. La communauté des lecteurs impose des limites à la subjectivité de ses membres, si bien que la concrétisation ne peut pas s'éloigner du possible ni du probable. Il reste pourtant que la concrétisation elle-même ne coïncide pas avec l'œuvre de façon absolue. C'est une construction réalisée par le lecteur. Elle s'harmonise avec l'œuvre, mais ne la remplace pas.

Par ailleurs, affirmer l'existence de l'objet esthétique, c'est reconnaître la valeur communicative de cette notion. Iser est de l'avis que la notion de concrétisation ne provoque aucune communication parce que, à son avis, la concrétisation n'existe que dans la conscience du lecteur (Iser, 178-179). Il est vrai qu'Ingarden ne formule pas cette notion dans le contexte d'une théorie de communication, mais il est tout aussi vrai, à notre sens, que l'existence de l'objet esthétique implique la communication. Les actes de conscience sont fuyants, tandis que le désir de connaître le plaisir esthétique est constant (ou du moins récursif). L'être humain se voit mené par son désir d'approfondir cette expérience, et pour cette raison, cherche à formuler ou à fixer les actes de conscience qui ont rendu l'expérience esthétique possible et réelle. La concrétisation exige ainsi une formulation dérivée, une forme fixe, une critique, ou un commentaire sur l'objet qui, si ce n'était que pendant quelques instants, nous a attirés esthétiquement. Il faut reconnaître que la notion de concrétisation et celle d'objet esthétique font toutes deux partie d'une théorie de communication, même si cette notion n'est pas explicitée dans la philosophie d'Ingarden.

NOTES

[1] Voir «Das Problem des Systems der ästhetisch valenten Qualitäten», 1969, et «Betracthungen zum Problem der Objektivität», 1969. On pourrait également consulter l'œuvre proprement ontologique d'Ingarden, *Der Streit um die Existenz der Welt*, 1964.

[2] Le terme «réel» veut dire ici «existant», ou faisant partie du monde naturel, tel un objet, une tasse, une montagne, un ordinateur, etc., Husserl, par contre, utilise le mot «réal» pour désigner un objet du monde naturel et le mot «réel» dans le sens d'un objet phénoménal.

[3] Voir à ce sujet le livre de S. Seppo et de M. Kamppinen, (1987), *A Historical Introduction to Phenomenology*, London, New York, Sydney, Croom Helm. Ces auteurs distinguent la théorie du «contenu» intentionnel de la théorie de l'«objet» intentionnel.

[4] «Kunstwerke sind bekanntlich keine rein intentionalen Gegenstände, die ausschliesslich in den schöpferischen Akten des Künstlers ihr Seinsfundament haben, sondern sie besitzen auch in einem entsprechend gestalteten physichen Ding ihr zweites Seinsfundament» («Das Problem des Systems der ästhetisch valenten Qualitäten», 217).

Le noyau de l'objet esthétique

La notion d'objet esthétique n'est pourtant pas limpide. Sa formulation dans la philosophie d'Ingarden fait poser certaines questions qui ressemblent à celles suscitées par la notion d'harmonie, par l'idée métaphysique de l'œuvre et par la conception des valeurs esthétiques qu'Ingarden avance. Elle invite des réflexions sur ce qu'Ingarden appelle le noyau de l'objet esthétique, et sur la beauté en général. Or, un objet quelconque a une durée plus ou moins longue. Dans le cas de l'œuvre littéraire cette durée peut se mesurer en siècles. Les objets temporels subissent pourtant des changements au cours du temps. Ces changements sont parfois le résultat d'un développement qui a sa source dans l'objet (un être humain qui grandit par exemple), mais peuvent découler d'un développement qui a sa source à l'extérieur de l'objet (comme la pluie et la glace qui transforment la montagne). Quant à l'œuvre littéraire, la détérioration des pages n'entame pas l'œuvre elle-même, chaque exemplaire n'en étant qu'une copie, bien que l'idée de l'œuvre change d'une époque à l'autre.

Même si on accepte le mot d'Héracle, que le fleuve dans lequel on met ses pieds n'est pas le même fleuve dans lequel on met ses pieds quelques minutes après, il faut reconnaître qu'on considère le fleuve comme ayant une durée normalement plus longue que celle de la vie d'un homme. On lui donne un nom, on lui attribue souvent des pouvoirs surhumains, on en fait un symbole, et parfois le fleuve structure l'économie et la vie sociale (par exemple, les fêtes saisonnières) de ceux qui habitent sur ses rives. On parle du fleuve comme si d'un jour à l'autre il était toujours le même, malgré les changements qu'il subit constamment. C'est-à-dire que malgré les changements qui transforment incessamment les objets du monde naturel, on les reconnaît, ou croit les reconnaître dans leur durée et dans leur forme.

On reconnaît également ses amis d'un jour à l'autre. De plus, lorsqu'on retrouve un ancien ami que l'on ne reconnaît pas tout de suite, un petit effort suffit, une fois son identité apprise, pour qu'on lui découvre des traits qu'on lui connaissait jadis. La mémoire de l'homme n'est pas infaillible, le narrateur de Proust nous l'apprend mais, tout en devenant autre l'être humain est reconnaissable sous certains traits principaux. L'apparence d'un homme ou d'une femme change au cours des années, la peau du visage devient plus sèche et plus ridée, les cheveux changent de couleur et de texture s'ils ne disparaissent pas tout à fait, la voix devient plus basse. Pourtant on réussit à reconnaître un ancien ami comme étant essentiellement une seule et même personne. Ingarden attribue cette constance des êtres à une zone d'invariabilité qu'il appelle un «noyau» (*Time and Modes*, 138-139; *Der Streit*, I, 229-230), un noyau qui constitue l'essentiel de tout être humain, voire de tout objet.

L'affirmation selon laquelle les objets possèdent un noyau qui serait responsable de leur identité pendant une période de temps plus ou moins longue constitue une prise de position à l'encontre du behaviorisme et à l'encontre de l'existentialisme (surtout sous sa forme sartrienne). Comme Ingarden le dit : «un être vivant, l'homme et l'être humain en particulier, est davantage et autre que la somme des événements et processus qui ont lieu en lui»[1]. L'être humain n'est pas non plus, selon Ingarden, un manque ou un vide que l'individu est incapable de remplir, comme dans la philosophie de Sartre. La philosophie holistique d'Ingarden attribue au noyau de l'objet d'abord la continuité essentielle de l'objet dans le temps et ensuite une puissance (surtout virtuelle) capable d'influer sur la vie d'un être humain, constituant ainsi ce qu'on appelle la personnalité ou le caractère de l'individu (*Time and Modes*, 144-148; *Der Streit I*, 236-240).

Pour connaître l'être humain le behavioriste se tourne vers les sciences naturelles parce qu'il suppose que le comportement humain soit fondé dans des processus physiques et chimiques; l'existentialiste se tourne vers les actes et vers les situations de l'individu et définit l'être au moyen des objets qui l'entourent et au moyen des actes dont il est l'auteur. Dire, pourtant, que le caractère d'un homme s'affirme dans un noyau, c'est orienter la recherche vers ce même noyau qui représente, finalement, l'essence de l'individu. Ainsi la philosophie d'Ingarden semble nous orienter vers les sciences humaines en ce qui concerne l'étude de l'être humain parce que le noyau, on s'imagine, a plusieurs aspects, dont les aspects génétiques, psychologiques, sociaux et ainsi de suite. Chaque être humain représente un amalgame de diverses influences, mais dans la philosophie d'Ingarden, grâce à la présence de ce noyau essentiel, chaque être est unique. La vaste étendue des sciences humaines semble correspondre aux divers aspects de l'être humain car elles permettent de sonder le noyau de l'être de plusieurs façons. Il reste pourtant que le noyau d'un être est à la fois toujours présent et essentiellement caché. Sa puissance, qui reste virtuelle, ne se fait connaître que dans des actes réels dans le cours de la vie.

La philosophie d'Ingarden n'est pourtant pas essentialiste, ou disons du moins qu'elle ne l'est pas de la façon suivante. Une des catégories ontologiques de l'être chez Ingarden est l'« absolu et l'éternel ». La seule chose qui semble satisfaire de telles exigences, c'est Dieu, ou le concept de Dieu. Mais, selon Ingarden, la notion d'un objet existentiellement originel (et donc éternel) ne découle pas d'une notion quelconque de divinité et n'implique aucun préjugé quant à l'existence de Dieu (*Time and Modes*, 78-79; *Der Streit I*, 112-113). Ainsi la philosophie d'Ingarden semble opérer un mélange de différentes philosophies : elle est platonicienne en ce qu'elle pose un noyau comme étant l'essence d'un objet, et surtout d'un être humain, et elle est existentialiste en ce qu'elle attribue cette essence à l'existence même. Et elle est surtout aristotélicienne et par le fait qu'elle pose des « catégories » d'être, et par le fait qu'elle considère le noyau de l'être comme une puissance virtuelle qui agit sur l'être lui-même, permettant à l'être de se réaliser. Par ailleurs, la philosophie d'Ingarden est aussi kantienne dans le sens que le concept de Dieu dérive, chez lui tout comme chez Kant, de la pensée elle-même et non pas d'une divinité. Il est impossible, selon Kant, de démontrer l'existence de Dieu, bien que nous ayons besoin de croire que Dieu existe, toujours selon Kant, pour satisfaire à notre pensée. De même, Ingarden déduit la catégorie d'un être « originel » et « éternel », mais n'attribue pas l'essence d'un tel objet à une divinité, et n'en tire pas de conclusions quant à l'existence de Dieu.

Un noyau essentiel fait donc partie de tout objet. Dans le contexte et de l'œuvre littéraire et de l'objet esthétique, les conséquences sont intéressantes. Etant des objets, ils doivent posséder chacun un noyau. On ne saurait pourtant dire que le noyau de l'œuvre littéraire est esthétique parce que l'esthétique constitue l'essentiel d'un autre objet, à savoir de l'objet esthétique. Le noyau de l'œuvre, c'est-à-dire ses traits essentiels, doit être la forme linguistique de l'œuvre parce que c'est sa forme linguistique qui est responsable de sa durée. Tout changement au niveau de la forme linguistique entraîne des changements au niveau de la représentation (le référent), et toute modification désirée au niveau de la représentation exige une modification de la forme linguistique. Cela nous importe dans la mesure où la méthode d'analyse que nous dérivons de la philosophie d'Ingarden met en valeur le rapport entre une forme linguistique et son référent fictionnel.

Par contre, le noyau de l'objet esthétique est plus difficile à cerner, car il implique la notion de beauté. L'objet esthétique se réalise dans une concrétisation, et vu que celle-ci a lieu dans la conscience du lecteur, on ne saurait dire que son noyau est situé dans l'œuvre d'art (on verra que c'est quand même là qu'Ingarden le place). Plutôt, le noyau de l'objet esthétique doit participer de la notion de concrétisation. Il comprend les valeurs esthétiques que le lecteur reconnaît à l'œuvre, ce qui n'empêche pourtant pas que tout aspect de l'œuvre, matériel ou formel, peut influer sur sa formation. D'ailleurs, certaines qualités exprimées dans une concrétisation suffisent pour qu'il se réalise («Das Problem des Systems der ästhetisch valenten Qualitäten» 197). A notre sens le noyau de l'objet esthétique ne peut se constituer que de valeurs esthétiques parce que les qualités de l'œuvre exprimées en une concrétisation sont en effet les qualités auxquelles le lecteur reconnaît de la valeur. Ingarden décrit l'objet esthétique d'après le modèle d'un atome : un centre, ou un noyau, et des qualités de valeurs esthétiques qui lui sont liées[2]. Le noyau de l'objet esthétique est fondé sur des valeurs esthétiques, mais selon Ingarden les valeurs dépendent des qualités de l'œuvre. Il dit que la «valeur esthétique — et peut-être toute valeur — par exemple même la beauté, est dérivée et résulte des qualités de l'objet en question : parce que l'objet en question possède certaines qualités, il lui vient de la valeur, par exemple de la beauté»[3]. De cette manière il «rattache» les valeurs esthétiques aux qualités de l'œuvre de sorte que l'objet esthétique, bien qu'il ait lieu dans une concrétisation, dépend objectivement des qualités qui sont dans l'œuvre. Le noyau de l'objet esthétique et celui de l'objet artistique manifestent donc chez Ingarden une structure parallèle. A la forme linguistique qui est le noyau de l'objet artistique, à notre sens, correspondent les qualités de l'œuvre du noyau de l'objet esthétique. Tout comme le référent de l'œuvre dépend de la forme linguistique qui l'établit, les valeurs esthétiques dépendent des qualités de l'œuvre qui les fondent de façon objective. Pour que d'autres valeurs esthétiques se fassent connaître, il faudrait que les qualités de l'œuvre soient changées.

Il nous semble pourtant que cette formulation d'apparence linéaire (la qualité étant la source de la valeur) de la problématique du noyau de l'objet esthétique masque encore une fois le caractère circulaire, voire tautologique, de la notion d'objet esthétique elle-même. Selon Ingarden les valeurs dépendent des qualités de l'œuvre. Ainsi le noyau de l'objet esthétique est constitué des qualités de l'œuvre (ce qui semble découler de la conception ingardénienne des « qualités-de-valeur »). Mais placer le noyau de l'objet esthétique en dehors de l'objet esthétique même, lequel ne se réalise que dans une concrétisation, c'est mésestimer l'importance de cette notion. Il nous semble, plutôt, que les valeurs esthétiques définissent en un sens leurs qualités, car une qualité n'est qualité que dans la mesure où on lui reconnaît de la valeur. A notre sens, alors, l'objet esthétique dépend des valeurs esthétiques réalisées par le lecteur, car c'est le lecteur qui actualise certains aspects ou certaines valeurs de l'œuvre. De même c'est le lecteur qui choisit d'ignorer d'autres aspects de l'œuvre, et du fait qu'ils sont ignorés, ces autres aspects sont dénués de valeur esthétique. Le noyau de l'objet esthétique, constitué de valeurs esthétiques, doit donc trouver son siège sur le plan de la concrétisation elle-même. Nous avons fait remarquer qu'à notre sens le terme « harmonie » est un terme métaphorique qui désigne l'appréciation du lecteur face à l'œuvre d'art. La catégorie des œuvres harmonieuses pourrait même comprendre des objets fort différents selon les goûts du lecteur. La valeur esthétique de l'œuvre représente alors un jugement porté sur les qualités de l'œuvre, de sorte qu'on peut conclure que les termes « harmonie », « esthétique », « noyau de l'objet esthétique », et même « beauté » dénotent tous à leur façon une seule et même entité, la concrétisation heureuse d'une œuvre particulière.

Selon Ingarden, la concrétisation représente des relations harmonieuses entre les éléments de l'œuvre, éléments qu'on peut nommer, (1) la structure linguistique de l'œuvre qui permet l'établissement d'un (2) référent qui, lui, est la représentation d'une situation de vie possible[4] où se manifeste une (3) idée métaphysique (c'est-à-dire, un élément qui fait réfléchir à la condition humaine ou à la vie en général). La question qui se pose donc est la suivante : où faut-il situer la beauté elle-même, dans les qualités qui attirent le lecteur et qui forment l'objet de sa réflexion, ou chez le lecteur lui-même qui est non seulement le siège du sentiment du beau, mais participe au texte. C'est chez le lecteur, d'ailleurs que se voit réaliser, le cas échéant, une harmonie des diverses parties de l'œuvre.

Ainsi posée cette question fait ressortir la différence la plus importante entre la perspective d'Ingarden et celle de son maître, Husserl. Au lieu de se détourner, à la manière de celui-ci, des objets du monde naturel afin d'analyser les concepts et les notions construits par la raison de l'homme, Ingarden insiste tout au long que les concepts et les notions de l'homme dérivent des objets du monde naturel. Il s'oriente donc moins vers les notions elles-mêmes que vers les objets originaires de ces notions et vers la signification elle-même, c'est-à-dire vers le rapport entre l'objet du monde et son concept linguistique. L'œuvre littéraire est un produit culturel et se distingue ainsi d'un objet naturel tel un arbre, telle une montagne, mais c'est toutefois un objet à l'extérieur de la conscience (une fois l'œuvre terminée et sa forme fixée), de sorte qu'elle ne se laisse pas réduire à la subjectivité du lecteur. Puisque les qualités qui fondent les valeurs esthétiques sont dans l'œuvre même, selon Ingarden, il faut, afin de connaître ses valeurs, se tourner vers les qualités de l'œuvre et non pas, par exemple, à la manière de Kant, vers les catégories de la raison qui constituent la faculté raisonnante.

Nous ne voulons pas ressusciter d'anciens débats entre sceptiques et idéalistes, mais il semble que le chercheur se doive de formuler ses idées à ce sujet. Placer la beauté en tant que valeur dans l'objet d'art lui-même, c'est mettre en valeur une notion de beauté rigide et universelle qui ne concorde pas avec la divergence d'opinions relatives au beau. De même, attribuer la notion de beauté à une forme de pensée qui ne tient pas compte de l'objet lui-même, mais qui serait responsable du sentiment du beau et du laid, c'est d'une part réduire l'esthétique au plaisir subjectif du lecteur, ou d'autre part à une forme de behaviorisme[5]. La formule behavioriste, pour préférable qu'elle soit au relativisme absolu, va pourtant à l'encontre du fait qu'il existe certains objets reconnus parmi d'autres comme étant des chefs-d'œuvre. Il nous semble que la meilleure réponse qu'on puisse donner à cette question de caractère métaphysique, est qu'il existe une relation dialectique entre les objets du monde qui nous attirent et nous étonnent et les notions peut-être d'origine psychologique, philosophique, sociologique, etc., qui orientent la pensée vers les objets le plus en accord avec ces notions.

Autrement dit, fonder les valeurs esthétiques sur l'objet d'art lui-même, qu'elles soient dérivées ou simultanées[6], c'est rendre toute théorie esthétique inutile et dénuée de sens, la beauté s'y limitant à un empirisme pur. Les objets dit beaux seraient à découvrir, et toute nouveauté esthétique ne serait due qu'au hasard. Fonder plutôt les valeurs esthétiques sur la raison humaine, c'est, à notre sens, ôter à l'esthétique tout élément de surprise. Si la pensée dicte les lois de l'esthétique il faudrait attribuer toute découverte ou tout étonnement de la part du spectateur face à un objet d'art qu'il n'a jamais connu auparavant à la simple naïveté du spectateur qui ne connaît pas sa propre pensée. L'émotion esthétique se réduirait, comme chez Kant, au plaisir intellecto-émotionnel qui résulte de l'accord des valeurs esthétiques de l'objet trouvé avec les valeurs esthétiques et aprioriques de la raison humaine.

L'esprit humain se constitue, semble-t-il, de certaines constantes, si bien que dans le cours des siècles on reconnaît certaines œuvres d'art comme étant belles ou comme étant des chefs-d'œuvre. Les goûts changent d'une époque à l'autre, le vocabulaire dont on se sert pour en parler change aussi, mais il n'empêche que la Vénus de Milo, par exemple, a acquis une grande renommée esthétique, que ce soit un chef-d'œuvre, une belle statue ou un échantillon important de l'art cycladique du IIIe millénaire. En ce sens on pourrait peut-être dire, mais sans pouvoir préciser lesquelles, que l'esthétique se conforme à certaines directives de la pensée humaine. Il se peut que celles-ci soient inées, pyschologiques, sociales, même physiques, ou qu'elles soient un mélange de tous ces aspects et encore d'autres aspects. Toujours est-il que le sentiment du beau est une émotion qui a son siège dans l'être humain.

Par ailleurs, l'esthétique n'est pas uniforme. Différents peuples en ont des idées différentes mais il reste, à notre sens, que la « beauté » est une émotion plus vive qu'un simple plaisir intellecto-émotionnel. Elle recèle un élément de surprise. On découvre parfois des objets qui nous attirent ou suscitent en nous une émotion originelle que l'on ne sait expliquer. On se rappelle que la surprise elle-même était un des éléments-clés (sinon l'élément le plus important) de l'esthétique de Baudelaire. Et comme l'espèce humaine continue à s'épanouir sur la terre, il est probable que l'esthétique en général continuera à s'adapter aux goûts des individus au sein de ce flux incessant de nouveaux êtres. Dans le contexte de l'esthétique, on ne saurait poser des limites à la pensée humaine. L'espèce continue à produire de nouveaux objets ; on recherche de nouveaux moyens pour connaître le plaisir esthétique. La recherche a pour conséquence l'enrichissement de notre vie esthétique dans la mesure où elle fait se déplacer les limites imposées par les formes de la raison. Par ailleurs, le seul moyen par lequel on réussit à dépasser les formes esthétiques de l'esprit, c'est en concrétisant des objets d'art en une expérience esthétique.

Dans la première partie de cet ouvrage nous avons présenté et commenté deux notions-clés de la philosophie esthétique d'Ingarden, la concrétisation et l'objet esthétique. L'objet esthétique est le résultat de la concrétisation, mais il faut se garder de conclure que l'objet esthétique représente seulement l'aboutissement d'un processus de concrétisation. Il est plutôt formé au cours de cette expérience, l'objet esthétique étant un « vécu ». La présentation de la notion d'objet esthétique a invité des commentaires sur le plan des qualités et des valeurs esthétiques. Nous avons constaté que la définition ingardénienne de l'objet esthétique est circulaire. Il est néanmoins important de distinguer concrétisation et œuvre d'art sur le plan théorique, ce que cette notion permet, afin d'éviter la réduction de l'œuvre au simple plaisir esthétique de l'individu et afin d'éviter la notion, à notre sens dangereuse, d'une vérité homogène et absolue qui permet de fixer les paramètres de l'interprétation. C'est surtout pour cette raison que nous prenons cet aspect de la philosophie d'Ingarden pour bien fondé, quoique la conception des qualités et des valeurs esthétiques qu'Ingarden avance nous paraisse erronée (voir notre conclusion). Nous nous tournons maintenant vers l'analyse des différentes parties constitutives de l'œuvre artistique. On verra que les notions de concrétisation et d'objet esthétique y sont seulement sous-entendues, mais leur importance et leur fonction n'en sont pas moindres pour autant.

NOTES

[1] «[...] das Lebewesen, und insbesondere der Mensch bzw. die menschliche Person, mehr ist als die Gesamtheit der in ihm stattfindenen Ereignisse und sich vollziehenden Vorgänge» (*Der Streit I*, 234; *Time and Modes*, 143).
[2] «In ihrer [den materialen Qualitäten sowie den formalen Momenten] Gesamtheit bilden sie in einen konkretisierten Kunstwerk dasjenige, was ich den ästhetische wertvollen «Kern» des ästhetischen Gegenstandes nenne; von ihm sind alle übrigen, in diesem Gegenstand erscheinenden ästhetisch valenten Momente abgeleitet und hängen deswegen auch wesenhaft von ihm ab» («Das Problem des Systems des ästhetische valenten Qualitäten», *Erlebnis*, 197).
[3] «Der ästhetische Wert — und vielleicht jeder Wert —, z.B. eben die Schönheit, ist etwas Abgeleitetes, was sich aus den Eigenschaften des betreffenden Gegenstandes ergibt : weil der betreffende Gegenstand diese bestimmten Eigenschaften besitzt, kommt ihm der Wert, z.B. die Schönheit zu» («Das Problem des Systems des ästhetisch valenten Qualitäten», *Erlebnis*, 205).
[4] Il n'est pas nécessaire que cette situation soit réelle ou conforme dans le détail à une réalité quelconque. Nous comprenons cette exigence de la part d'Ingarden comme on comprend maintenant une formule pareille dans la *Poétique* d'Aristote. On reconnaît, par exemple, que lorsque Aristote parle de la mimèsis, il ne comprend pas une «situation probable» comme voulant dire une «situation réelle» (*cf.* Humphrey House, *Aristotle's Poetics*, 120-124; et aussi Paul Ricœur, *Temps et récit I*, 57-76).
[5] C'est-à-dire que la beauté en tant que «catégorie de l'esprit» serait à chercher dans la construction physique et corporelle de l'être humain.
[6] C'est-à-dire soit que la valeur s'attribue à une qualité, une fois la qualité reconnue, soit qu'elle paraisse en même temps que la qualité.

DEUXIÈME PARTIE

LE « RYTHME »
DE L'ŒUVRE LITTÉRAIRE*

---

* Ce titre s'inspire de l'article de Benveniste intitulé «La Notion de "rythme" dans son expression linguistique». Selon Benveniste le sens du mot rythme a changé au cours des siècles. Dans des textes en grec ancien «rythme» désignait ce qu'on appelle aujourd'hui une «forme». Ce n'est que chez Platon, toujours selon Benveniste, que le mot «rythme» désigne l'ordre du mouvement surtout dans le contexte de la musique. Chez Platon le rythme est constitué «par une séquence ordonnée de mouvements lents et rapides, de même que l'"harmonie" résulte de l'alternance de l'aigu et du grave» (Benveniste E., 1966, *Problèmes de linguistique générale I*, Paris, Editions Gallimard, 334. Cet article a paru dans *Journal de Psychologie*, 1951). Selon la philosophie d'Ingarden l'œuvre littéraire représente elle aussi un «mouvement», un mouvement double, celui de la lecture, et celui de la concrétisation.

Préambule

La notion de concrétisation participe de la notion d'expérience esthétique. Dans la philosophie d'Ingarden la concrétisation désigne la réception d'une œuvre littéraire par le lecteur; aussi cette notion comprend-elle le processus de lecture, la connaissance de l'œuvre au moyen de ce processus, la compréhension de l'œuvre, et la formulation chez le lecteur de l'objet esthétique. A notre sens, les concepts de «concrétisation», d'«expérience esthéthique», et d'«objet esthétique» se recouvrent et sont en partie synonymes, toute différence de sens provenant de la perspective du chercheur. Dans celle de la subjectivité du lecteur on appelle la réception de l'œuvre une expérience esthétique; dans celle de la lecture, on dit concrétisation; et dans celle du résultat de ce processus, on appelle la réception de l'œuvre d'art un objet esthétique. Par ailleurs, cet objet exige une formulation par le lecteur sous forme d'article, de livre, ou d'image, etc., faisant de la notion de concrétisation une théorie de communication. Dans notre première partie nous avons traité la question de l'harmonie de l'objet esthétique, celle de son existence (sans pourtant pouvoir y répondre définitivement), et celle des valeurs et des qualités de l'œuvre (nous y reviendrons).

Or, selon Ingarden la forme ontologique de l'œuvre littéraire est sa première dimension[1]. Dans son livre, *L'œuvre d'art littéraire*, il explique que cette première dimension consiste en les strates de l'œuvre littéraire : les formations phoniques, les unités de signification, les objets figurés, et les aspects schématisés[2]. Nous parlerons de chacune de ces strates en insistant surtout sur la couche des unités de signification, car de toutes les strates elle est la plus difficile à saisir et la plus intéressante du point de vue et analytique et linguistique. Le génie de la philosophie d'Ingarden, si l'on peut ainsi parler, tient à son explicitation de la relation entre le langage qui fonde le texte et le référent que le texte établit.

L'ontologie d'Ingarden a pourtant pour effet d'atomiser l'œuvre littéraire et la signification elle-même, de sorte qu'un travail de synthèse est obligatoire pour que la valeur heuristique de cette philosophie soit évidente. Ce n'est donc pas notre intention de faire ici le simple résumé de l'ontologie ingardénienne. Nous en mettons en valeur les notions les plus importantes à notre sens, à savoir l'intentionalité et la signification, bien qu'Ingarden ne leur ait accordé qu'un développement schématique dans ses œuvres. D'ailleurs, la notion de stratification n'est pas mise en question. La méthode d'analyse proposée dans la troisième partie de ce livre découle finalement d'une appropriation de la notion ingardénienne de signification.

NOTES

[1] La première dimension de l'œuvre selon Ingarden est celle des quatre strates : « In one dimension the literary work contains at least four strata [...]. » La deuxième dimension est celle de la séquence des parties et des phases de l'œuvre, c'est-à-dire sa structure quasi-temporelle portée à manifestation dans une concrétisation (« A Marginal Commentary on Aristotle's Poetics », 164). La distinction des deux dimensions correspond, évidemment, à la distinction linguistique entre synchronie (les strates de l'œuvre) et diachronie (le développement du référent lors de la lecture).

[2] Selon D. Levin, les quatre couches de l'œuvre d'après Ingarden correspondent à celles développées dans la philosophie d'Aristote, à savoir, *melos* ou la phonique, *lexis* ou la syntaxe, *opsis* ou l'exposition noétique, et *dianoia* ou le monde représenté. De plus, chaque strate dans le système d'Aristote, comme dans celui d'Ingarden, fonde la strate ultérieure et modifie la strate précédente (« préface » à la traduction anglaise de *L'Œuvre d'art littéraire*, à savoir *The Literary Work of Art*, XXVIII). Cette ressemblance n'est pas étonnante vu le caractère aristotélicien de la philosophie d'Ingarden. Dans un article publié en 1948 (« Z dziejów teorii dzieła literackiego. Uwagi na marginesie *Poetyki* Arystotelesa ») — traduit en anglais sous le titre « A Marginal Commentary on Aristotle's Poetics » (voir bibliographie) —, Ingarden fait lui-même ce rapprochement (168-169). A son sens, pourtant, Aristote n'a saisi le caractère polystratique de l'œuvre littéraire que de façon intuitive. Il note : « He [Aristote] attaches only secondary importance to some of the features of *lexis* that play a role in producing an effect on the spectator or reader, without, however, grasping the polyphonic character of the literary work of art. To him, *lexis* and *melopoiia* are exclusively means of "imitation", not elements which, in their own right, have an existence in the work peculiar to themselves, yet at the same time fulfill the function of distinct aesthetic factors in it » (170).

La couche des formations phoniques
(*die Schicht der sprachlichen Lautgebilde*)

C'est à la couche des formations phoniques de l'œuvre littéraire qu'Ingarden consacre le moins de place dans son œuvre. Tandis que les autres couches sont explicitées en deux chapitres chacune, à savoir un chapitre consacré à la définition de la strate, et un autre pour mettre en valeur la fonction de la strate à l'intérieur de l'œuvre, la couche des formations phoniques est limitée à un seul chapitre d'une vingtaine de pages par rapport aux 115 pages pour la seule couche des unités de signification. La raison en est, paraît-il, que la couche des formations phoniques, bien que nécessaire à l'œuvre et constitutive des autres couches, est pourtant moins importante que ces autres couches dans l'ensemble de l'ontologie de l'œuvre. D'ailleurs, sa fonction est plus limitée sur le plan de la manifestation d'une idée métaphysique.

Il convient d'abord de présenter cette notion, et comme on le verra, il sera possible d'établir des parallèles entre la pensée d'Ingarden et la linguistique de Saussure et de Hjelmslev. Il faut toutefois comprendre qu'Ingarden vise la compréhension, ou mieux, l'atomisation de l'œuvre littéraire dans un effort pour délimiter ses aspects ontologiques. Tout ce qu'il dit au sujet de la phonétique doit se faire évaluer dans le contexte de l'œuvre entière.

Selon Ingarden, la «formation la plus simple [...] du langage est le mot singulier» (*das einzelne Wort*), constitué d'une part de ce qu'il appelle un «vocable» (*der Wortlaut*) et d'autre part de ce qu'il nomme la «signification» (*die Bedeutung*) (*L'œuvre d'art littéraire*, 48). Or, le terme «signification» sous la plume d'Ingarden est, semble-t-il, l'équivalent de ce qu'on pourrait aussi appeler le «sens» d'un mot, mais en même temps elle est plus que le sens. Le mot a pour fonction de transmettre un sens (ou une signification) d'une conscience à une autre. C'est dire que le terme «signification», par opposition au terme «vocable», désigne moins une fonction de la langue chez Ingarden, moins une relation abstraite entre différentes parties de la langue, qu'elle ne désigne le message transmis d'une personne à une autre. C'est «tout ce qui est associé à un vocable et contribue ainsi à former un "mot" [...]» (70). Ingarden prend soin de distinguer son emploi du mot signification de celui de Husserl, selon lequel le terme de signification a le sens d'un contenu matériel (note 5, 71). Le terme «vocable», par contre, désigne ce qu'on appelle plus couramment le «signifiant» mais seulement lorsqu'il s'agit d'une énonciation ou d'une prononciation. La forme écrite du mot n'est que secondaire dans la philosophie d'Ingarden. Il croit qu'il faut d'abord tenir compte du langage dans sa fonction communicative, ce qui implique la prépondérance du langage prononcé. La forme écrite, d'après lui, n'est qu'un «signal régulatif» (*ein regulatives Signal*) qui indique au lecteur une prononciation possible, ainsi permettant le rétablissement du vocable, ainsi assurant la communication (310). Ingarden reconnaît que la prononciation d'un mot varie et change d'une région à une autre ou dans le cours des années, ainsi rendant l'œuvre littéraire «vivante», mais, d'après lui, l'œuvre littéraire n'est pas pour autant réduite au subjectivisme du lecteur qui prononce les mots selon son dialecte. Pour sa part, la couche des unités de signification assure l'objectivité (ou bien l'intersubjectivité) de l'œuvre littéraire (311).

Du vocable il faut distinguer le «matériel phonique» (*ein Lautmaterial*), terme qui désigne les possibilités réelles de la prononciation. Les idées d'Ingarden à ce sujet sont moins précises et moins développées que celle de la linguistique de nos jours. Toutefois, le matériel phonique représente chez lui ce qu'on appellerait aujourd'hui le système de phonèmes dont une langue particulière se constitue. C'est dire que le matériel phonique n'est pas du bruit informe, mais correspond plutôt aux prononciations possibles de la langue. Ainsi la prononciation d'un vocable peut varier, mais, malgré le fait que deux locuteurs prononcent un mot d'une façon différente, ou malgré une différence d'intonation, on reconnaît le matériel phonique du vocable énoncé. C'est-à-dire qu'on y repère une configuration de phonèmes ayant une signification, ou un sens.

Cette distinction entre vocable et matériel phonique constitue l'essentiel de la couche des formations phoniques. Elle implique une conception particulière de la langue (que l'écrit est pour ainsi dire « greffé » sur l'oral), et elle permet une sorte de comparaison de la « phonétique » d'Ingarden avec celle d'autres chercheurs. Il faut pourtant reconnaître que la pensée d'Ingarden à ce sujet n'est que schématique, c'est-à-dire qu'elle n'est développée que dans le contexte de l'ontologie de l'œuvre littéraire. Ingarden semble s'intéresser plus au statut ontologique du vocable, est-ce un objet idéal, réel, etc., qu'à expliquer les implications linguistiques de la distinction entre vocable et matériel phonique.

La linguistique d'Ingarden ressemble à ce niveau à la linguistique de Saussure en ce qu'Ingarden distingue, tout comme Saussure, le vocable d'un mot (l'image acoustique) de son sens (le concept). Chaque formation langagière est composée, d'ailleurs, d'au moins ces deux éléments. En ce sens le langage, d'après Ingarden, comme c'est le cas chez Saussure, est une « entité psychique à deux faces » (Saussure, *Cours de linguistique générale*, 99). L'impression que fait le vocable chez l'interlocuteur est liée à un concept ou à un sens. Et chez Saussure, ainsi que chez Ingarden, ce lien est arbitraire. Ingarden : « *N'importe quel* vocable peut en principe être lié à *n'importe quelle* signification. Preuve en soit le fait qu'une même signification est liée, dans différentes langues, à des vocables plus ou moins différents » (53). Ingarden reconnaît pourtant que certains vocables sont plus « *aptes* à porter certaines significations » que d'autres, non pas pour des raisons phonétiques mais à cause des traditions et de l'histoire linguistique d'une communauté. Il en découle que certains vocables, ou certaines images acoustiques selon la terminologie saussurienne, sont « motivés » bien qu'arbitraires[1].

Une seconde notion saussurienne qui figure dans la philosophie d'Ingarden[2] est celle de la distinction entre langue et parole. Bien que cette distinction-là ne soit pas explicitement formulée par Ingarden, il est évident que sa pensée l'implique, si ce n'est que de façon intuitive. Ingarden écarte, par exemple, de ses préoccupations, le sens qu'on donne au mot « langue » dans l'expression « la langue anglaise », c'est-à-dire un « système » virtuel et formel utilisé par un peuple entier dans une but communicatif, et insiste plutôt sur le langage mis en valeur par l'acte communicatif.

Dans son article intitulé, « Kritische Bemerkungen zu den Ansichten der Phonologen » (*Gegenstand und Aufgaben der Literaturwissenschaft*, 110-124), il met pourtant en question la distinction saussurienne entre la langue et la parole. Plutôt que de marquer une orientation différente en linguistique, les propos d'Ingarden font ressortir une pespective autre que celle de Saussure. Ingarden ne traite pas la distinction entre langue et parole comme une mise en opposition d'une forme virtuelle et de son énonciation, mais veut y voir une délimitation d'ordre ontologique des domaines de la conscience, du concept, et du langage en tant que système structuré.

D'ailleurs, sa conception de la langue fait valoir la notion de «parole». Lors de la rédaction de la deuxième et de la troisième édition de *L'œuvre d'art littéraire*, Ingarden connaissait le travail du Cercle linguistique de Prague, ce qu'il atteste par une note en bas de la page 49 de son œuvre. Or, comme chacun le sait, la phonologie a pour objet les «limites acceptables» d'une prononciation, au-delà desquelles un signifiant n'est plus le même signifiant ou n'est même pas du tout signifiant. En ce sens la phonologie est un domaine d'études essentiellement paradigmatiques et s'effectue au niveau de la langue. En se référant à la phonologie, Ingarden formule ainsi cette notion[3] : «[...] lors de la saisie d'un matériel phonique, une sélection s'opère : certaines parties et certaines caractéristiques du matériel phonique que l'on vient d'entendre sont ignorées, comme si elles n'existaient pas ; d'autres, au contraire, sont retenues par l'attention et sélectionnées, ce qui les met en évidence et fait qu'elles remplissent tout l'espace phonique» (49). Pourtant, Ingarden tient cette conception de la compréhension du discours parlé pour fausse, parce que, à sons sens, la compréhension se fait par la reconnaissance de vocables typiques et non pas par une attention particulière faite aux caractéristiques sélectionnées dans le matériel phonique. A la paradigmatique de l'analyse phonologique, Ingarden oppose, alors, l'analyse syntagmatique et contextuelle d'un acte communicatif sur le plan de la parole. Nous ne croyons pourtant pas ces deux perspectives exclusives l'une de l'autre. Vu que la phonologie a pour objet la langue, elle ne s'oppose pas à l'analyse de la chaîne parlée dans une situation particulière, à savoir dans l'œuvre littéraire.

La distinction ingardénienne du vocable du matériel phonique semble même préfigurer quelques notions développées par Hjelmslev. La notion de vocable, c'est-à-dire l'unité de base du langage, présuppose un matériel phonique déjà organisé et systématisé par l'expérience collective d'une communauté linguistique plus ou moins homogène. Le vocable représente l'activation de certains groupements, ou de certaines règles même, dans le domaine phonétique, et il entre dans des chaînes syntagmatiques grâce aux formes qu'Ingarden appelle des unités de signification et grâce au travail producteur du locuteur. Le vocable correspond, semble-t-il, à ce que Hjelmslev appelle la substance de l'expression qui «se rattache à une forme de l'expression sous laquelle on peut assembler d'autres grandeurs de substance de l'expression (autres prononciations possibles, par d'autres locuteurs ou en d'autres occasions [...])» (*Prolégomènes*, 76). D'ailleurs, dans la philosophie d'Ingarden le vocable se rattache nécessairement à un sens; selon Hjemslev le sens est la substance du contenu qui est autre pour chaque langue. Nous ne voulons pourtant pas trop développer ces parallèles, lesquels, vu le caractère schématique et lapidaire de la pensée d'Ingarden à ce sujet, ne sont que conjecturaux. La parenté de la pensée de Hjelmslev et de celle d'Ingarden n'étonne d'ailleurs pas, vu la forte ressemblance entre les idées d'Ingarden et quelques notions saussuriennes, source des notions essentielles de Hjelmslev. Nous n'avons cherché qu'à expliciter les notions qui constituent la base de la conception ingardénienne de la langue. Par ailleurs, Ingarden ne développe pas ces implications de façon satisfaisante, ce que l'on comprend bien, étant donné qu'Ingarden s'oriente vers l'analyse de la parole (l'œuvre littéraire) et non vers celle de la langue.

Dans la philosophie d'Ingarden l'importance de la couche des formations phoniques se fait voir sur le plan de sa fonction dans l'œuvre littéraire, qui est celle de fonder la couche des unités de signification, la deuxième couche dans cette hiérarchie. Ingarden ne s'intéresse à la phonétique, du moins dans *L'œuvre d'art littéraire*, que dans la mesure où elle participe à la constitution de l'œuvre considérée comme une unité polyphonique. Ainsi le rôle du vocable, bien qu'il puisse impartir à l'œuvre certaines qualités de timbre et de rythme, etc., est essentiellement celui de signifier autre chose que le vocable lui-même, ce que certains théoriciens appellent son altérité, ou tout ce qui n'est pas soi, à savoir un objet, un objet de pensée, une idée, etc. Ingarden : «la fonction primaire essentielle du vocable lui-même reste celle de déterminer la signification d'un mot correspondant» (52). Et comme le vocable entre dans des formations de niveau supérieur, c'est-à-dire des phrases, Ingarden conclut que la «formation linguistique vraiment autonome n'est pas le mot isolé, mais la phrase» (55), la phrase qui exprime le sens du locuteur. C'est la phrase qui «renvoie aux mots comme à des éléments de la phrase relativement dépendants» (55).

La linguistique quelque peu rudimentaire d'Ingarden fait donc preuve d'une intuition juste en ce qui concerne la phonétique. A la distinction implicite dans son œuvre entre langue et parole, entre image acoustique et concept, s'ajoute la notion de double articulation, la première en «mots» qui constituent la phrase, la deuxième en «matériel phonique» qui entre dans la construction de phrases sous forme de vocable. Selon Ingarden, pourtant, la couche des formations phoniques ne joue qu'un rôle limité dans l'ensemble de l'œuvre. Différents lecteurs prononcent les vocables différemment selon leur dialecte ou selon leur interprétation de la phrase mais, dans le contexte de la compréhension de l'œuvre on peut faire abstraction de ces différences phonétiques. Insister sur la prononciation particulière d'un seul lecteur, prendre une forme phonétique pour la seule possible, c'est en effet rendre la lecture subjective. Il est pourtant possible que la prononciation soit valorisée, si, par exemple, la bonne prononciation d'un mot est indiquée dans un texte accompagnant le texte principal, comme c'est le cas d'une pièce de théâtre, ou bien si la prononciation juste n'est pas connue, comme c'est le cas de vieilles œuvres dont la langue n'est plus parlée (quoiqu'il soit toujours possible de lire ces œuvres parce que leur sens est «contrôlé» par les unités de signification : le texte écrit constituant, selon Ingarden, la transcription d'un énoncé). L'importance et la fonction dans l'œuvre littéraire de la couche des formations phoniques sont résumées dans le passage suivant :

> Pour l'instant, il est pour le moins possible de dire en résumé : la couche glossophonique [*die sprachlautliche Schicht*] est un constituant essentiel de l'œuvre littéraire. Si elle disparaissait, c'est toute l'œuvre qui cesserait d'exister, car les unités de signification [*die Bedeutungseinheiten*] exigent un matériel onomaphonique [*ein wortlautliches Material*]. Si elle était formée autrement qu'elle l'est effectivement dans une œuvre déterminée, cette œuvre subirait des modifications fondamentales. Et si elle ne contenait aucun élément de qualité-de-valeur [*wertqualitativen Elemente*] particulier, la polyphonie de l'œuvre serait appauvrie d'un élément important. Cette première couche, extérieure, de sa constitution ne représente donc pas qu'un simple moyen d'accès à l'œuvre, ni un «facteur étranger à l'essence de la poésie», mais au contraire un élément indispensable à l'œuvre d'art littéraire (67).

NOTES

[1] Il faudrait toujours préciser que chez Saussure le signifiant est «immotivé» dans sa relation avec le signifié, mais pas dans sa fonction communicative. Saussure note que le mot «arbitraire» ne doit pas «donner l'idée que le signifiant dépend du libre choix du sujet parlant ([...] il n'est pas au pouvoir de l'individu de rien changer à un signe une fois établi dans un groupe linguistique); nous voulons dire qu'il est *immotivé*, c'est-à-dire arbitraire par rapport au signifié, avec lequel il n'a aucune attache naturelle dans la réalité» (101).
[2] Nous ne voulons pas parler d'une influence. Autant que nous le sachions Ingarden ne connaissait pas le travail de Saussure quand il a rédigé *L'Œuvre d'art littéraire*. Nous mettons cet aspect de la philosophie d'Ingarden et la linguistique saussurienne en parallèle uniquement pour aider ceux qui ne connaissent pas bien les termes dont se sert Ingarden. Une telle comparaison peut aider à saisir certaines notions difficiles et nuancées.
[3] Il faut se rappeler que l'œuvre d'Ingarden est sortie avant qu'il n'ait pu, à son dire, connaître la conférence donnée par K. Bühler, publiée en 1931, «Phonetik und Phonologie». Il reprend ces notions dans son article, «Krtische Bemerkungen...», où ses commentaires sont essentiellement les mêmes.

La couche des unités de signification
(*die Schicht der Bedeutungseinheiten*)

La deuxième couche de l'œuvre littéraire est celle qu'Ingarden explicite le plus longuement. Pour simplifier cette notion nous dirons que le terme d'unité de signification correspond au mot «phrase» mais seulement si l'on comprend ce dernier de façon vague; il ne s'agit pas d'une phrase grammaticale avec sujet, prédicat et une ponctuation comme il faut, mais plutôt de l'énonciation d'un acte communicatif. Or, la notion principale de l'analyse des unités de signification est celle d'intentionalité, comprise dans le sens phénoménologique du mot. L'intérêt et l'originalité de la conception ingardénienne de la phrase proviennent, à notre sens, de l'importance accordée à la notion d'intentionalité sur le plan de la lecture. Chez Ingarden la phrase, ou l'unité de signification, n'est pas une simple construction syntaxique d'après certaines règles grammaticales. Elle est plutôt une construction «vivante» et implique une visée intentionnelle de la part et du locuteur et de l'interlocuteur.

Or, selon Ingarden la formation linguistique vraiment autonome est la phrase, car c'est la phrase en tant qu'«unité de sens» qui «renvoie aux mots comme à des éléments de la phrase relativement dépendants» (*L'œuvre d'art littérare*, 55). Cette conception de la phrase fait écho à ce que Martinet appelle la première articulation de la langue. Or, la première articulation de la phrase en monèmes implique que la phrase n'est pas une simple juxtaposition de mots. Plutôt, c'est une entité nouvelle par rapport aux mots utilisés pour la composer. Ingarden dit que les «significations lexicales [dans la phrase] s'y intègrent comme ses composants, mais elle [la phrase] n'en est pas pour autant la simple somme ou l'ensemble (Menge); elle est vraiment un nouvel "objet" qui présente des qualités absolument *propres*» (104). C'est-à-dire, pour emprunter un mot à Benveniste, qu'une «phrase constitue un tout, qui ne se réduit pas à la somme de ses parties» («Les Niveaux de l'analyse linguistique», *Problèmes de linguistique générale*, I, 123).

L'analyse de la phrase doit pourtant se faire sur le plan de ses composants. Selon la terminologie d'Ingarden, l'analyse se fait sur le plan des mots ou des vocables. La phrase de Benveniste que nous venons de citer se termine ainsi : «le sens inhérent à ce tout [la phrase] est réparti sur l'ensemble des constituants». Pour bien comprendre la phrase il faut comprendre ses constituants et les relations qui s'effectuent entre les différents constituants, bien que la phrase elle-même soit une nouvelle entité autonome. En linguistique cette perspective a pour conséquence que l'énoncé dénué de sens ou sans contexte est rejetée comme étant une question non pertinente. D'ailleurs, partir des unités minimales dans un effort pour comprendre l'unité supérieure qu'est la phrase, c'est méconnaître l'unité linguistique véritablement autonome dans la perspective de la communication[1].

Or à toute énonciation de phrase correspond un acte de conscience que l'on peut appeler intentionnel. En faisant abstraction des mots purement fonctionnels ou relationnels, un acte de conscience intentionnel correspond aussi à chaque vocable, mais l'intentionnalité n'est pas la même dans ces deux cas (phrase et vocable) quoique le terme d'intentionnalité désigne un acte de conscience qui rend la signification possible. Au sujet de la distinction entre un mot (une unité virtuelle) et un vocable (l'énonciation d'un mot)[2], Ingarden note qu'au moins dans une phrase simple (c'est-à-dire, dans le cas de la dénotation), «le rayon central de l'attention du sujet [le locuteur] se dirige, pour ainsi dire avec la signification saisie, sur l'objet que celle-ci détermine» (52). Plusieurs mots pris ensemble, chacun ayant sa propre signification, constituent une phrase (en faisant toujours abstraction des ensembles de mots dénués de sens). Mais l'intentionalité de la phrase est autre que celle des mots isolés parce que la phrase est un acte communicatif, un vrai acte de conscience unique. Elle est constituée par un locuteur qui veut communiquer une notion quelconque tandis que le mot tout seul n'est pas un acte communicatif (sauf dans le cas des interjections, etc., en quel cas le mot devient énoncé). A l'encontre de la phrase, la signification du mot ne dépend pas d'un acte de conscience du locuteur. Le mot appartient à la communauté linguistique où il s'accompagne presque toujours d'une même signification (nous faisons abstraction ici de la polysémie et de l'homonymie afin de rendre plus compréhensible la notion d'intentionalité au niveau du langage), tandis que la phrase dépend toujours de la visée intentionnelle de l'énonciation. E. Falk décrit cette distinction dans la philosophie d'Ingarden de la façon suivante : « La différence entre l'intentionalité d'un acte de conscience et celle du mot est que la première est vraiment un moment de l'acte de conscience, tandis que l'intentionalité du mot confronte l'intentionalité de l'acte de conscience et est dérivée » (traduction de l'auteur)[3].

Cette distinction entre mot et phrase à partir du type d'intentionalité que chaque entité implique est pourtant problématique. Il existe des phrases entières que l'on pourrait appeler «automatiques», par exemple, des insignes, ou bien des expressions «phatiques» selon la terminologie de Jakobson, des phrases ou des expressions dont on se sert souvent dans la vie quotidienne mais auxquelles on ne «pense» guère. Est-ce que ce sont de vraies phrases, ou représentent-elles plutôt des «mots»? C'est-à-dire que la distinction ingardénienne entre mot et phrase, selon le type d'intentionalité dont chaque entité fait preuve, montre encore une fois le raisonnement «circulaire» qui caractérise cette philosophie, car la distinction dépend moins de la phrase et du mot qu'elle ne dépend de l'intentionalité elle-même. Dans cette perspective, la distinction entre la phrase et ses constituants est en effet une distinction entre langue et parole, entre la langue en tant que système virtuel (le mot) et la parole en tant qu'acte communicatif et individuel (un acte intentionnel). L'intentionalité-acte-de-conscience s'oppose à l'intentionalité-signification. Le *hic* et *nunc* de la phrase énoncée implique l'intentionalité du locuteur.

La phrase écrite pose un autre problème. Lorsqu'elle se trouve fixée par une graphie, elle est, par exemple, tout aussi dérivée que le mot isolé. L'intentionalité du locuteur, surtout lorsqu'il s'agit de la fiction, s'affaiblit quand la phrase épouse sa forme dérivée et entre dans la composition d'une œuvre littéraire. Tout comme le mot isolé, la phrase écrite confronte alors l'intentionalité du lecteur et dirige son attention vers une signification. Ce caractère dérivé de la phrase remet en question la distinction langue-parole, mais dans une autre perspective. Il est vrai que la phrase, par opposition au mot, exige un effort intellectuel de la part du locuteur en raison de son caractère construit et linéaire, et il est tout aussi vrai que la phrase permet le développement d'un contexte mais, ces caractères (linéaire et construit) appartiennent-ils de façon ontologique à la phrase et non au mot, ou font-ils plutôt partie d'une tradition qui le veut ainsi? Par exemple, la phrase «la grange était rouge» établit un contexte dans une œuvre littéraire. Elle propose un édifice d'une certaine couleur et relatif à l'agriculture. Or, il semble que les mots «grange» et «rouge» juxtaposés (grange-rouge) établissent plus ou moins le même contexte. Et on peut imaginer toute une œuvre littéraire, ou du moins un poème, écrite entièrement de cette façon (c'est dire sans phrases) malgré l'effet assommant et embêtant qu'une telle œuvre pourrait avoir sur le lecteur. Evidemment la phrase permet des subtilités et des nuances de sens qui échappent à la juxtaposition simple de mots mais cela, à notre sens, est plus une conséquence de structuration que ce n'est une différence d'ordre ontologique entre mot et phrase. Notre exemple fait valoir, d'ailleurs, que des mots juxtaposés sont tout aussi linéaires qu'une phrase et manifestent un certain effort de construction de la part d'un auteur-poète. On pourrait même dire, nous semble-t-il, que les mots juxtaposés constituent une espèce de phrase rudimentaire où manquent certains éléments (dans ce cas l'article et la copule). Toutefois, que ce soit une différence d'ordre ontologique ou la conséquence d'une tradition selon laquelle on s'exprime en phrases, il faut reconnaître que l'ensemble de phrases d'une œuvre littéraire est constitutif d'un « sens » plus riche, plus développé, que celui que des mots seuls sont capables de nous fournir[4].

La distinction entre mot et phrase est cependant essentielle dans le contexte de l'analyse littéraire où l'organisation de la phrase (sa structure grammaticale et linéaire) se conforme à l'expression de l'intentionalité du locuteur. A chaque phrase correspond un acte de conscience producteur, et s'y impliquent une visée intentionnelle et la manifestation d'un sens. Ingarden insiste sur l'intentionalité-fondatrice-de-phrase, en partie parce que chez lui la langue parlée prime la langue écrite (qui n'en est qu'une version « encodée »), mais surtout parce que l'énoncé linguistique représente un acte communicatif, c'est-à-dire un acte qui implique un locuteur qui communique sa pensée ou ses sentiments. Les mots font partie de la langue, tandis que la phrase appartient à la parole. Bien que la perspective d'Ingarden soit ontologique, il est néanmoins facile de comprendre et la valeur et l'intérêt de son approche : vu que l'intentionalité recouvre la structure de la phrase (ce que nous décrivons plus loin), et que l'œuvre littéraire selon Ingarden est « indépendante » de son auteur, l'analyse littéraire doit s'orienter moins vers la langue en tant que système virtuel de communication et plus vers la réception de l'œuvre. L'analyse met ainsi en valeur l'intentionalité du lecteur aussi bien que la structure linguistique de la phrase. En effet, ces deux notions se recouvrent : la philosophie d'Ingarden devenant une phénoménologie de caractère linguistique.

Au niveau des constituants de la phrase (les mots), l'intentionalité se manifeste dans deux contextes différents mais liés, la signification nominale et la signification verbale[5]. Nous reprendrons ces deux contextes à tour de rôle, mais il convient de préciser d'abord, et dans la mesure du possible, le sens du mot « intentionalité » dans la philosophie d'Ingarden. Or, chez Husserl le mot « intentionalité » désigne la « relation "transcendantale" d'une conscience qui se crée en créant le sens de son objet »[6]. C'est dire que Husserl « insiste sur la présence de l'esprit dans toute "signification" ». Cette conception de l'intentionalité, exprimée ici sous une forme simplifiée, semble correspondre à l'intentionalité implicite dans l'œuvre littéraire parce que l'œuvre littéraire établit un référent qui n'existait pas préalablement à sa création. La signification des phrases de l'œuvre est créée ou produite par un auteur. Pourtant, Ingarden récuse ce qui constitue pour lui le transcendantalisme de Husserl car il prend la notion de transcendance pour idéaliste[7].

Il semble que la notion d'intentionalité chez Ingarden s'accorde mieux avec l'expression que reçoit cette notion sous la plume de Brentano. Mais dans son article sur Brentano (« Le Concept de philosophie chez Franz Brentano »), Ingarden aborde la notion d'objet intentionnel sous forme de problème épistémologique, c'est-à-dire, seulement indirectement en ce qui nous concerne. Il récuse l'épistémologie (psychologie) de Brentano selon laquelle l'objet de conscience n'est présent à la conscience qu'au moyen d'une représentation, ainsi distinguant l'acte de l'objet de conscience. Ingarden : « Il faut plutôt admettre que la conscience et surtout l'acte de conscience, p. ex. de la perception, est quelque chose de vécu (*Durchleben*), une certaine connaissance de soi-même, dans laquelle on n'a pas besoin d'introduire de réflexion, de représentation, de jugement. [...] il suffit d'affirmer que dans ce cas il faut renoncer à opposer l'acte à l'objet du vécu » (629). Dans sa perspective ontologique Ingarden préfère parler des « types » d'intentionalité. Il écrit : « [...] chaque acte cognitif d'un certain type, est à sa manière apte à aboutir au résultat qu'il doit obtenir, il est responsable de ce résultat et aucune nouvelle connaissance secondaire d'un rang plus haut ne peut lui conférer (ou reprendre) la valeur qu'il donne lui-même à ces résultats » (637). Chez Brentano l'intentionalité est une « relation psychologique de la conscience à un objet existant » (Julia, voir note 12). Cette formule a l'avantage d'être plus « réaliste » que la formule husserlienne, mais elle est pourtant problématique dans le cas de l'œuvre littéraire car celle-ci n'a pas le même statut ontologique qu'un objet existant, disons un arbre. Par ailleurs, cette forme d'intentionalité suscite une autre difficulté, celle de déterminer si le référent de l'œuvre est en effet un objet existant ou plutôt un objet fictionnel, difficulté qu'on ne peut poursuivre ici[8].

NOTES

[1] A cet égard la pensée d'Ingarden rejoint celle de certains linguistes de nos jours. J. Feuillet, par exemple, insiste, lui aussi, sur l'importance de l'unité d'analyse fondamentale qu'est la phrase (Feuillet J., 1988, *Introduction à l'analyse morphosyntaxique*, Paris, Presses Universitaires de France), bien que les approches analytiques de Feuillet et d'Ingarden soient on ne peut plus différentes.

[2] La différence entre mot et vocable dans la philosophie d'Ingarden est celle-ci : le mot est virtuel, il est constitué d'un matériel phonique, tandis que le vocable est l'«activation» de ce matériel dans une énonciation faite par un locuteur (*cf.* la section précédente sur les formations phoniques).

[3] «The difference between the intentionality of the act of consciousness and that of the word-meaning is that the former is truly a moment of the act of consciousness, whereas the intentionality of the word-meaning confronts the intentionality of the act of consciousness and is derivative» (Falk, 1981b, 49).

[4] Sur le plan de la linguistique il faudrait tenir compte également de la forme linéaire du mot isolé. Les phonèmes sont tout aussi bien que les phrases ordonnés dans la chaîne syntagmatique.

[5] Le terme de signification a ici son sens habituel, celui d'une relation entre les parties constitutives du signe, le signifiant et le signifié, selon la linguistique saussurienne. Dans la philosophie d'Ingarden cette relation s'effectue entre un «vocable» (*Wortlaut*) et une «signification» (*Bedeutung*) qui ensemble constituent un «mot» (*Wort*). Selon Ingarden ni les vécus ou les états psychiques concrets du locuteur, ni les aspects tenus prêts des objets correspondants «n'appartiennent» à la signification (*Bedeutung*). Plutôt la signification désigne «tout ce qui est associé à un vocable et contribue ainsi à former un "mot"» (70).

[6] Julia D., 1984, *Dictionnaire de la philosophie*, Paris, Larousse.

[7] Gadamer fait noter quelque part (dans une discussion qui fait suite à un colloque) que la différence entre la perspective de Husserl et celle d'Ingarden semble revenir à la distinction entre la création chez Husserl et la réception chez Ingarden. Malgré le caractère vague et trop généralisant d'une telle affirmation, il est possible, croyons-nous, au moins sous un certain angle, de souscrire à cette thèse.

[8] Ingarden essaie, sans succès à notre sens, de résoudre ce problème grâce à la notion de quasi-jugement. D'après lui les phrases affirmatives de l'œuvre littéraire ne sont pas de vrais jugements mais seulement des quasi-jugements en raison de leur manque d'«ancrage» dans le monde réel (pour une discussion de cette notion voir notre article, 1992, «Le Jugement chez Roman Ingarden et chez saint Thomas : perspective référentielle», *Texte*, 11, 265-281).

La signification nominale

Ce problème d'ordre épistémologique ne nous concernera plus ici, surtout parce que, à notre sens, l'intentionalité implicite dans la lecture d'une phrase est sans rapport avec le statut ontologique de l'objet dénoté ou du concept désigné. Nous laissons ces questions sans réponse, alors, afin de passer au «système linguistique» d'Ingarden. Sur le plan de la signification nominale Ingarden délimite les cinq fonctions suivantes :

1) le facteur d'orientation intentionnel (*der intentionale Richtungsfaktor*)
2) le contenu matériel (*der materiale Inhalt*)
3) le contenu formel (*der formale Inhalt*)
4) le moment de la caractérisation existentielle (*das Moment der existentialen Charakterisierung*), et parfois
5) le moment de la position existentielle (*das Moment der existentialen Position*)

Il faut commenter ces cinq fonctions. Le facteur d'orientation intentionnel désigne ce que nous appellerons un acte de référence. Cet acte est soit celui du locuteur, soit celui de l'interlocuteur (ou du lecteur) qui comprend un énoncé. D'après Ingarden c'est le «moment par lequel le mot se "réfère" à cet objet [là] et non à un autre, ou — dans d'autres cas — à un objet tel» (*L'œuvre d'art littéraire*, 71). En d'autres termes, le facteur d'orientation intentionnel désigne la signification elle-même en tant que relation *activée* entre signifiant et signifié. Il se peut que ce facteur soit uniradial (un seul objet signifié) ou pluriradial (plusieurs objets signifiés), déterminé (par l'article défini) ou indéterminé (par l'article indéfini ou un nom collectif, etc.). Il peut être constant et actuel (le centre de la terre) ou variable et potentiel (le mot « table » sans contexte). Quant à ce dernier exemple, il faut ajouter que le mot « table », variable et potentiel, est actualisé lorsqu'il désigne une table particulière dans un contexte précis.

On pourrait objecter que les aspects mentionnés ici (pluriradial, actuel, etc.), comme faisant partie du facteur d'orientation intentionnel, appartiennent plutôt au signifié et non pas à la relation signifiante, mais il faut se rappeler que la signification implique un sens, c'est-à-dire la compréhension du terme par le lecteur : sur le plan linguistique on ne peut séparer signifiant et signifié. Autrement dit, les aspects généraux du facteur d'orientation intentionnel (pluriradial, déterminé, variable, etc.), participent de la notion de signification. On n'a pas besoin, par exemple, d'étudier tous les êtres humains pour savoir que le substantif « homme » peut désigner plusieurs êtres différents, soit des êtres uniques caractérisés par le sexe mâle, soit des êtres constitutifs d'un groupe ou même d'une espèce (sans référence au sexe), soit des êtres que l'on n'a pas encore rencontrés, etc. Le facteur d'orientation intentionnel reprend certaines notions grammaticales (le singulier, le pluriel) et d'autres notions d'ordre sémantique (le potentiel, l'actuel, etc.) mais toujours sous l'angle de l'intentionalité.

Le contenu matériel, qui n'apparaît pas dans le contexte des mots purement fonctionnels (les conjonctions, les prépositions, etc.), désigne les moments de la signification lexicale qui « déterminent l'objet en ce qui concerne sa consistence (*Beschaffenheit*) qualitative » (70-71). Pour sa part, le contenu formel « n'a généralement qu'un rôle fonctionnel » qui est celui de « traiter quelque chose comme une chose (ou comme la consistence de quelque chose) » (75). Le mot « arbre » signifie un objet dont le contenu matériel se décrit à l'aide des termes « tronc », « écorce », « branches », « feuilles », etc., et dont le contenu formel désigne la caractéristique objectale de l'arbre ; c'est dire que l'arbre est un objet, une chose, et non pas un processus ou un état. Evidemment ces deux fonctions vont de pair. Le contenu matériel implique un contenu formel tout comme le contenu formel implique un contenu matériel lorsqu'on parle des objets existants. Le mot « arbre » tout seul, grâce au fait que nous reconnaissons ce mot comme appartenant à la langue française et ayant un certain sens, permet déjà à ce niveau élémentaire de procéder à une classification selon les fonctions de la signification. Le référent a la forme d'un objet réel (et plus précisément celle d'un *arbre*), et son contenu matériel est celui d'une matière organique, etc.

De plus, le contenu matériel peut être de nature différente, ce qu'Ingarden démontre au moyen d'une analyse du contenu matériel en divers moments. Le contenu matériel est constant dans l'expression, « un objet coloré ». Etre coloré est une constante, tandis que la couleur précise de l'objet est variable; il pourrait être d'un rouge vif ou pâle, d'un jaune brillant ou de bleu marine. Au niveau du contenu matériel s'ébauche, alors, une hiérarchisation de moments d'ordre sémantique.

Il faut, d'ailleurs, se garder de confondre l'objet réel dénoté par une expression nominale comme « ce stylo » (expression qui réfère à un objet particulier et existant), et l'objet intentionnel que vise le facteur d'orientation intentionnel et que remplissent, pour ainsi dire, son contenu matériel et son contenu formel. Il suffit de penser un objet quelconque — qu'on appelle un objet intentionnel parce qu'il est ainsi pensé —, pour se rendre compte que l'objet intentionnel n'est pas l'objet existant du monde réel. Je peux, par exemple, penser un arbre qui n'existe plus ou que je ne vois pas. De même, je n'ai pas besoin de montrer du doigt un arbre existant et réel pour faire comprendre cette phrase adressée à mon interlocuteur, « hier j'ai planté un arbre dans la cour ». L'objet intentionnel est un objet de signification à distinguer des objets réels et existants.

La séparation entre intentionnel et réellement existant est réalisée dans la philosophie d'Ingarden au moyen de la distinction entre la caractérisation et la position existentielles. Simplement dit, la caractérisation nous décrit le mode d'être de l'objet, tandis que la position distingue la réalité de la fiction. Le moment de caractérisation existentielle est parfois implicite et parfois explicite dans le contexte d'une expression nominale, mais ce n'est pas le mode de réalisation d'un objet qui nous intéresse ici. Ce moment d'ordre ontologique permet de distinguer entre différents objets. Dans la philosophie d'Ingarden il décrit le mode d'être des objets en général. Ainsi il permet de distinguer l'objet réel de l'objet idéal et de l'objet intentionnel. L'exemple dont Ingarden se sert, « la capitale de la Pologne », est une expression qui a pour signifié une ville réellement existante et actuelle. L'expression, « un triangle équilatéral », signifie plutôt un objet qui existe sur le mode de l'idéal.

Pour sa part, le moment de position existentielle, qui ne fait pas toujours partie de la signification, désigne le caractère réel ou fictif de l'objet visé. La position se distingue de la caractérisation en ce qu'elle détermine des objets fictionnels qui, s'ils existaient, auraient pour mode le réel ou l'idéal, etc. Le personnage de Hamlet est un personnage fictionnel mais, selon Ingarden, si Hamlet existait ce serait sur le mode d'un être réel, d'un être humain. Il dit : «[...] le nom "Hamlet" (au sens du personnage du drame de Shakespeare) vise certes un objet qui n'a jamais existé réellement, resp. qui n'existera jamais, mais qui, au cas où il existerait, ferait partie des objets existants sur le mode de la "réalité". La pleine signification de ce nom comporte donc un moment de caractérisation existentiel, mais la position d'existant réel lui fait absolument défaut» (*L'œuvre d'art littéraire*, 75).

La distinction entre caractérisation et position existentielle est une distinction d'ordre philosophique qui découle de la notion ingardénienne d'intentionalité. Il semble que l'intentionalité chez Ingarden, caractérisée en effet par le réalisme, ressemble plus pour cette raison, à l'intentionalité d'après Brentano. On se rappelle que d'après Ingarden l'intentionalité de Husserl est caractérisée par l'idéalisme. Lorsqu'il s'agit de la fiction, pourtant, la perspective réaliste d'Ingarden est quelque peu gênée. L'œuvre littéraire présente une situation fictionnelle et un discours qui a pour objet des personnages fictionnels et des événements qui n'ont jamais réellement eu lieu, d'où, finalement, la notion de position existentielle. Cette notion permet, rien de plus, à distinguer de façon systématique la fiction de la réalité. Ainsi le souci de réalisme tellement prononcé chez Ingarden exige une catégorie (ou peut-être plusieurs catégories) qui permet de classifier les différents types d'êtres selon le degré de «réalité» qu'ils manifestent.

Or cette distinction, comme toutes celles que nous avons mentionnées dans le contexte des fonctions de la signification, est elle aussi de caractère circulaire. En ce qui concerne la position existentielle, par exemple, il est évident que cette notion toute seule ne permet pas de distinguer un objet réel et existant d'un objet fictionnel, surtout au niveau simple de la seule signification nominale. Un prénom quelconque, disons Pierre, pourrait être celui d'un personnage dans une œuvre littéraire, ou bien celui d'un être réel, mon voisin. La position dépend, semble-t-il, du contexte que l'œuvre établit, ou bien, comme le dit Käte Hamburger, la position dépend de l'attitude du locuteur (*Logique des genres*, 39). Si le lecteur sait bien que le texte qu'il est en train de lire est fictionnel, le moment de position existentielle des personnages et des objets représentés est fictionnel.

Les autres fonctions semblent se fonder, elles aussi, sur une espèce de circularité. Sur le plan du contenu matériel, par exemple, la détermination du contenu de l'objet intentionnel dépend non pas de la signification (une relation entre signifiant et signifié), mais du concept même que le mot signifie. Le mot « arbre », pour reprendre notre exemple, se comprend en partie grâce à son contenu sémantique (constant : un tronc, des branches; ou variable : une couleur et une espèce particulières). C'est dire que le contenu matériel fait plus partie du concept visé et de l'objet intentionnel correspondant qu'il ne fait partie de la relation entre le mot et le concept. Il faut pourtant rappeler qu'il est impossible de parler de la signification sans tenir compte du signifié; et il faut également faire valoir que le domaine « impur » qu'est la sémantique pose toujours ce genre de problème. Même l'analyse du lexème en sèmes et sémèmes, comme elle se pratique souvent de nos jours, a son origine dans le « sens » de l'expression que tout interlocuteur comprend. Ce n'est pas de la seule analyse du mot ou du signifiant que provient l'analyse en sèmes, plutôt celle-ci se fait à partir du signifié. En ce sens la pensée d'Ingarden est d'ordre sémantique, bien que les notions sémantiques de sa philosophie sont de caractère ontologique et ne constituent pas une analyse du concept en traits communs ou en traits minimaux.

L'analyse sémantique du contenu des concepts doit aboutir, selon Ingarden, à préciser les traits constants, ainsi que les traits variables des concepts. Certains moments du contenu matériel (des sèmes) appartiennent à l'objet intentionnel de façon essentielle, comme la couleur appartient à l'objet donné par l'expression « un objet coloré ». D'autres moments (sèmes) sont variables, c'est-à-dire la véritable couleur de l'objet, son teint, son lustre et ainsi de suite. Quand l'objet signifié n'est pas présent en sa plénitude, il en résulte que les sèmes variables du contenu matériel sont plus mis en valeur. Ces sèmes constituent ce qu'Ingarden appelle ailleurs, et dans un autre contexte, des lieux d'indétermination. En ce sens la notion de lieu d'indétermination, bien qu'elle a pour objet un manque ou un vide sur le plan de la signification, participe de façon ontologique de la notion même de signification.

On peut aller plus loin. La notion de lieu d'indétermination fait ainsi partie de la notion de concrétisation. Lorsque je dis, « la pomme est rouge » je ne communique qu'une seule des propriétés de la pomme que je tiens à la main, et cette propriété reste vague aussi longtemps que je ne décris ni son intensité ni son teint. Les autres propriétés matérielles et formelles de la pomme (un objet intentionnel de signification) sont soit indéterminées, soit « remplies » par le lecteur-auditeur. Celui-ci ne peut pas délimiter toutes les propriétes de cette pomme-objet-intentionnel, mais il peut suffisamment remplir ce concept afin que la compréhension soit réussie. En général, dans le cas où seule la communication entre différents locuteurs est en jeu, le lecteur-interlocuteur « remplit » le concept jusqu'à ce que la compréhension s'effectue. Sur un autre plan, le manque de communication a souvent pour cause une incapacité de «remplir» le concept signifié de façon adéquate (si je ne comprends pas le mot «pomme» je ne peux remplir ses lieux indéterminés). Par ailleurs, une concrétisation fautive peut avoir pour conséquence des malentendus, si le mot «pomme» signifie deux objets différents pour le locuteur et pour l'interlocuteur.

Nos commentaires portent ici surtout sur les trois premières fonctions de la signification délimitées par Ingarden, à savoir le facteur d'orientation intentionnel, le contenu matériel et le contenu formel. Ces fonctions sont en effet les plus importantes sur le plan de l'analyse littéraire[1]. Dans l'ensemble, elles recouvrent ce qu'on appelle en général la signification. Le mérite du travail d'Ingarden est justement d'avoir mis en valeur ces différents éléments de la signification. Au lieu d'être un simple lien entre signifiant et signifié, lien qu'on pourrait «couper» afin de pouvoir s'orienter vers l'une ou vers l'autre partie du signe, la signification chez Ingarden implique des relations différentes. L'analyse du contenu matériel et formel correspond, par exemple, à l'analyse sémantique. Ainsi, comme le signifiant a pour fonction d'évoquer un signifié, il est possible, à partir d'un seul signifiant, de dresser une liste des propriétés constantes et variables du signifié. Plus le signifié est précisé, d'ailleurs, c'est-à-dire plus il est limité par son contexte, moins il a de propriétés seulement possibles. Toujours est-il, d'ailleurs, que sur le plan de la signification il existe des lieux d'indétermination, même lorsque le signifié est «très développé» par le texte.

Pour sa part, la forme du contenu est «co-visée» avec le contenu matériel. C'est-à-dire que la détermination du contenu matériel du référent détermine aussi en quelque sorte sa forme. Ingarden : «On peut dire que la signification lexicale nominale, comparée à son objet que le contenu matériel détermine qualitativement (mais qui n'en est *pas* encore pour *autant* un "objet"), exerce une fonction *formative* en *traitant* ce que détermine le contenu matériel comme une unité formellement structurée : par ex. comme une "chose", une "consistance de quelque chose", un "processus", un "état", etc.» (75). Ainsi le contenu formel ne constitue pas une propriété en soi du signifié, ce qui en ferait un contenu matériel, plutôt les moments du contenu formel représentent plutôt une espèce de méta-langage qui détermine, ou qui fixe pour ainsi dire, le contenu matériel de façon ontologique[2]. Ensemble, le contenu matériel et le contenu formel déterminent le signifié. On dirait par contre que cette détermination est de deux ordres différents, à savoir formel et matériel. Il s'agit enfin de deux catégories sémantiques.

Le facteur d'orientation intentionnel constitue le moment intentionnel par lequel le locuteur se sert d'un mot (signifiant) dans le but de susciter un sens chez l'interlocuteur, ainsi assurant la communication. Il « renvoie précisément à cet objet déterminé par le contenu matériel, et son orientation dépend entièrement de ce contenu » (73). Ce facteur a donc la fonction de réunir les divers éléments de la signification possible en un acte intentionnel de communication. Grâce à lui, c'est-à-dire au moyen du language, on peut parler des objets existants, ainsi que des objets non-existants; on peut également réaliser ou bien lire des œuvres littéraires, et surtout on peut communiquer avec ces prochains au moyen du canal linguistique. Sous la plume d'Ingarden, le facteur d'orientation intentionnel reprend certaines catégories grammaticales (le sujet et le prédicat) et implique certains aspects morphologiques de la langue (le singulier et le pluriel, le substantif et le verbe). C'est pourtant sur le plan de l'analyse littéraire que cette notion prend de l'ampleur.

Il est possible de rendre ces différentes fonctions signifiantes plus concrètes à l'aide d'un exemple, à savoir l'expression nominale qu'a pour titre le premier roman de Jean Genet, *Notre Dame des Fleurs*. Du point de vue du contenu formel, il s'agit de deux « objets » et non pas, par exemple, d'un processus; et du point de vue du contenu matériel les deux substantifs, « Dame » et « fleurs », signifient chacun un « objet » (un objet représenté), dans le sens d'un être concret, singulier dans le premier cas, pluriel dans le deuxième. Or, le mot « dame » signifie, évidemment, le sexe féminin et cela sous plusieurs aspects. C'était un titre à l'époque féodale; il indique parfois la « bonne naissance » d'une femme; ou parfois il indique, si le terme est utilisé devant un nom, qu'une femme est mariée; et bien sûr c'est également une pièce dans certains jeux sans parler de sa fonction comme interjection. Le mot « fleurs », par contre, signifie un nombre indéfini de fleurs, grâce au pluriel, mais ne nous renseigne guère ni sur l'espèce de fleur ni sur la couleur.

Il faut, d'ailleurs, tenir compte des mots « fonctionnels » de l'expression, « notre » et « des », lesquels n'ont pas de contenu matériel spécifique mais nous renseignent sur ce contenu. Le possessif et le génitif donnent à cette expression nominale une forme que le lecteur reconnaît tout de suite, forme qui désigne un site géographique, une église, une cathédrale — comme « Notre Dame de Paris » est le nom d'une cathédrale dédiée à la vierge Marie —, et qui évoque en même temps la religion catholique. Mais au lieu de se compléter par le nom d'un site véritablement géographique, l'expression « Notre Dame » se fait suivre dans ce titre de roman par le mot « fleurs », ce qui modifie le sens de « Notre Dame ». Il faut se rappeler qu'une fleur est aussi symbolique; elle symbolise la beauté, par exemple, ou la fragilité; ou bien elle symbolise le printemps, l'amour, et la reproduction sexuelle en vertu du fait que la fleur est l'organe sexuel des plantes. Et on utilise souvent des fleurs dans des offices religieux, ce qui souligne l'évocation religieuse du terme «Notre Dame». Une partie du nom signifie la Vierge, l'autre partie l'amour, la sexualité et la procréation. Mais comme nous l'avons déjà indiqué le contenu matériel et le contenu formel sont, pour ainsi dire, vides, faute d'un facteur d'orientation intentionnel, lequel nous supposons déjà, vu que nous parlons d'objets «signifiés» afin de rendre intelligible notre discussion sur le contenu matériel et formel du signifié.

L'expression, «Notre Dame des Fleurs», est pourtant quelque peu ambiguë tant que l'on ne sait à quel objet elle se rapporte[3]. Il se trouve que cette expression nominale est titre de roman, mais elle signifie aussi l'un des personnages du roman, ce qui nous renseigne immédiatement et sur la caractérisation existentielle — c'est un être «réel», c'est-à-dire pas «idéal» — et sur la position existentielle — c'est un être «réel» mais fictionnel, un personnage de roman qui a l'apparence sous plusieurs aspects d'un vrai être dans le monde réel mais qui n'existe que sur le plan fictionnel établi par le caractère référentiel du système linguistique. Et ce personnage est un personnage masculin qui commet un meurtre. Il a également une identité «normale» laquelle ne nous est révélée que vers la fin du roman lors d'un procès dans lequel la «société» de Notre Dame et de Divine (personnages du roman) rencontre le monde «réel» de la société morale qu'ils ont longtemps évitée. L'expression «Notre Dame des Fleurs» a donc une double signification à l'intérieur même du roman, c'est le nom d'un personnage qui est en même temps un personnage autre et, de par sa forme elle évoque le sacrifice religieux. Si le titre «Notre Dame des Fleurs» a pour but d'établir des contrastes entre différents mondes possibles, social ou psychologique par exemple, ou s'il veut sanctifier le crime en donnant un nom d'apparence sacrée à un personnage meurtrier, sont des questions que nous laissons sans réponse. Il suffit, dans notre perspective, d'avoir expliqué les diverses relations entre le signifiant et le référent, sans avoir vraiment abordé, pour le moment, les relations entre les signifiants d'une phrase entière.

NOTES

[1] Nous ne voulons pas dire par là que les notions de caractérisation et de position existentielles sont non pertinentes, mais l'existence ou la non-existence du référent est un problème qui nous éloignerait trop, si nous la poursuivions, de notre ligne de recherche. Toutefois, l'ontologie pourrait aider à rendre plus cohérent le dialogue au sujet de la problématique du référent (l'objet du monde réel).

[2] Evidemment les termes «forme» et «contenu» sont polysémiques. Pour une discussion des différents sens de ces termes, voir Ingarden, 1937, «Sprawa formy i trésci w dziele literackim», *Zycie Literackie*, 1, 153-167 (*cf.* «Das Form-Inhalt-Problem im literarischen Kunstwerk», 1969).

[3] Nous signalons encore une fois que c'est le contexte dans lequel l'expression se trouve, ou que l'expression crée, qui détermine finalement le sens de l'expression. Dans le cas de la littérature ce contexte est forcément intentionnel parce qu'il s'agit d'un système linguistique qui remplace le monde réel et spatio-temporel, ou qui, du moins, en établit la représentation.

La signification verbale

Dans le contexte du verbe fini la signification est autre. Le *verbum finitum* désigne, d'après Ingarden, une activité particulière qui est son contenu matériel. Le verbe « écrire », par exemple, signifie une activité autre que celle signifiée par le verbe « aller ». Cette différence se maintient d'ailleurs pour toutes les formes conjuguées du verbe. « Ecrit », « écrivons », « a écrit », etc., sont des formes verbales qui ont toutes un même contenu matériel, l'activité d'écrire, tout comme les formes verbales, « va », « irons », « est allé » signifient l'activité de se déplacer. Il n'y a pas d'objet qui correspond à l'activité verbale, comme c'était le cas pour la signification nominale, mais le verbe signifie néanmoins l'activité d'un certain genre. D'ailleurs, tout comme la signification nominale, la signification verbale (du verbe fini) implique un contenu formel qui est co-visé avec le contenu matériel. Le contenu matériel nous « donne » une certaine activité, et le contenu formel recouvre cette activité et précise s'il s'agit, par exemple, d'un « processus » ou d'un « état ».

En ce qui concerne les contenus matériel et formel de la signification nominale et verbale, il n'y a alors aucune différence. Cela est confirmé d'après Ingarden par le fait que le substantif « écrire » signifie la même activité que l'infinitif. Un nom et un verbe peuvent donc avoir un même contenu matériel (l'acte d'écrire) et formel (une action). De même, l'expression verbale « le ciel rougeoie » ne signifie pas l'activité du ciel mais sa capacité d'être teint de rouge. La différence entre la forme substantive de l'action, et la forme verbale de l'attribution n'est alors qu'une distinction grammaticale sur le plan du contenu matériel et formel (*L'œuvre d'art littéraire*, 80).

Puisque le verbe ne signifie aucun objet (c'est-à-dire qu'il a pour signifié une activité) il est impossible de parler d'une caractérisation ou d'une position existentielle du verbum finitum isolé (sans contexte), et Ingarden ne mentionne même pas ces autres fonctions de la signification dans le contexte de la signification verbale. La différence, d'après lui, entre les significations nominale et verbale est d'ordre intentionnel (81). Pour reprendre l'exemple d'Ingarden (écrire-substantif et écrire-verbe), on dirait que ces deux termes ont un même contenu formel et matériel. Il faut pourtant reconnaître qu'il y existe une différence, l'activité étant désignée de façon statique dans le cas du substantif, un concept constitué de certains traits distinctifs, tandis que le verbe, quand il s'agit véritablement d'une activité verbale (et non de la simple désignation d'une activité comme une réponse à la question, « Que fait-il ? Il écrit », où l'activité en tant qu'activité n'est pas en question), signifie une vraie activité, un « déployer-dans-le-pur-déroulement » (83). Ainsi le verbe fini (lorsqu'il est isolé) ne présente aucun objet qui serait visé par le facteur d'orientation intentionnel. C'est ce manque d'orientation qui constitue, chez Ingarden, la vraie différence entre la signification nominale et la signification verbale.

Il en découle deux notions intéressantes dont Ingarden ne semble pas tenir compte. Il s'agit de la temporalité du verbe par rapport au substantif, et de ce qu'on appelle normalement la redondance d'une expression comme « nous écrivons » où le sujet « nous » est visé une fois par le pronom sujet et une deuxième fois par le morphème « ons ». Ces deux notions, comprises dans le contexte de l'intentionalité, nous renseignent même sur quelques aspects du langage. Au sujet de la temporalité Ingarden précise que le mode particulier du *verbum finitum* est celui d'un « déploiement », d'un « pur déroulement » (83), à l'encontre de la signification nominale qui vise un objet, un processus, ou un état. Le *verbum finitum* se présente, alors, selon Ingarden, sous différentes formes temporelles. L'activité signifiée peut avoir lieu à différents moments, passé, présent, ou futur, et ce « moment temporel est introduit *eo ipso* par le *mode* spécifique de l'intentionalité absolument caractéristique des *verba finita* » (84).

Sans tenir compte des nuances d'expression (la réponse donnée à une question qui porte sur la façon dont on passe le temps — Que fait-il ? Il écrit) ni des cas ambigus (les verbes modaux comme croire, penser, etc.), le substantif présente les choses du monde et les objets de pensée de façon réifiée et atemporelle. Le mot «maison», par exemple, présente un contenu matériel, un contenu formel, et dirige notre pensée vers un objet intentionnel plus ou moins bien rempli dans une concrétisation[1]. De même, la substantivation du verbe implique que le substantif désigne une activité sous forme de concept, un ensemble ou une notion dont on peut délimiter les traits distinctifs, faisant de la pure activité un objet, une «chose» qui ainsi se donne plus facilement à l'analyse. La pure activité du verbe, par contre, si le verbe peut désigner une pure activité, est toujours en train de devenir, toujours en train de disparaître. Si Ingarden a raison que le «déployer-dans-le-pur-déroulement» est atemporel, il s'ensuit, nous semble-t-il, que la temporalité découle du principe d'intentionalité et lui est donc «secondaire». A notre sens, alors, les temps verbaux ne sont pas temporels de nécessité mais seulement selon les traditions linguistiques qui les veulent ainsi. La temporalité du verbe dépend finalement du locuteur qui, pour simplifier, conjugue le verbe au futur, au présent, ou au passé, etc. (les formes traditionnelles et reconnues comme telles des temps verbaux), afin de se faire comprendre par son interlocuteur[2]. C'est-à-dire que la temporalité est quelque peu subjective, voire intentionnelle, ou disons du moins, qu'elle n'est pas objective dans le sens suivant : ce n'est pas le temps verbal qui gouverne l'ordre syntaxique de la phrase, plutôt c'est le langage lui-même, grâce aux traditions linguistiques de ceux qui le parlent, qui impose à la phrase les différentes formes du verbe, lesquelles peuvent donc facilement varier dans différentes communautés linguistiquement homogènes selon les désirs ou les besoins de chaque communauté. La forme du verbe ne correspond à la réalité externe que par convention. Elle serait plutôt inventée par l'homme et traduirait une conception particulière de la réalité.

L'analyse des temps verbaux dans une phrase, ou dans un discours, doit s'orienter vers les intentions du locuteur dans le cas du discours parlé, et vers la concordance des temps verbaux du texte écrit parce qu'en effet les temps verbaux sont relatifs les uns aux autres et leur accord ou manque d'accord dépend soit des intentions du locuteur, soit du texte lui-même s'il manque de locuteur bien défini. La notion d'intentionalité prendra ainsi de l'ampleur lorsqu'il s'agira de l'analyse d'un texte littéraire particulier, à quel moment s'opposeront le verbe en son devenir et en son disparaître, et le substantif en sa capacité de réifier les substances et de les rendre permanentes.

Bien que, selon Ingarden, le facteur d'orientation intentionnel (présenté dans le contexte de la signification nominale) manque à la signification verbale, le verbe renvoie toujours à autre chose que lui-même, normalement à un sujet, parce que le verbe ne peut exister tout seul[3]. Comme activité il a besoin d'un sujet pour que son sens soit manifeste. Dans le cas du verbe, cette orientation en arrière — *hinweisend* ou *rückweisend* selon le texte allemand (c'est-à-dire que le sujet précède le verbe dans la plupart des cas, bien que cet ordre ne soit pas nécessaire) — vise le sujet qui est l'agent de l'activité signifiée. Dans la phrase «je monte» le verbe a pour contenu matériel une action particulière mais ne renvoie à aucun objet ou état de chose. L'orientation intentionnelle se fait ici vers le pronom «je» qui représente le locuteur, les deux monèmes constituant un ensemble d'ordre sémantique[4].

Cette orientation se fait souvent ressentir, d'ailleurs, au moyen de morphèmes sans que le sujet grammatical soit explicitement donné. C'est-à-dire que le morphème «ons» dans l'énoncé «écrivons» renvoie à un sujet non mentionné, la pure activité en isolation étant impossible. Il est intéressant de constater que déjà la forme du verbe nous indique un sujet, sans que ce sujet soit précisé. La forme «écrit», par exemple, peut avoir pour sujet le pronom «il», «elle», ou «cela»[5]. Le facteur d'orientation verbal (c'est ainsi qu'Ingarden appelle l'orientation implicite du verbe fini) renvoie donc non pas à une activité quelconque mais plutôt au sujet de cette activité; et quand il s'agit du verbe isolé, cette orientation ne peut jamais atteindre l'objet intentionnel (sauf indirectement par le pronom sujet grammatical impliqué mais pour ainsi dire vide de contenu) comme c'est le propre de la signification nominale.

C'est surtout au moyen du substantif que le texte présente alors des objets et des personnages figurés, aussi bien que des concepts, et c'est grâce au verbe fini que le monde présenté se meut et se déplace, en rapport, bien sûr, avec les règles de syntaxe qui gouvernent la structure de la phrase et l'emploi du verbe. Il faut, d'ailleurs, remarquer que chez Ingarden, comme chez la plupart des linguistes de nos jours, le verbe constitue le noyau de la phrase. Le substantif fait appel aux objets, mais l'activité et le développement de ces derniers sont gouvernés par le verbe conjugué. Cela ne constitue pourtant pas la preuve du fait que le verbe est le noyau de la phrase, mais permet de conclure qu'en raison de sa forme le verbe renvoie toujours à un sujet grammatical, tandis que le substantif isolé ne fait pas nécessairement appel aux autres parties du discours. Que cette situation soit le vestige d'un langage ancien précurseur du nôtre, ou le résultat du pur hasard, il en découle que le verbe n'est jamais employé sans sujet, car son sujet lui est toujours implicite. Le sujet peut par contre rester sans complément.

Afin de bien évoquer les relations signifiantes sur le plan de la linguistique d'Ingarden, il convient de passer en révision la formulation de la notion de signe chez d'autres chercheurs. Chez Saussure, par exemple, la relation entre le signifiant (l'image acoustique) et le signifié (le concept) est binaire, directe et «simple». Saussure souligne également l'importance du discours prononcé par rapport au discours écrit. Le signifiant et le signifié constituent enfin deux aspects «psychiques» de la communication. Le signifiant n'est pas limité, d'ailleurs, à son aspect sonore, mais comprend l'impression que fait chez l'auditeur le bruit du mot prononcé, tandis que le signifié n'est pas un objet du monde réel, mais un concept. Cette distinction entre signifiant et signifié à l'intérieur du signe permet à Saussure de faire abstraction du contenu du discours et de mettre en relief l'analyse du signifiant isolé, ce qui a provoqué des études et des analyses remarquables en linguistique dans une perspective et synchronique et diachronique.

Ogden et Richards ont trouvé le «modèle» de Saussure trop «statique» (voir Schogt, 28) parce qu'il n'incorpore pas la «réalité». C'est dire qu'Ogden et Richards mettent en question le caractère psychique de la notion saussurienne de signe. Cette réaction se comprend facilement à l'aide d'un exemple. Le mot «crayon», prononcé, est reconnu par un auditeur qui parle ou qui connaît le français. Je peux dire : «j'ai perdu mon crayon» et mon interlocuteur sait tout de suite que je n'ai plus l'instrument dont je me servais pour écrire ou pour dessiner, etc. Ou bien, je peux dire : «on se sert d'un crayon pour écrire» si je veux insister sur la fonction de cet instrument, sans penser, comme au premier exemple, à un objet particulier. Au signifiant «crayon» est donc associé un signifié (en extension ou en intension comme c'est le cas respectif de nos deux exemples) bien que le crayon mentionné ne soit pas présent ou n'existe pas en tant qu'entité particulière. Le modèle binaire de Saussure ne tient pas compte, alors, du mode de présentation du référent, mode qui est autre dans nos deux exemples.

La question de savoir si la pensée de Saussure, ou bien celle d'Ogden et Richards, se sont en effet développées de cette façon ne nous concerne pas ici. Il suffit de mentionner que la relation binaire entre signifiant et signifié, telle que Saussure l'explicite, ne permet pas de distinguer les différentes façons dont on peut penser le signifié. Par ailleurs, la phrase «ce crayon est joli», où le locuteur emploie l'adjectif démonstratif, présuppose et que l'interlocuteur peut voir le crayon dont il s'agit, et qu'il reconnaît l'objet désigné comme étant un crayon. C'est-à-dire que le signifié est pensé autrement, selon la situation du locuteur. Le modèle triangulaire d'Ogden et Richards satisfait à un besoin de distinguer les différentes formes possibles du signifié, et en particulier ce modèle rend compte de la dénotation. Ogden et Richards incluent le terme «référent» dans leur modèle, normalement schématisé ainsi :

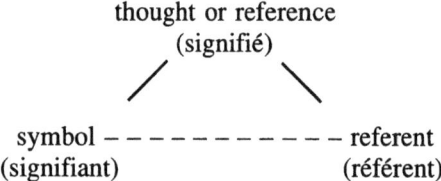

Nous avons ajouté les termes français entre parenthèses afin d'éviter les ambiguïtés de sens que produisent des nuances terminologiques. Le terme «*symbol*» dans le modèle d'Ogden et Richards, par exemple, semble suggérer une motivation parce que le lien entre *symbol* et *thought or reference* est une relation causale tandis que chez Saussure cette relation est arbitraire, bien que nécessaire. Il faut préciser, néanmoins, que chez Ogden et Richards la relation entre *symbol* et *referent* est, elle, une relation arbitraire et dépend au moins en partie de facteurs sociaux et psychologiques (Ogden et Richards 90).

Selon le modèle d'Ogden et Richards, à un signifiant correspond un référent, mais cette relation se fait par l'intermédiaire de la pensée, ce qui implique la présence d'un interlocuteur pour qui la relation entre signifiant et référent est une véritable relation de compréhension. Or, ce modèle triangulaire nous aide-t-il, en effet, à comprendre la signification ? La réponse à cette question est double. Le modèle rend bien compte de la signification, lorsqu'il s'agit, par exemple, de la dénotation, mais est peu efficace lorsqu'il s'agit d'un terme d'ordre conceptuel.

Dans la phrase «ce crayon est joli» le mot de crayon signifie à la fois un concept, celui de crayon, ce qui permet de comprendre la phrase, et un objet que je montre à mon interlocuteur. Ce cas implique, alors, et une référence selon la terminologie d'Ogden et Richards, et un objet désigné ou un référent. Dans la phrase «j'ai perdu mon crayon» le mot crayon ne peut désigner un objet présent et précis pour mon interlocuteur (pourvu que celui-ci n'ait pas eu d'autres renseignements préalables). Le mot «crayon» désigne plutôt un objet absent. Toujours est-il que le mot «crayon» signifie un concept et un objet, cette fois-ci un objet *in absentia*. L'objet n'est plus un objet réel que je montre à mon interlocuteur, il est plutôt un objet de pensée qui, pour ainsi dire, ne rencontre aucun objet du monde réel. A ce niveau simple de la communication il faut reconnaître que le modèle d'Ogden et Richards correspond mieux que celui de Saussure à la notion de signification.

Par contre, lorsqu'on ajoute un adjectif au mot crayon, pour en faire un signifiant complexe, l'efficacité du modèle triangulaire est douteuse. L'expression nominale « le joli crayon », signifie-t-elle, par exemple, un seul concept, « crayon », ou deux concepts différents, « crayon » et « joli crayon » ? D'ailleurs, quel serait le référent du signifiant « joli » ? Or, faute d'objet réel le référent doit être un objet de pensée, mais comme le mot « joli » est vague (il existe plusieurs crayons possibles qui pourraient plaire aux locuteurs), on ne peut parler d'un objet particulier mais absent comme dans l'exemple précédent (j'ai perdu mon crayon). On pourrait dire que le mot « joli » active certains « aspects » ou certains « moments » du concept de crayon et que d'autres expressions en activent d'autres moments ou d'autres aspects de sorte qu'il n'existerait ainsi qu'un seul concept de crayon mais visé dans différentes perspectives. Le concept de crayon resterait ainsi un seul concept, bien qu'il ne permette pas de distinguer les deux objets de pensée (un crayon et un joli crayon). Dans le cas du « joli crayon » il semble, donc, que le signifié et le référent coïncident. Le sens difficilement délimité du mot « joli » trouble la clarté de la distinction entre signifié et référent. Etant donné, d'ailleurs, que plusieurs objets différents peuvent satisfaire au critère de joli, il est difficile, dans ce cas, de se « donner » un objet de pensée autre que le signifié lui-même. D'après nos deux exemples, il faut conclure que l'adjonction à un substantif d'un mot qualificatif réduit l'efficacité du modèle, le problème étant, à notre sens, le caractère subjectif et valorisant de l'adjectif « joli »[6].

Pour rendre notre objectif encore plus clair nous avons choisi un troisième exemple, le mot « beau » isolé. Bien qu'il soit nécessaire, à notre sens, de définir les mots dans leur contexte afin de réduire le nombre d'ambiguïtés possibles, ce troisième exemple rend vite compte des difficultés que peut rencontrer le modèle triangulaire d'Ogden et Richards lorsqu'il s'agit d'expliciter la signification. Quel est le référent associé au mot « beau », ou quel est le référent que ce mot suscite chez l'interlocuteur ? Au cas où il n'y aurait pas d'objet particulier dénoté par le signifiant, celui-ci ne peut désigner le seul concept de beau. C'est dire que si l'on se donne comme référent le concept de beau, le signifié dans le modèle d'Ogden et Richards n'est qu'un vide ou un simple mécanisme qui « active », disons, une relation entre le signifiant et le référent. On ne saurait dire, d'ailleurs, que le concept du concept de beau correspond à l'apexe du signifié du modèle triangulaire parce qu'une telle formule est dépourvue de sens. Quand il s'agit d'un terme d'ordre conceptuel ou d'un adjectif qualificatif et valorisant, il semble que le modèle d'Ogden et Richards soit aussi binaire et statique que ces auteurs croyaient celui de Saussure.

Or, les mots ont normalement un contexte. Dans l'œuvre littéraire, par exemple, il s'agit d'une suite de mots créateurs d'un référent et, le plus souvent, ce référent est fictionnel. Comme nous l'avons pourtant bien vu, lors de la concrétisation d'une œuvre littéraire l'interprétation de l'œuvre est toujours en train de se faire, de se transformer même, selon les développements de l'intrigue de l'œuvre, ou selon les conséquences littéraires de l'introduction d'un nouveau personnage, etc. Un modèle de signification qui a pour but de rendre compte de la dénotation, mais qui ne peut mettre en relief les nuances de sens qu'implique la forme de l'attribution, ne saurait pas, à notre sens, rendre compte du développement du référent dans une concrétisation.

Il existe plusieurs autres modèles que nous ne présenterons pas ici[7]. Il suffit de faire remarquer que les mots à caractère valorisant, comme joli, beau, bon ou mauvais, etc., ont tendance à compliquer les différents modèles, que l'on parle de pensée et de référent, de moments ou aspects conceptuels, ou de sèmes et sémèmes. Ce qui veut dire que la plupart des modèles de signification, développés dans un but linguistique ou référentiel précis, escamotent tout le problème de l'esthétique, problème pourtant capital en ce qui concerne l'œuvre littéraire. Comme les mots valorisants ou qualificatifs sont en plus d'une fréquence élevée dans la plupart d'œuvres littéraires, il nous faut une sémantique qui tient compte des nuances conceptuelles souvent perdues ou masquées lorsqu'on ne parle que du seul signifié, ou lorsqu'on parle d'un signifié auquel on adjoint un référent. Il faut, à notre sens, incorporer le signifié dans l'étude de la langue, surtout quand il s'agit d'une analyse littéraire, et il faut reconnaître que dans le contexte de l'œuvre littéraire la fonction dénotative de la langue importe peu.

NOTES

[1] Il semble que cet aspect de la philosophie d'Ingarden soit essentiellement hégélien. Selon Ingarden, l'objet-sujet-de-phrase est amené à une représentation chez le lecteur (ou interlocuteur), et c'est l'objet en entier qui y est représenté et non pas un amalgame de propriétés constitutives de l'objet. Cela est d'autant plus évident en ce qui concerne la philosophie d'Ingarden vu qu'Ingarden développe la notion de lieu indéterminé : c'est dire qu'intuitivement le lecteur remplit ou complète la représentation suscitée par un signifiant. Dans la philosophie de Hégel, et bien que le contexte soit autre, l'objet n'est pas non plus un amalgame de propriétés diverses, plutôt c'est une «substance-universelle», comme le fait savoir le passage suivant de R. Stern : «[...] Hegel does not want to defend a Platonic view of universals as *ante res*; rather, he accepts the Aristotelian view that every universal

must be exemplified in an individual. At the same time, he rejects the attempt to treat all universals as quality predicates (like "red", "hot", "round", and so on), which are only accidentally attached to an independently identifiable individual; such universals, he argues, are merely *abstract*, and are arrived at by *dividing up* the indivdual into isolated attributes [...]. Against this, Hegel argues that *concrete* universals (such as "man" or "dog") constitute the nature of the individual *as a whole*, in so far as they represent the essence of the thing *per se* [...]» (Stern R., 1990, *Hegel, Kant and the Structure of the Object*, London, New York, Routledge, 59).

[2] Ces commentaires sur la temporalité ne représentent pas une position philosophique fixe. Ils ne sont présentés ici que de façon schématique car cet aspect du langage requiert des études plus approfondies.

[3] Cette affirmation est contestable. Tandis que R. Legrand-Gelber croit que «ce qui caractérise ce qu'on appelle le sujet dans une langue comme le français est uniquement l'impossibilité de son omission», («Les Unités significatives et leurs relations» dans F. François, 1980, *Linguistique*, Paris, Presses Universitaires de France, 125-187, p. 146), J. Feuillet dit, par contre, à l'instar de L. Tesnière, que le sujet de phrase n'est «pas toujours obligatoire, à la différence du prédicat» (79). Il nous semble qu'il faut donner raison à Legrand-Gelber car le verbe implique toujours son sujet (voir plus loin).

[4] Dans un article qui présente plutôt les concepts linguistiques d'Ingarden, l'un des rares articles qui traitent la philosophie d'Ingarden dans une perspective linguistique, A. Riska formule la notion du facteur intentionnel verbal de la façon suivante : «[...] verbal phrases are incomplete, unsaturated, unless connected with some nominal expressions, the referents of which are carriers of properties and agents or patients of activities, performances or occurences» («Language and Logic in the Work of Roman Ingarden», 187-217). Riska s'évertue, par contre, à présenter la philosophie d'Ingarden dans un contexte logique, en donnant aux formules et aux notions ingardéniennes une formulation abstraite, laquelle, il faut le dire, n'aide guère à saisir ce qu'il y a d'original chez Ingarden.

[5] Nous ne voulons pas expliquer ainsi la présence de cette redondance à la forme verbale. Nous constatons simplement qu'elle existe et qu'elle semble ajouter ainsi de la valeur à la conception ingardénienne du langage.

[6] Dans son livre *La Critique du discours* (Paris, Editions de Minuit, 1975) sur la grammaire et la logique de Port Royal, L. Marin formule ce problème de façon autre. Cependant, la portée de ses commentaires reste, nous semble-t-il, proche de ce que nous disons ici. Voir surtout son chapitre 5 où il s'agit de la représentation d'un adjectif qualificatif qui sous-entend la présence d'une «chose» qui n'est pas donnée, et qui reste, alors, quelque peu indéterminée par rapport à l'adjectif visé par le «mot».

[7] Pour une discussion des deux modèles discutés ici (celui de Saussure et celui d'Ogden et Richards), et pour une analyse des nuances terminologiques des modèles de Lyons, Ullman et Heger, parmi d'autres, voir Schogt (27-36).

La linguistique intentionnelle d'Ingarden

La philosophie d'Ingarden fournit un modèle linguistique à la fois nuancée et souple; elle représente une orientation vers l'analyse littéraire, à développer et à approfondir, soit, mais une orientation dont le chercheur ne peut se passer. Le travail d'Ingarden dans ce domaine vise surtout le signifié mais toujours dans la perspective de la phénoménologie. Pour cette raison nous nommons cette approche celle de la «sémantique intentionnelle». Cette formule met en lumière l'analyse du sens d'un mot quelconque (d'où le terme «sémantique»), et en même temps fait référence au rôle de la conscience constitutive dans la «création» du sens (d'où le terme «intentionnel»).

Des cinq fonctions de la signification délimitées par Ingarden, nous dérivons le schéma suivant :

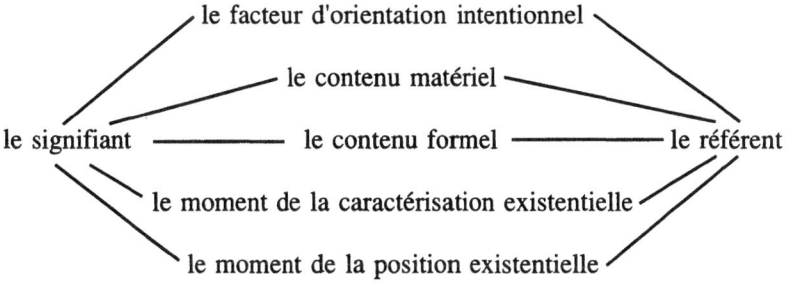

Le « signifié » se laisse décrire selon les 5 fonctions signifiantes d'après Ingarden. Ces fonctions représentent ainsi l'analyse du signifié en ses différents moments qualificatifs. Au lieu d'orienter la recherche vers les formations du signifiant, comme c'était le cas du modèle de Saussure ; au lieu d'orienter la recherche vers l'étude du monde réel et vers la logique des propositions comme c'était le cas du modèle d'Ogden et Richards, le modèle ingardénien a l'avantage de souligner l'importance du signifié dans l'analyse littéraire. Pour sa part, le signifiant se comprend dans le contexte de l'œuvre étudiée parce que c'est seulement dans l'œuvre que la signification se concrétise. Cela ne veut pourtant pas dire qu'on fait abstraction du signifiant quand on fait l'analyse de l'œuvre littéraire. L'étude du signifiant appartient à la première couche de l'œuvre, celle des formations phoniques car, en effet, le texte écrit ne représente que le code graphique du vocable (le mot prononcé).

Or, le terme de référent dans notre schéma a un sens limité. Vu que nos préoccupations sont littéraires, nous envisageons le référent comme étant fictionnel. Aussi est-ce un objet de pensée, ou mieux, un contenu de pensée. Cette dernière expression signifie aussi la formation progressive, chez le lecteur, des objets et des états de choses désignés par le texte. Dans ce sens, on pourrait également dire la « teneur du corrélat intentionnel » (*das Gehalt*), le terme « corrélat » représentant la signification qui n'a qu'un rapport arbitraire avec le monde réel et existant. Ingarden n'utilise pas le mot « référent » maintenant à la mode et n'accepte pas le terme « état de chose » dans ce sens parce que, d'après lui l'expression « état de chose » peut désigner le monde existant, et que certaines phrases, par exemple la phrase interrogative, n'ont pas de référent réel, bien qu'elles possèdent une teneur de sens ou un contenu : « Entre l'état-de-chose et la phrase correspondante, il n'y a aucune relation interne, aucun rapport essentiel, aucun *lien ontologique*. C'est la seule raison pour laquelle il peut y avoir des phrases, et même des assertions, auxquelles ne "correspond" aucun état-de-chose objectif » (*L'œuvre d'art littéraire*, 119-120).

A notre sens, pourtant, la notion de référent, un contenu de pensée, est opératoire et dans la fiction et dans le discours scientifique, où le terme de scientifique décrit un texte qui a pour sujet la réalité, ou la vérité, c'est-à-dire un texte qui traite du monde réel et existant. La formation d'une phrase, que ce soit une phrase qui présente un objet fictionnel ou un objet réel, implique l'intentionnalité du locuteur. Ainsi implique-t-elle également un référent qui est un contenu de pensée. La vérification de ce qui est affirmé par la phrase est un problème autre qui ne concerne pas la production de la phrase elle-même. D'ailleurs, la vérification de la justesse ou de la fausseté d'une proposition exige une définition du vrai. En quelle mesure l'œuvre littéraire et fictionnelle est-elle «vraie» par rapport à une œuvre scientifique ou historique? Evidemment le problème de la vérification d'une affirmation, pour intéressant qu'il soit, ne peut nous préoccuper ici. Il suffit, à notre sens, de faire remarquer que ce problème, actuellemet très débattu, est un problème philosophique qui a pour source non pas la signification elle-même, mais la définition du vrai[1].

Comment peut-on se représenter nos trois exemples à la lumière de ce schéma? Le mot «beau» signifie un concept qui pour cette raison représente un contenu de pensée, un objet de pensée, ou un référent. Le contenu matériel est limité : il se constitue de variables plutôt que de constants. C'est dire que le contenu matériel est abstrait. Le contenu formel est évidemment un contenu qui plaît de façon esthétique et le facteur d'orientation intentionnel vise un concept qui reste indéterminé. Faute de référent concret (un contexte), la signification reste quelque peu rudimentaire mais ce schéma permet d'éviter des redondances. Il est vrai que les fonctions signifiantes recouvrent en partie le concept même de beau, mais cela est moins une redondance qu'une analyse des différents «moments» du référent. De plus, ce modèle souligne l'aspect communicatif du langage : l'analyse du signifié se «concrétisant» seulement dans un contexte précis. Le contexte et alors le dialogue sont donc implicites.

Les deux exemples, le crayon et le joli crayon, montrent encore mieux que l'exemple précédent l'efficacité de ce schéma signifiant. Evidemment ces deux expressions ont deux référents différents, mais elles manifestent essentiellement les mêmes fonctions signifiantes, seul le contenu formel différant. Le facteur d'orientation intentionnel vise un objet déterminé par les propriétés de cet objet, mais dont la plupart restent variables. Le contenu matériel est celui d'un instrument qui sert à écrire. Il ne s'agit pas, alors, de deux concepts différents, mais d'un seul concept dont le contenu formel est visé de deux façons différentes[2].

Le modèle «fonctionnel»[3] d'Ingarden permet d'éviter les redondances possibles du modèle triangulaire d'Ogden et Richards, et le repartage de la notion de signifié en cinq fonctions différentes rend ce modèle plus efficace en ce qui concerne l'explicitation des contextes d'ordre conceptuel et figuré que l'on trouve dans des œuvres littéraires. Le modèle saussurien a pour avantage une démarcation entre la forme et le contenu, ce qui a permis à Saussure une analyse plus détaillée et plus systématique de la forme (du signifiant) de la langue, mais dans le domaine de l'analyse littéraire l'analyse formelle seule ne convient pas. L'œuvre littéraire, y compris les œuvres post-modernes qui ont été au moins en partie influencées par la linguistique saussurienne sous ses diverses formes et par la sémiotique qui de façon générale en est sortie (au moins dans le contexte français), n'est pas une simple suite arbitraire de mots, de morphèmes, de phonèmes, ou de lexèmes : il s'y dégage aussi un sens ou un référent qui, chez le lecteur, sert à ordonner l'enchaînement des mots déjà lus ou encore à lire.

Jusque-là nous avons parlé des relations signifiantes au niveau soit du substantif, soit du verbe fini. Pour faire l'analyse d'un texte littéraire il faut pourtant un modèle qui tient explicitement compte des combinaisons de substantifs et de verbes dans des contextes phrastiques. Or, la signification nominale représente des relations signifiantes selon lesquelles le sujet de phrase (le substantif) désigne un objet quelconque (présent, absent ; réel, possible, etc.), tandis que le verbe a besoin d'un agent dont il décrit l'activité. L'agent visé par le verbe devient pour cette raison le sujet grammatical d'une phrase simple. Pour sa part le sujet grammatical de la phrase exige un complément, ce qui est impliqué — pour ainsi dire de façon apriorique — par la notion de phrase, tandis que le complément développe ou détermine le sujet.

La prédication ainsi décrite est opératoire sur deux plans différents. D'un côté elle fait représenter des objets référentiels (réels ou fictionnels), ou disons plutôt que grâce aux relations signifiantes elle fait susciter un référent chez le lecteur. De l'autre côté elle désigne ces mêmes relations signifiantes, c'est-à-dire que le verbe fini indique son sujet, que le sujet appelle son complément. Un mouvement dialectique s'établit entre les parties de la phrase, mouvement dont seul le facteur d'orientation intentionnel peut rendre compte puisque c'est un mouvement qui coïncide avec celui de la lecture. Il permet l'établissement d'un référent parce qu'il oriente le lecteur vers une forme et un matériel linguistiques particuliers.

La phrase selon Ingarden est une structure dynamique, vivante : termes qui donnent une image de la complexité de la phrase. Il s'agit en effet d'un contenu et d'une forme reliés par l'intentionalité du lecteur. Rappelons, pourtant, qu'à l'origine l'intentionalité (dans le sens phénoménologique du mot) a donné lieu à une œuvre littéraire. L'auteur a formulé des phrases et alors un référent qui fixent pour ainsi dire l'objet intentionnel. D'après la terminologie d'Ingarden, l'œuvre elle-même est pourtant « dérivée ». C'est-à-dire qu'au niveau de la phrase il existe toujours une intention, mais celle-ci n'est intention que pour le lecteur. Il s'agit d'une intentionalité virtuelle qui se réalise lors de la lecture parce qu'elle fait partie du système linguistique communicatif, ou du moins en est-elle inséparable. Dans la perspective du lecteur, l'intentionalité de la phrase est empruntée au lecteur, mais comme elle appartient à tout acte de lecture nous disons qu'il s'agit d'une intentionalité linguistique, tout en sachant que celle-ci est l'intentionalité du lecteur et non pas celle des taches d'encre sur la page (laquelle n'existe pas en effet). Le modèle d'analyse que nous proposons n'est donc pas un modèle statique, comme celui d'Ogden et Richards. Il souligne plutôt l'importance de la phrase, une composition linguistique qui possède un sens à la fois unifié et ouvert, et qui est à préciser dans la perspective d'un lecteur.

L'œuvre littéraire est composée de plusieurs phrases qui s'ajoutent les unes aux autres au cours de la lecture, chaque phrase correspondant à un état de choses purement intentionnel. D'après des signes linguistiques dont je sais m'approprier le sens, je comprends une phrase, par exemple «la table est rouge», sans que l'on ait besoin de me montrer la table dont il s'agit. Je peux même me constituer à la conscience l'image d'une table qui correspond à la phrase ou qui «remplit» la phrase donnée selon les détails que celle-ci rend disponibles. Selon Ingarden «*chaque phrase —* fût-elle un contresens ou équivoque — a un corrélat propre purement intentionnel» (*L'œuvre d'art littéraire*, 131), corrélat qui finalement rend la communication possible.

Le terme «corrélat purement intentionnel» désigne cet aspect de la phrase que l'on pourrait également nommer son référent intentionnel. L'objet purement intentionnnel visé par la phrase «transcende» l'acte par lequel il est «créé» ou «suscité», mais en même temps il dépend de cet acte; ainsi il ne constitue qu'un corrélat intentionnel de la phrase (112). Chez Ingarden cette notion est plus générale que celle d'état de choses car l'état de choses n'est qu'un cas particulier de l'intentionalité, à savoir, un état de choses réellement existant. Le corrélat intentionnel de phrase n'implique aucune thèse d'existence et peut donc désigner ou un corrélat fictionnel, ou un corrélat qui correspond à un état de choses réel et existant (note 100, p. 119).

Ingarden parle aussi d'une teneur du corrélat de phrase. A la teneur (contenu) d'un objet intentionnel appartiennent les contenus matériel et formel aussi bien qu'un trait ontologique (112). La teneur du corrélat de phrase permet donc de distinguer la proposition assertorique de la proposition hypothétique, conditionnelle ou interrogative, etc. Ingarden en donne un exemple révélateur : «[...] la teneur du corrélat de la phrase : "Freiburg est situé dans le pays de Bade" a pour caractéristique un mode d'être que nous appelons réalité, alors que *ce* caractère fait totalement défaut dans la teneur du corrélat de la phrase : "les diagonales du quadrilatère orthogonal se coupent à angle droit", et qu'il s'y trouve remplacé, si l'on peut dire, par celui de l'être idéal» (121-122). Ainsi chaque phrase ou chaque énoncé possède une forme linguistique (sujet-prédicat), un corrélat purement intentionnel (un référent intentionnel), et une teneur du corrélat de phrase (un contenu et notamment une caractéristique ontologique qui est celle du référent) qui fait savoir l'intention du locuteur. Sur le plan de la teneur du corrélat-de-phrase Ingarden distingue également entre «matière, structure formelle et caractère existentiel» (122). Ces distinctions, aussi bien que celle entre corrélat et teneur, sont pourtant d'ordre ontologique. Elles ont pour but la délimitation des catégories existentielles (réelle, fictionnelle, hypothétique, conditionnelle, etc.) qui correspondent aux fonctions signifiantes.

Chaque phrase est formée, d'ailleurs, selon les désirs du locuteur et selon le but que celui-ci veut atteindre. Le locuteur peut, par exemple, poser une question, en quel cas la teneur du corrélat de phrase est interrogative et la phrase prend la forme d'une question. Si le locuteur affirme la présence ou l'existence d'un objet particulier, le corrélat purement intentionnel de sa phrase correspond à l'objet particulier (fait évoquer l'objet) et la teneur du corrélat correspond à la forme d'une affirmation, c'est-à-dire à la forme d'un jugement.

La terminologie dont Ingarden se sert est difficile et pour cette même raison problématique. Les termes «corrélat purement intentionnel» et «teneur du corrélat» ne reprennent finalement que la distinction entre contenu et caractère ontologique dans son schéma proprement ontologique, où toute distinction possible, que ce soit entre contenu intentionnel et caractère ontologique, ou entre fictionnel et réel, etc., soit nommée afin que l'on puisse plus aisément en isoler les parties constitutives, en ce cas-ci, celles du discours. Ces termes, d'abord redoutables, ont pourtant le mérite d'être plus précis que les termes simples de forme et de contenu, termes dont le sens est souvent proche de celui désigné par le terme «corrélat de phrase», surtout lorsqu'il s'agit de la distinction entre une forme linguistique et un référent, ou entre un référent et une visée intentionnelle. Mais finalement ce sont des distinctions ontologiques, nous l'avons vu, qui ne contribuent guère à l'analyse d'une œuvre littéraire particulière.

Il est possible de mieux élucider le fonctionnement de la phrase dans la philosophie d'Ingarden à l'aide de l'exemple dont Ingarden se sert lui-même. Lorsque j'entends ou lorsque je lis la phrase, «cette rose est rouge»[4], je comprends le sens de cette phrase sans pourtant me trouver en la présence de la rose dont il est question. L'image que cette phrase fait susciter, bien qu'elle soit formulée dans la conscience au moyen de l'imagination, n'est pas entièrement subjective parce que sa motivation (l'énoncé linguistique) est à l'extérieur de la conscience. L'image est suscitée par un acte de compréhension qui vise la phrase et qui est ainsi limité par cette même phrase. L'expression nominale, «cette rose», rend possibles ou potentielles toutes les propriétés d'une rose quelconque parce que la rose n'est pas déterminée en quoi que ce soit (sauf dans le sens que c'est une rose et non pas, par exemple, une pétunia), de sorte que la rose est ouverte à toute possibilité connue ou inconnue quant aux propriétés de la rose. Elle peut être jaune, blanche, grosse, belle, morte, etc. L'exemple que nous avons choisi détermine la couleur de la rose, mais l'adjectif «rouge» n'épuise pas toutes les propriétés nécessaires à la constitution d'une véritable fleur. Le prédicat ne détermine même pas le degré ni l'intensité de la couleur, tous deux des traits variables de l'objet nommé (lesquels restent toujours un peu vague dans un contexte linguistique où l'objet réel fait défaut). Selon sa fonction linguistique la phrase suscite une image, disons une image réelle en vertu de son existence dans la conscience du lecteur, mais cette image n'est pas nécessairement celle d'un objet réel et existant. La phrase fait donc valoir un contenu matériel et un contenu formel, c'est-à-dire un corrélat purement intentionnel, et le facteur d'orientation dirige la visée du lecteur vers ce corrélat.

La phrase, «cette rose est rouge», est d'ailleurs une phrase formulée en jugement. La propriété d'être rouge appartient à l'objet décrit et l'objet donné trouve son développement dans le prédicat que la phrase lui attribue. Nous avons à la conscience la représentation d'une rose réelle (ou le souvenir d'une représentation), réunie en une unité à laquelle on peut faire allusion à l'aide des formes linguistiques. Mais ces formes linguistiques ne remplacent pas cette représentation ni ne la dénotent exactement; plutôt, elles l'évoquent comme par analogie. C'est-à-dire que la rose rouge[5] que nous voyons est une rose rouge d'une certaine espèce, peut-être grimpante, sauvage, ou trémière; c'est aussi une fleur, une plante composée de certains éléments, de feuilles, de pétales, de racines. La couleur seule est exprimée ici grâce au prédicat qui met en contraste une fleur et une couleur. La détermination de la couleur n'est possible, d'ailleurs, que parce que la rose contient cette couleur ou a comme propriété d'être rouge (*L'œuvre d'art littéraire*, 125).

La signification de la phrase simple est donc diverse. D'un côté il y a un substantif, un objet absent dont nous avons pourtant l'image à la conscience, et du point de vue du lecteur cette image n'est pas liée à un objet réel, mais au mot qui l'a suscitée et aux possibilités réelles que ce mot évoque. De l'autre côté il y a une phrase formulée selon certaines règles grammaticales et selon une intentionalité linguistique apriorique qui a pour conséquence que le sujet appelle son prédicat et que le prédicat développe son sujet. Grâce à cette double intentionalité, il faut considérer la phrase dans la perspective non pas de celui ou de celle qui écrit mais dans la perspective du lecteur. C'est au moment de la lecture que le prédicat détermine toutes les propriétés de son sujet, et que le sujet désigne son (ses) prédicat(s).

Nous pourrions continuer ainsi et faire développer la phrase qui nous sert d'exemple en en faisant une phrase complexe, mais l'essentiel a déjà été formulé : la phrase a pour fonction de susciter un corrélat, c'est-à-dire un référent intentionnel (dans le sens le plus large du terme) qui reste en partie coordonné à la phrase elle-même. Dans cette perspective le référent n'est pas tout à fait arbitraire, et ne se formule pas par la simple adjonction des parties de la phrase à son terme sujet. C'est plutôt le sujet de la phrase qui se déploie dans ses déterminations diverses, ce que nous nommons la «floraison» du corrélat de la phrase. Ingarden exprime cette notion de la façon suivante :

> On remarquera d'abord que cet objet [la rose], pris comme élément de l'état-de-chose, *s'ouvre* à nous d'une étrange façon, alors même qu'il reste un tout délimité. Il apparaît d'emblée comme quelque chose d'accessible "de l'intérieur", {comme quelque chose} de dégagé-engageant (*Aufgeschlossenes*). Et en amenant l'état-de-chose donné à se déployer, nous ne faisons que nous "engager", à la faveur de ce "dégagé", à nous introduire en lui (124).

Ainsi se fait connaître la liberté de la création littéraire chez Ingarden. Comme il s'avère impossible de décrire un objet *in toto*, toute description doit nommer ou reprendre des aspects particuliers du référent. C'est l'auteur qui choisit finalement quels éléments seront présentés. L'objet décrit, pour sa part, s'impose à nous, mais la façon dont on le voit, ainsi que les propriétés qu'il révèle, dépendent toujours d'une synthèse ou d'un *Gestalt* sur le plan de la conscience. Dans une perception particulière, certains aspects peuvent attirer l'attention de tel spectateur, mais ne produire aucun effet sur un autre. Les variations de forme et de couleur, par exemple, sont nombreuses et n'ont pas un même effet sur tout spectateur. Les jugements portés sur les représentations dépendent, d'ailleurs, de l'intelligence et de l'effort mis pour comprendre.

Le corrélat ambigu ou difficile a lui aussi sa place dans le système d'Ingarden. Tant qu'il y aura des œuvres littéraires, des mots écrits sur la page, il y aura des ambiguïtés et des sens équivoques. Ingarden :

> «l'existence de tels corrélats de phrase [ambigus] purement intentionnels "chatoyants" est d'une importance particulière pour la saisie de l'importance de l'œuvre littéraire.

Remarquons pour l'instant qu'il existe un certain type d'œuvres littéraires dont le caractère spécifique et le charme particulier résident dans leurs équivoques. Ils tirent leurs effets esthétiques du plaisir que l'on prend à ces "chatoiements" d'opales, et ils *perdraient* de leur charme particulier si on cherchait à les "améliorer" en corrigeant les équivoques (ce qui arrive souvent dans les mauvaises traductions)» (*L'œuvre d'art littéraire*, 131).

Une telle conception de l'œuvre littéraire n'est pas étrangère à Paul Valéry, entre autres :

Peut-être serait-il intéressant de faire une fois une œuvre qui montrerait à chacun de ses nœuds la diversité qui s'y peut présenter à l'esprit, et parmi laquelle il choisit la suite unique qui sera donnée dans le texte. Ce serait là substituer à l'illusion d'une détermination unique et imitatrice du réel, celle du possible-à-chaque-instant, qui me semble plus véritable (*Œuvres*, 1467)[6].

Vient ensuite la manière dont les phrases se combinent entre elles, c'est-à-dire au moyen de la fonction grammaticale, grâce à l'intention linguistique, ou en raison de la position de la phrase dans une série de phrases contiguës. A prendre séparément les deux phrases suivantes, nous constatons qu'il n y a pas de rapport entre leurs états de choses respectifs :

Cette rose est rouge.
Elle est belle et elle est dans mon jardin.

Le facteur d'orientation intentionnel du pronom «elle» est en fait bloqué dans la deuxième phrase tout simplement parce que le pronom n'a pas d'antécédent. Si par contre nous mettons les deux phrases ensemble (que nous représentons par une juxtaposition sur la page), il est facile de voir que le pronom «elle» reprend le substantif de la phrase précédente, «cette rose» :

Cette rose est rouge. Elle est belle et elle est dans mon jardin.

De cette façon la signification du pronom «elle» se complète : son facteur d'orientation intentionnel coïncidant avec celui de son antécédent. Et cette deuxième phrase développe son sujet de sorte que «cette rose» devient pour le lecteur de plus en plus précisée : elle est maintenant «rouge», «belle», est «dans mon jardin», tous des jugements qualificatifs qui nous révèlent les propriétés de la rose. D'un côté ces propriétés appartiennent à la rose et de l'autre côté elles la déterminent car ce sont ses propriétés à elle[7]. Si nous prenons ces deux phrases dans l'ordre inverse, cependant, le rapport entre les phrases s'évapore et la signification est de nouveau incomplète, faute d'antécédent :

Elle est belle et elle est dans mon jardin. Cette rose est rouge.

Il est possible que le pronom «elle» réfère ici à une amie ou à la fille de l'auteur plutôt qu'à la rose de la deuxième phrase. Et par là il se peut également que «la rose» soit un terme métaphorique utilisé pour décrire l'attitude du locuteur envers une certaine personne.

Or, le rapport entre phrases peut aussi se faire de loin en reprenant, par exemple, le nom d'un personnage, nom qui fait appel à toute information que le lecteur a déjà eue sur ce personnage. Ou bien, il se peut que le sens des phrases soit créé par une simple juxtaposition plutôt que par un lien grammatical quelconque, comme dans l'exemple suivant pris au hasard dans *L'Amant* de Marguerite Duras :

«Quand il meurt c'est un jour morne. Je crois, de printemps, d'avril. On me téléphone. Rien, on ne dit rien d'autre, il a été trouvé mort, par terre, dans sa chambre» (Duras M., 1984, *L'Amant*, Paris, Editions de minuit, 99).

L'idée de la mort relie la dernière phrase à la première mais entre ces deux phrases-là nous avons deux phrases qui n'ont aucune relation grammaticale à reprendre : ce sont deux phrases indépendantes dont le sens dérive de la proximité et de l'ordre des autres phrases. Il y a bien sûr un rapport de sens, la saison suggérée est relative à la mort, le coup de téléphone qui annonce la mort se comprend en partie du moins par le contexte culturel qui veut qu'on appelle la famille ou les amis pour annoncer la mort d'un de leurs proches ; mais une telle coutume ne relève pas de la fonction grammaticale. Du point de vue linguistique la juxtaposition des phrases dans cet exemple est arbitraire même si le lecteur y comprend facilement le rapport.

Nous n'avons pourtant pas l'intention de parcourir toute la littérature française à la recherche de combinaisons de phrases créatrices de sens. Il suffit de faire remarquer qu'il existe différentes manières de relier des phrases, par exemple, un pronom qui reprend un substantif mentionné ailleurs dans le texte, ou bien la répétition d'un mot ou d'une référence particulière. La juxtaposition de phrases est, elle aussi, génératrice de sens dans l'esprit du lecteur qui s'évertue à comprendre la liaison des phrases au moyen de l'entendement, grâce à une image, une allusion, une association, ou un symbole, etc. Un passage peut même impliquer des coutumes sociales qui sous-tendent les corrélats de phrases, ainsi rendant la compréhension possible dans des cas où la fonction grammaticale et la ponctuation n'y sont guère suffisantes. Nous abordons ainsi ce qui constitue l'essentiel d'une théorie du discours. Dans la perspective linguistico-référentielle il existe, disons, certains paradigmes ou certaines combinaisons de phrases créateurs de sens. Il faudrait découvrir ces paradigmes ou ces configurations dans le contexte du développement du référent. Cette approche met alors en lumière les rapports entre l'expression linguistique et son référent, mais la forme linguistique, étant diverse, renseigne aussi sur la subjectivité. L'analyse des fonctions signifiantes selon Ingarden a pour conséquence de rendre plus précise l'analyse de la subjectivité en linguistique, ce qu'on peut aussi nommer le «rythme» du sujet[8].

NOTES

[1] Il est d'ailleurs à noter qu'Ingarden a publié un article précisément sur cette question (Ingarden R., 1949, «Des différentes Conceptions de la vérité dans l'œuvre d'art»), où il distingue 8 définitions différentes du mot «vérité» dans le contexte littéraire.
[2] Il se peut que le caractère joli d'un objet ne soit qu'une appréciation idiosyncratique et qu'il dépende donc du facteur d'orientation intentionnel. Cet élément de la signification reprend la question de l'esthétique (i.e. la beauté vient-elle de l'objet, du spectateur ou de l'union des deux? etc.), mais comme le schéma ne permet pas d'y trancher, nous laissons cette question sans réponse. Nous rappelons, cependant, que la perspective esthétique dépend en grande partie, selon Ingarden, de l'attitude du spectateur, l'expérience esthétique représentant une espèce de mise en relief de l'objet d'art par rapport au monde quotidien.
[3] Ce terme correspond à la philosophie d'Ingarden vu l'importance que celui-ci attribue aux fonctions signifiantes. Nous ne voulons pas indiquer par là un rapport quelconque avec la linguistique fonctionnelle de Martinet, ni avec aucun autre groupe.
[4] Nous utilisons cette phrase dans le sens d'une phrase trouvée dans une œuvre littéraire, donc une phrase écrite. Pour cette raison l'emploi du démonstratif ne nous limite pas à la présence physique de la rose.
[5] Selon Ingarden l'expression, «une rose rouge» ne présente pas la même structure linguistique que l'expression, «cette rose est rouge». Celle-ci est un jugement d'après les sens, celle-là une objectivation nominale.
[6] Cité par Gérard Genette, 1969, *Figures II*, Paris, Editions du Seuil, 93.
[7] On pourrait supposer que «dans mon jardin» n'est pas une propriété de la rose, mais nous comprenons ici le terme «propriété» comme voulant dire «relatif à l'objet en question», qu'elle soit nécessaire ou seulement contingente. «Etre dans mon jardin» correspond à l'état de choses relatif à la rose présentée par l'énoncé linguistique.
[8] *Cf.* notre article, 1996, «Le Sujet de l'énonciation : pragmatique et intentionalité», *Recherches Sémiotiques/Semiotic Inquiry*, 16, 205-220.

La couche des objets figurés
(*die Schicht der dargestellten Gegenständlichkeiten*)

Dans l'œuvre littéraire les unités de signification ont pour fonction de présenter le référent, ce qui nous amène aux troisième et quatrième couches dans le système ingardénien, respectivement celle des « objets figurés » et celle des « aspects schématisés ». La couche des objets figurés correspond, ou peu s'en faut, à ce qu'on appelle le référent littéraire ou le sens qui se dégage des deux premières couches linguistiques du texte. Les personnages, les objets représentés, les descriptions, etc., font partie de cette couche, tandis que les équivoques qui résultent, par exemple, de la polysémie de certains termes ou des ambiguïtés du texte, relèvent de la couche des aspects schématisés.

Les strates sont, d'ailleurs, interdépendantes. C'est grâce à la phrase et à son corrélat intentionnel qu'on peut dire que la strate phonétique existe proprement (c'est dire que son système de vocables n'est système que grâce aux intentions que le texte veut nous transmettre — c'est l'organisation du texte qui détermine en quelque sorte l'organisation de la strate phonique). En revanche, la strate des objets figurés dépend de celle des unités de signification où les objets figurés trouvent leur formation et leur détermination aussi bien que leur caractère schématique. Qui plus est, les qualités qui ont une valeur esthétique susceptible d'affecter l'harmonie finale de l'œuvre, ont leur fondation dans une ou plusieurs des quatre strates. Il ne faut toutefois pas oublier que malgré leur interdépendance les quatre strates ont un certain degré d'autonomie : on ne peut en supprimer aucune, selon Ingarden, et continuer en même temps à respecter l'ontologie de l'œuvre littéraire.

Or, « la strate des objets figurés » correspond à ce qu'on appelle de nos jours le « référent » de l'œuvre fictionnelle. Bien que le terme « référent » désigne normalement, ou du moins en linguistique, l'entité réelle et existante dénotée ou signifiée par l'expression linguistique formelle (le signifiant), nous utilisons ce terme dans le contexte littéraire puisque finalement la réalité ou le caractère fictionnel du référent nous importe peu. Une œuvre, qu'elle soit scientifique, historique ou littéraire, se fonde dans les deux strates linguistiques (phonétique et des unités de signification) et fait se déployer des objets figurés. Selon Ingarden le texte scientifique veut éviter la présence des aspects schématisés dans l'œuvre parce que les aspects schématisés ont surtout une fonction esthétique, c'est-à-dire ni dénotative ni explicative. Il nous semble, au contraire, que tout texte manifeste des aspects schématisés. Le choix d'un mot particulier pourrait plaire au lecteur sans pour autant mettre en question la valeur scientifique du passage. Il suffit de mentionner à ce sujet le plaisir que certains lecteurs prennent à lire, par exemple, une œuvre du linguiste Georges Mounin, les dialogues de Platon, certains passages de Mme de Staël, ou un roman de François Mauriac. Les textes scientifiques ne peuvent, à notre sens, éviter la strate des aspects schématisés.

La façon dont Ingarden distingue l'œuvre littéraire de l'œuvre scientifique jette, d'ailleurs, de la lumière sur sa conception de la strate des objets figurés, et c'est justement cette distinction que nous mettons en question. C'est dire que le développement qu'Ingarden accorde à la notion d'objets figurés est surtout de caractère ontologique. L'œuvre littéraire présente ou fait représenter un monde figuré qui ressemble sous plusieurs aspects au monde réel et existant mais, étant donné que l'œuvre littéraire est fictionnelle elle existe, selon Ingarden, sous un mode autre que le mode du réel et de l'existant. Finalement, le monde représenté de l'œuvre littéraire n'est qu'une quasi-réalité, d'après lui, ce qui veut dire qu'elle est caractérisée, en nous servant d'un mot de Roland Barthes, par un « effet de réel »[1]. Les phrases de l'œuvre présentent des objets et des personnages. Grâce à la forme linguistique que nous avons déjà explicitée, le sujet de la phrase existe, pour ainsi dire, une fois posée comme sujet de phrase. Le prédicat développe son sujet, que celui-ci se trouve dans une œuvre littéraire ou scientifique. Ainsi les strates linguistiques d'un texte quelconque ont une même forme idéale, celle du jugement, et une même fonction, celle de présenter un référent. Pourtant, à l'œuvre fictionnelle ne correspond, dans la plupart des cas, aucune réalité extra-littéraire qui serait l'objet visé par le texte. C'est dire que l'œuvre littéraire est ontologiquement close : les objets figurés que l'œuvre présente lui sont particuliers et lui appartiennent entièrement, à l'encontre de l'œuvre scientifique qui vise une réalité en dehors de ses propres créations.

Parce que les objets figurés de l'œuvre ont ce caractère fictionnel, Ingarden appelle les phrases ou les assertions d'une œuvre littéraire des quasi-jugements, ainsi transposant la distinction ontologique entre fiction et réalité sur le plan de l'œuvre entière en quasi-jugement et jugement à l'intérieur de l'œuvre. Nous avons montré ailleurs[2] que cette distinction est valable dans la mesure où elle sert à désigner la fiction par rapport à la réalité, bien qu'au fond elle soit circulaire : le terme de quasi-jugement désigne la fiction parce que la fiction est fiction. D'une façon ou d'une autre le lecteur sait que l'œuvre qu'il lit est fictionnelle et, pour cette raison, il a lieu dans sa conscience une transformation. Les jugements apparents du texte deviennent des quasi-jugements, ce qui enlève à la littérature toute prétention à la réalité.

On pourrait riposter que souvent le lecteur ne sait pas si le texte qu'il lit est fictionnel ou scientifique, mais cette position appuie notre argument. La distinction entre fictionnel et scientifique n'est pas à trouver à l'intérieur de l'œuvre sous forme de trait ontologique, c'est-à-dire sous forme d'un quasi-jugement doué d'une puissance quasi-mystique et en effet capable d'informer le lecteur sur le statut ontologique du référent. Une telle conception de la langue établirait la quasi identité de la forme linguistique et de son référent, ce qui va à l'encontre de toute théorie linguistique contemporaine, et contredit même le principe de l'arbitraire du langage qu'Ingarden ne cesse de mettre en valeur. Plutôt, le caractère ontologique du référent dépend, en ce qui concerne les différents genres littéraires, des traditions littéraires et scientifiques d'une communauté linguistique, des intentions de l'auteur, etc.

Selon G.G. Colomb la distinction ingardénienne entre jugement et quasi-jugement est essentielle à toute la philosophie d'Ingarden car elle lui permet d'éviter l'uniformité de la notion de concrétisation. Sans cette distinction la notion de concrétisation serait une «théorie du langage» et s'appliquerait à tout texte écrit, peu importe la visée fictionnelle ou scientifique du texte (Colomb, 7). A notre sens, pourtant, Colomb a mal compris cette notion. La concrétisation d'une œuvre littéraire est, disons, l'acte par lequel le lecteur se forme une «image» de ce qu'il lit. Par exemple, un personnage littéraire est entier et complet même si le texte que nous lisons ne nous le dit pas explicitement. Hamlet est un personnage fictionnel tandis que le Robespierre de Michelet est un être réel mais, dans le texte écrit ce sont deux «personnages» que le lecteur concrétise lorsqu'il entreprend de lire la pièce de *Hamlet* ou *L'Histoire de la Révolution Française*; et si on ne lisait que l'*Histoire* de Michelet, ou si c'était la seule œuvre à nous parler de Robespierre, Robespierre serait, tout comme Hamlet, limité par l'œuvre où il se trouve. La différence entre ces deux personnages est qu'il existe d'autres récits et documents où figure le personnage de Robespierre, tandis que le personnage de Hamlet n'existe, du moins pour le moment, que dans la pièce du même nom.

Le même phénomène de « remplissage » accompagne la lecture d'une œuvre scientifique. Certaines notions sont remplies par le lecteur afin de permettre la compréhension du texte. Le langage n'est après tout qu'un médium symbolique possédant une capacité référentielle, que le référent soit fictionnel ou réel. La distinction de l'œuvre scientifique de l'œuvre littéraire implique peut-être une attitude différente chez le lecteur, mais non pas une façon autre de lire et de comprendre les mots transcrits sur la page. Ingarden parle de la concrétisation de l'œuvre littéraire, et de la cognition de l'œuvre scientifique, mais à notre sens ces termes sont synonymes, bien qu'on puisse parler des différentes formes de compréhension, scientifique et linéaire en opposition avec intuitive et imaginative, etc. Le terme « compréhension » a un sens plus général que les deux précédents et implique le résultat de la lecture, tandis que « cognition » et « concrétisation » désignent plutôt un processus et une attitude particulière chez le lecteur. Mais ces notions sont essentiellement la même. A la lecture du quasi-jugement correspond la concrétisation, selon Ingarden, et à la lecture du jugement correspond la cognition. Il s'agit pourtant d'un même phénomène, la lecture. Le statut existentiel du référent n'a pas pour conséquence que l'on lit l'œuvre littéraire et l'œuvre scientifique de deux façons ontologiquement distinctes. Ainsi nous prenons la notion de concrétisation pour une « théorie du langage ». L'œuvre scientifique, tout comme l'œuvre littéraire, doit se faire concrétiser afin de devenir connaissance.

Etendue à la compréhension du texte, sans tenir compte du genre, la notion de concrétisation reste valable. Dans le contexte littéraire l'importance de cette notion est bien établie : différentes interprétations d'une même œuvre sont possibles grâce aux diverses concrétisations faites par différents lecteurs. Dans le contexte de l'œuvre scientifique (c'est-à-dire un texte qui vise la réalité du monde, que cette réalité soit physique, mathématique, historique ou anthropologique, etc.), différentes concrétisations sont également possibles selon la perspective du lecteur. Cette notion permet même de tenir compte des erreurs possibles de compréhension. Lorsqu'on dit, par exemple, que le lecteur peut « mal concrétiser» le texte qu'il lit, c'est supposer qu'il puisse advenir des erreurs de compréhension.

Toujours est-il que la notion de concrétisation implique la notion d'objet intentionnel. En effet, la concrétisation ou la compréhension d'un texte, écrit ou oral, implique l'intentionalité du lecteur qui vise les phrases de l'œuvre et qui par là vise aussi les corrélats de phrase dans un effort pour s'approprier leur contenu. Comme la concrétisation ne correspond jamais à l'œuvre, il paraît légitime de poser, ce que fait Ingarden, l'existence d'un objet intentionnel et médiateur entre l'œuvre littéraire et la conscience du lecteur. Plusieurs chercheurs, dont G. Gabriel, récusent, pourtant, la notion d'objet intentionnel, disant qu'il est plus vraisemblable de parler d'un sujet qui ne vise aucune réalité, qui n'a l'intention d'exprimer que des «pensées figuratives» (*uneigentliche Gendanken*) (*Fiktion und Wahrheit*, 54). Une telle critique formulée à l'égard de la philosophie d'Ingarden met en question sa perspective phénoménologique et suscite de nouveau le problème de la séparation de l'œuvre de ses concrétisations. Quelle est d'ailleurs la différence entre un «objet intentionnel» et des «pensées figuratives»? Celle-là est une question à laquelle on ne peut répondre ici. Cependant, le terme d'objet (ou de contenu) intentionnel semble plus concret, plus pratique, que le terme de pensées figuratives, lequel, par contre, semble plutôt vague et dépourvu de sérieux. Il faut distinguer l'objet intentionnel de l'auteur de celui du lecteur, mais le terme «pensées figuratives» ne semble correspondre ni à l'un ni à l'autre. Dire que la littérature n'a pour objet que des pensées figuratives, c'est rayer d'un seul trait une culture millénaire et une activité fascinante. Il nous semble plutôt que la notion d'objet intentionnel est la notion-clé de la philosophie phénoménologique d'Ingarden. Elle comprend la visée de la conscience qui, pour ainsi dire, rencontre l'objet, que celui-ci soit du monde réel, un objet idéal, un objet littéraire, ou bien un objet de pensée.

Le caractère ontologique de la philosophie esthétique d'Ingarden est on ne peut plus prononcé lorsqu'Ingarden traite de la couche des objets figurés. Vu que le référent de l'œuvre littéraire est fictionnel, mais caractérisé par un «effet de réel», Ingarden s'évertue à distinguer de façon ontologique (c'est-à-dire à l'aide de différents types d'espace), le monde fictionnel, qui pourtant semble réel, du vrai monde existant qui fait l'objet du discours scientifique. Il distingue, par exemple, l'espace figuré de l'espace réel, et ceux-ci de l'espace de représentation. On dirait que les notions de concrétisation et d'objet esthétique exigent une réorganisation des catégories de l'espace afin d'éviter le caractère binaire et simpliste de la distinction entre objets existants et la subjectivité. L'objet esthétique se glisse, pour ainsi dire, entre l'œuvre d'art et le spectateur/lecteur et, par analogie, l'espace figuré s'insère entre l'espace réel et l'espace de représentation. Comme on le verra, pourtant, les diverses catégories de l'espace dont parle Ingarden correspondent plus ou moins aux différentes perspectives du spectateur/lecteur par rapport au monde réel et existant, de sorte que sa catégorisation représente à la fin une analyse des différentes façons possibles de comprendre les relations spatiales suscitées par la mise en proximité des objets et du sujet. Les réflexions d'Ingarden à ce sujet ne sont pourtant pas dépourvues d'intérêt. Au contraire, son ontologie de l'espace sous-tend et par là éclaircit son esthétique.

NOTES

[1] R. Barthes, 1982, «L'Illusion référentielle», dans R. Barthes *et al.*, *Littérature et réalité*, Paris, Seuil, 91-118.
[2] Voir notre article (1991), «Le Jugement chez Ingarden et chez saint Thomas une perspective référentielle», *Texte*, 11, 265-281.

L'espace littéraire

Selon Ingarden l'espace réel est uni et complètement déterminé tandis que l'espace de l'œuvre d'art est un espace figuré et indéterminé. Il est évident que le tableau suspendu au mur d'une galérie fait partie de l'espace réel, une toile présentée dans un cadre, etc., mais il est également clair que le tableau présente (lorsqu'on parle de l'art figuratif), son propre espace à l'intérieur du cadre où des objets et des personnages sont figurés à l'aide des couleurs et des lignes[1]. Les relations entre personnages et objets figurés sont pourtant des relations nécessaires une fois l'œuvre terminée, et elles gouvernent la réception de l'œuvre et la constitution de l'objet esthétique chez le spectateur/lecteur. Etant donné que les diverses relations entre les objets et les personnages figurés sont simultanées (c'est-à-dire qu'elles font partie du tableau terminé), l'espace figuré se veut une représentation de l'espace réel, et est constitué de diverses relations, internes ou dans l'objet même — les parties à l'ensemble, les parties entre elles — et externes ou entre deux ou plusieurs objets différents.

Or, certains sont de l'avis que la peinture abstraite n'a pas sa place dans l'ontologie ingardénienne. Il faut pourtant insister que la philosophie esthétique d'Ingarden n'est pas une apologie des goûts de l'auteur, quels que soient ces derniers; plutôt, elle représente une tentative pour établir objectivement la structure ontologique des différents genres artistiques. Son objectif est la compréhension rigoureuse et juste de la notion d'œuvre d'art. La philosophie d'Ingarden est souvent spéculative, lorsqu'il parle de la formation de l'objet esthétique par exemple, mais selon sa notion d'espace, l'espace figuré fait intégralement partie de tout tableau. Certes, le tableau existe réellement et fait donc partie de l'espace réel, mais il présente une image qui « veut dire quelque chose », une image constituée de relations spatiales dès que la toile vierge est entamée. Et comme c'est le cas de la concrétisation de l'œuvre littéraire, l'espace figuré du tableau est un espace figuré grâce au spectateur pour qui l'œuvre est une véritable œuvre d'art. C'est-à-dire que l'attitude esthétique du spectateur et la concrétisation qui s'ensuit déterminent finalement le statut « esthétique » de l'œuvre.

L'espace réel (*der reale einzige Weltraum*) et l'espace figuré (*der dargestellte Raum*) à part, Ingarden parle aussi (*L'œuvre d'art littéraire*, 190-210) de l'espace de représentation, de l'espace d'orientation, de l'espace idéal, et de l'espace représenté. Brièvement, l'espace de représentation (*der Vorstellungsraum*) est un espace purement subjectif qui ne coïncide jamais avec l'espace réel; l'espace d'orientation (*der Orientierungsraum*) est l'espace du sujet dans son existence relative au monde réel; l'espace idéal (*der ideale Raum*) est un espace constitué en trois dimensions (l'espace de la géométrie), et l'espace représenté (*der Vorgestellte Raum*) est l'espace de l'objet intentionnel.

Notre intention ici n'est pas de justifier cette catégorisation des différents espaces (un tel propos serait d'ordre purement philosophique, ou plutôt ontologique). Nous avons pour dessein de commenter la philosophie esthétique d'Ingarden dans le contexte de l'œuvre littéraire, bien que quelques brefs commentaires au sujet de l'espace puissent aider à comprendre son ontologie de l'œuvre.

Or il nous semble que l'existence de l'objet intentionnel (et donc de l'objet esthétique même) ne dépend pas de la distinction ingardénienne de l'espace représenté de l'espace de représentation, celui-ci étant un espace-source-de-l'imaginaire, celui-là la représentation dans la conscience d'un objet présent, absent ou non-réel, etc. L'espace représenté serait donc contrôlé en quelque sorte par le monde réel tandis que l'espace de représentation serait plus subjectif, la source des fantaisies, et des aspects schématisés de l'œuvre, affirmation qui laisse se concevoir le caractère subjectif de ces derniers.

La question qu'on se pose est la suivante : existe-t-il un espace qui fait partie de la conscience mais qui n'est jamais l'équivalent des représentations qui ont lieu dans cette conscience ? Ou bien, peut-il exister un lieu qui serait la source de tous les actes de conscience sans jamais être lui-même un acte de conscience ? C'est-à-dire que l'existence de l'espace de représentation nous paraît spéculative. Il semble que sous la plume d'Ingarden le terme « espace de représentation » corresponde, ou peu s'en faut, à la conception sartrienne de la conscience, c'est dire, un vide ou un néant par rapport à l'existence du monde. A l'encontre de Sartre, pourtant, Ingarden divise la conscience (une faculté qui agit sur et dans le monde) en plusieurs parties (espaces) selon le genre d'objet visé. Une figure géométrique constitue un espace idéal; la représentation dans la conscience du sourire d'un ami absent ou mort depuis longtemps constitue un espace représenté; et une œuvre littéraire, grâce au fait qu'elle présente un monde fictionnel constitue un espace figuré. Il faudrait, évidemment, étudier les liens entre ces différentes catégories afin de voir en quel sens l'espace figuré et l'espace représenté chevauchent ou même coïncident, car il nous semble que l'espace figuré ne peut exister en dehors d'une représentation chez le lecteur, ce que nous nous sommes évertués à faire valoir dans la première partie de cet ouvrage.

Toujours est-il que la distinction de l'espace représenté de l'espace de représentation permet d'éviter le psychologisme qui, selon Ingarden, selon Husserl, nuit à l'interprétation objective de l'œuvre littéraire. L'espace purement subjectif qu'est l'espace de représentation n'entame pas pour ainsi dire l'objectivité de l'espace représenté qui a sa source dans l'espace réel. De même, malgré le caractère fictionnel de son référent l'espace figuré de l'œuvre littéraire ne coïncide jamais avec l'espace de représentation. Tout comme le monde réel et existant impose des limites formelles à l'espace représenté, l'œuvre d'art littéraire, grâce à sa composition syntagmatique, impose des limites à son interprétation (son espace figuré). Le spectateur/lecteur ne peut ni changer les couleurs d'un tableau, ni modifier les personnages du roman comme bon lui semble. Lorsqu'on lit une œuvre littéraire l'imagination est contrainte par les phrases qui sont constitutrices d'un espace figuré.

Il est néanmoins possible de considérer la circonscription de la pleine activité de l'imagination (la négativité de l'œuvre) comme une force positive, car elle invite le lecteur à remplir le cadre de l'œuvre, cadre qui représente ainsi une espèce de stimulus pour l'imagination. Ainsi conçue, la négativité de l'œuvre littéraire est une puissance quasi-mystique qui tire le lecteur de lui-même, du déroulement de ses propres imaginations, et lui permet de développer ses capacités intellectuelles dans des directions qui jusque-là lui restaient inconnues. On se rappelle la qualité paradoxale de l'œuvre litteraire, à la fois une possibilité de plaisir esthétique et un refoulement de la subjectivité qui connaît ce plaisir. L'œuvre littéraire est en effet une négativité qui s'impose à nous, mais qui nous permet toutefois de développer nos connaissances.

L'espace figuré du tableau diffère pourtant de celui de l'œuvre littéraire. Celui du tableau se donne au spectateur en un seul regard tandis que celui de l'œuvre littéraire se développe au fur et à mesure que progresse la lecture (*Ontology*, 219-220). En revanche, l'espace figuré de ces deux genres artistiques est semblable en ce qu'il est indéterminé. A ne considérer que l'exemple du roman, il faut reconnaître que les phrases de l'œuvre ne peuvent jamais présenter les objets figurés dans toute leur plénitude comme s'il s'agissait d'un objet du monde réel donné à la perception du spectateur. L'œuvre littéraire est schématique, selon Ingarden, ce qui veut dire que son espace figuré présente à la fois des objets figurés et des lieux d'indétermination.

Or l'ontologie d'Ingarden est complexe et nuancée. Une exposition et une critique qui lui feraient justice dépassent la visée plus modeste de notre propos. Il est pourtant évident que les catégories de l'espace dans sa philosophie représentent l'hypostatisation des objets du monde, de la conscience humaine et des différents modes sous lesquels ces objets se donnent à la conscience. Cette philosophie est spéculative dans le sens qu'elle impose des limites catégoriques où il est en fait difficile de trancher. En quelle mesure l'espace de représentation, en tant que source de l'imagination, s'implique-t-elle, par exemple, dans l'espace représenté ? L'ontologie d'Ingarden semble avoir pour but une catégorisation des différents modes d'être. Par analogie il semble que ces distinctions ontologiques reprennent, mais sur un autre plan, la circularité inhérente à la notion de quasi-jugement. Comme Käte Hamburger le dit, cette notion ne fait que reprendre la distinction plus courante entre réalité et fiction. De même, les autres distinctions ontologiques d'Ingarden semblent découler de sa conception de l'œuvre d'art, au lieu de la précéder ; ainsi elles appuient sa conception de l'œuvre stratifiée et sa notion de concrétisation. Toujours est-il, d'ailleurs, que la substantivation des modes de conscience et des catégories de l'espace ne nous aident que peu dans nos efforts pour réaliser une analyse littéraire.

L'analyse d'une œuvre littéraire en accord avec les préceptes de l'ontologie ingardénienne implique une analyse des quatre couches de l'œuvre mais considérées comme formant un ensemble[2]. Plus particulièrement elle se donnerait pour objectif de préciser le rôle, dans l'œuvre, des objets figurés. Bien que l'on ne puisse supprimer aucune des quatre couches, les objets figurés en particulier ont pour fonction de révéler une idée métaphysique qui n'existe dans l'œuvre que de façon virtuelle. Ainsi l'analyse ontologique de l'œuvre littéraire, dans la perspective d'Ingarden, rejoint l'analyse de la notion de concrétisation qui a fait l'objet de la première partie de ce livre. Dans une concrétisation, grâce à ses efforts pour bien comprendre le texte, le lecteur rencontre ou fait l'expérience d'une idée métaphysique, celle que l'œuvre nous fait connaître.

Nous avons déjà traité le problème de l'idée métaphysique par rapport à l'idée de l'œuvre. Il convient, néanmoins, d'ajouter quelques remarques à ce sujet car, selon Ingarden, la révélation d'une idée métaphysique — qui n'existe dans l'œuvre que de façon virtuelle (*L'œuvre d'art littéraire*, 253) — représente le paroxysme de l'expérience esthétique. C'est vers l'expérience de cette idée métaphysique que vont les efforts du lecteur et, une fois cette idée connue, ou plutôt, lors de la connaissance de cette idée, le lecteur connaît aussi ce qu'on peut proprement appeler une expérience esthétique dans le plein sens du mot. Par ailleurs, c'est dans le contexte de cet ensemble qu'il faut interpréter des termes comme «harmonie», «polyphonie», et «unité organique». Ce sont des métaphores qui désignent cette culmination de l'œuvre, de la lecture de l'œuvre, et de la culture du lecteur dans une expérience esthétique véritable. C'est par rapport à son idée métaphysique que l'œuvre est soit harmonieuse, soit fausse.

Dans la philosophie d'Ingarden, le véritable chef-d'œuvre manifeste une idée métaphysique, exigence qui rapproche sa philosophie de celle de Hegel. Au lieu de voir l'esprit comme un «je» synthétisant (à la manière de Kant) où a lieu l'unification de l'idée et de l'objet de la nature compris comme un phénomène présenté à l'esprit par l'intermédiaire des sens, Hegel a vu dans l'Idée la synthèse de l'esprit et de la nature (Stern, 118). L'Idée hégélienne est proche, paraît-il, de ce qu'Ingarden appelle une idée métaphysique, l'idée que l'œuvre porte à manifestation dans la conscience du lecteur, idée responsable finalement de la valeur esthétique de l'œuvre. Selon Jean Lacoste, pourtant, «l'esthétique [...] devient chez Hegel la philosophie du beau, et le beau n'est plus un jugement d'origine subjective, mais une Idée qui existe dans la réalité, dans des œuvres d'art réelles et historiques»[3]. Lacoste ajoute que selon l'esthétique de Hegel l'idée, «est l'unité d'un concept et de la réalité» (54), ce qui semble coïncider avec le prétendu réalisme d'Ingarden, réalisme qui n'empêche pourtant pas l'état de transport occasionné par l'œuvre d'art.

Il faut se rappeler, d'ailleurs, que chez Ingarden l'idée métaphysique ne se laisse connaître qu'au moyen d'une concrétisation. D'après Ingarden l'expérience esthétique représente un des moments les plus mystérieux, les plus satisfaisants de la vie humaine; sous sa plume elle ressemble au rituel de la réception du sacrement de l'eucharistie. Ingarden :

> Dans notre vie ordinaire, orientée à des «fins» pratiques quotidiennes et «modestes» et à leur réalisation, il se produit rarement des situations dans lesquelles ces qualités [métaphysiques] se révèlent. La vie s'écoule, grise et insignifiante, «sans avoir de

sens», si l'on peut dire, quelles que soient les grandes choses qui s'opèrent dans cette fourmilière. Et puis arrive un jour — comme une grâce — où se produit, pour des raisons imperceptibles et inaperçues, en général cachées, un «événement» qui nous enveloppe, nous et notre environnement, d'une semblable atmosphère indescriptible. De quel genre que soit la qualité de cette atmosphère, terrifiante ou enchanteresse jusqu'à l'extatique oubli de soi, c'est elle qui s'arrache à la grisaille quotidienne comme l'éclat d'un lumineux éventail de couleurs, et qui fait de cet événement un sommet de la vie, qu'elle ait pour fondement le cruel et impie tressaillement de meurtre ou le ravissement spirituel de l'union à Dieu. Ce sont ces qualités «métaphysiques» — comme nous les appelons —, révélées de loin en loin, qui confèrent à la vie une valeur expérientielle (*Erlebenswert*); et après ces révélations concrètes, tous nos actes et toutes nos actions sont chargés d'une secrète nostalgie qui nous habite et nous pousse, que nous le voulions ou non. Leur révélation représente les sommets et les ultimes profondeurs de l'étant (247).

Ce passage fait bien ressortir le sens du mot «métaphysique» dans la philosophie d'Ingarden, presque synonyme de beauté. Il incombe au critique de jeter de la lumière sur l'œuvre d'art afin de faciliter la saisie de sa beauté, comme par ricochet.

NOTES

[1] Dans son livre *Untersuchungen zur Ontologie der Kunst* (traduit du polonais (1958, 1966), *Studia z estetyki*, vol. 2, PWN, Warszawa; traduit en anglais (1989), *Ontology of the Work of Art*, Ohio University Press), Ingarden fait l'analyse de l'œuvre de musique, de peinture, de sculpture et d'architecture. Au sujet de la peinture il dit que le tableau consiste en deux strates, celle des aspects et celles des objets présentés, bien que la strate des objets présentés peut manquer à certains tableaux, et bien que d'autres tableaux possèdent une troisième strate, celle du thème littéraire (*Ontology*, 151, 155).
[2] Dans le contexte d'un tableau «abstrait» Ingarden note : «The multiplicity of these elements [of different strata] must be such that none of them can be eliminated or replaced by another, and that also nothing could be added to them, without impairing the inner equilibrium of the picture. These interrelations of elements or moments form, then, the foundation of a Gestalt — or, to put it another way, of a harmonious quality that qualitatively envelops or encloses the whole» (*Ontology*, 210-211).
[3] Lacoste J., 1981, 1991, *La Philosophie de l'art*, Paris, Presses Universitaires de France, 45.

La couche des aspects schématisés (*die Schicht der schematisierten Ansichten*)

La couche des aspects shématisés, la quatrième dans l'ontologie ingardénienne de l'œuvre littéraire, est de toutes les strates la plus subjective. Dans *L'œuvre d'art littéraire* Ingarden consacre moins de place à l'explicitation de cette couche qu'il ne consacre aux deux couches des unités de signification et des objets figurés. C'est que la couche des aspects schématisés est difficile à saisir dans son fonctionnement parce que chaque œuvre présente différents aspects à différents niveaux et que les aspects appartiennent, en un sens, aux autres couches de l'œuvre. D'ailleurs, la notion de la couche des aspects schématisés reste très proche de la philosophie de Husserl. En présentant cette dernière des couches de l'œuvre littéraire, Ingarden se limite à des remarques de caractère général; il vaut mieux, semble-t-il, en donner des exemples.

Il faut d'abord préciser qu'il est impossible de faire l'analyse d'une œuvre littéraire sans tenir compte des aspects schématisés. A l'encontre de l'œuvre scientifique à laquelle il manque souvent d'aspects schématisés (*Vom Erkennen*, 154-155; *Cognition*, 148-149), la valeur esthétique de l'œuvre littéraire y est étroitement liée. Pour cette raison il serait possible, à notre sens, de considérer cette couche comme la couche la plus importante de l'œuvre (dans la perspective esthétique), à quel moment l'analyse pourrait se limiter aux aspects qui font d'une œuvre particulière une vraie œuvre d'art. C'est ce que font les critiques qui, par exemple, étudient une certaine structure rythmique dans l'œuvre d'un poète, ou qui font l'analyse d'une certaine image récursive et des techniques stylistiques sur le plan de l'œuvre entière. La couche des aspects schématisés correspond en partie à ce qu'on appelle couramment les connotations possibles au niveau des autres couches (phonique, des unités de signification, et des objets figurés). De l'autre côté ils font partie du langage. Dans la philosophie d'Ingarden un aspect est dit «prêt» s'il est explicite, et «potentiel» s'il est implicite.

Au niveau de la couche des formations phoniques une prononciation possible ou évocatrice qui dépasse pour ainsi dire la dénotation ou le strict minimum nécessaire à la communication (si cela est possible) constitue un aspect. On pourrait y ajouter les qualités de la voix d'une personne qui nous lit à haute voix, l'inflexion de la voix ou la prononciation régionale d'un dialecte et ainsi de suite. Dans un article qui suit de près l'organisation de *L'œuvre d'art littéraire*, J. Smith essaie de transposer l'ontologie de l'œuvre littéraire d'Ingarden en une ontologie de l'œuvre dramatique. Au niveau de la couche des formations phoniques elle donne plusieurs exemples de l'influence de cette couche sur la compréhension de la pièce en général; c'est dire que la façon dont l'acteur prononce un mot peut, par exemple, renseigner les spectateurs sur l'origine du personnage (dans la pièce), sans que cette origine soit explicitement exprimée («The Theory of Drama and Theatre : A Continuing Investigation of the Aesthetics of Roman Ingarden», 3-62). Bien que Smith ne le précise pas dans le contexte de la strate des formations phoniques, ces éléments du discours prononcé, et qui nous renseignent sur autre chose que le sujet propre du discours, sont des aspects schématisés de la première couche de l'œuvre littéraire.

Evidemment les aspects schématisés sont nombreux et de caractère subjectif. Chaque lecteur, quand il lit à haute voix, a une façon particulière de lire, en soulignant certains mots, en prononçant quelques mots plus forts que d'autres. D'ailleurs, les habitudes de lecture dépendent autant de l'interprétaion que l'on donne du texte que de la voix du lecteur et de son «histoire» phonétique que des symboles tracés sur la page. Ainsi pourrait-on rendre compte du célèbre dilemme de Mallarmé, à savoir que le caractère sombre de la voyelle [u] dans le mot «jour», fait contraste avec le caractère limpide de la voyelle [i] dans le mot «nuit», sonorités contradictoires selon Mallarmé, étant donné le sens respectif de ces deux mots. Dans le contexte de la phonétique, les qualités «sombre» et «limpide» constituent des aspects esthétiques schématisés qui n'empêchent pas pour autant une communication heureuse.

Les aspects schématisés appartiennent aussi aux couches des unités de signification et des objets figurés, et ils y sont tout aussi subjectifs que sur le plan des unités phoniques. Une phrase pourrait présenter des difficultés de compréhension, à cause d'une syntaxe ambiguë par exemple, à quel moment il incombe au lecteur de «remplir» le texte, c'est-à-dire d'interpréter le texte comme bon lui semble. Ou bien, il se peut qu'un mot soit polysémique et qu'il soit utilisé exprès dans une œuvre littéraire pour cette même raison, l'auteur s'évertuant à créer des ambiguïtés. De tels aspects, qui auraient une valeur esthétique, paraît-il, et qui sont voulus par l'auteur, sont des aspects schématisés «prêts» selon la terminologie d'Ingarden parce qu'ils appartiennent à l'œuvre même. D'autres aspects ne sont que «potentiels» : par exemple, un mot qui a pour le lecteur un sens particulier, un sens qui dérive de son passé indépendamment du texte qu'il est en train de lire, de sorte que le mot est déjà chargé de sens lorsque le lecteur aborde l'œuvre, peu importe le sens que l'auteur voulait prêter à ce mot dans le texte. Puisque un aspect de ce genre n'est pas voulu par l'auteur, mais est suscité par la lecture, il constitue un aspect seulement potentiel. Ainsi le caractère subjectif et idiosyncratique de la couche des aspects schématisés est manifeste. Ces aspects appartiennent tout autant au lecteur et à sa propre histoire qu'au texte écrit et à la volonté de l'auteur.

La notion d'aspects schématisés fait écho à la visée ontologique et phénoménologique d'Ingarden en ce que cette visée reprend la distinction entre la perception des objets du monde réel et la réception d'une œuvre littéraire. Les objets du monde réel se donnent directement à la conscience dans toutes leurs déterminations, tandis que les objets figurés de l'œuvre littéraire sont transmis par la conscience d'un auteur au moyen d'un langage composé de symboles qui sont des signes linguistiques. Le signe permet la réalisation d'une communication.

Dans la philosophie de Husserl, l'objet de perception se donne à la conscience dans ce qu'on appelle un réseau de perceptions. Pour reprendre l'exemple de Husserl, la table qui est devant moi est toujours la même table, bien que je la perçoive de différentes manières à mesure que je me déplace dans la pièce. Si je ferme les yeux la perception cesse, et lorsque je les ouvre je vois de nouveau la table comme elle était avant. Pourtant, la table reste pareille, c'est la perception qui est «entraînée dans le flux incessant de la conscience et elle-même sans cesse fluante» (*Idées*, 131). L'objet du monde se présente à la conscience au moyen des «esquisses»[1] (*Abschattungen*) changeantes et successives. Husserl dit que «[t]oute détermination comporte *son* système d'esquisses; et ce qui est vrai de la chose totale, l'est de chacune d'elles [...]» (133).

De même, un objet qui ne se présente à la conscience que de façon incomplète (la perception ne peut tenir compte du côté de l'objet caché au regard du spectateur) est pourtant un objet complet en soi et est reconnu comme tel par le spectateur qui se déplace afin de «voir» les parties de l'objet qui tout à l'heure lui étaient cachées. Les aspects ou les esquisses de l'objet donnent ainsi l'objet perçu à la perception. C'est ainsi que Husserl distingue l'objet perçu du divers de perception. Les aspects eux-mêmes, multiples et changeants, ont un caractère intentionnel qui les distingue des moments, des propriétés ou des esquisses mêmes de l'objet existant. «L'esquisse [l'aspect] est du vécu» (134), c'est dire qu'elle est intentionnelle.

Or, selon Ingarden les objets figurés n'atteignent jamais à la réalité, et ne sont jamais perçus. Ils se donnent pourtant à la conscience sur un autre mode, c'est-à-dire dans un réseau d'aspects. La réception de l'œuvre littéraire est ainsi l'analogon de la perception sur le plan des objets réels. Les aspects de la réception sont aussi intentionnels que les aspects de la perception — le statut ontologique de l'objet visé n'y changent rien —, mais les objets figurés eux-mêmes ne sont présentés au lecteur que sous forme schématique. Ce n'est que par l'intermédiaire des signes linguistiques que les objets figurés se réalisent. Les aspects de l'œuvre littéraire ne sont pas de vrais aspects de la perception, mais seulement des aspects «schématisés», tenus dans et par des signes linguistiques. Certains aspects sont explicites, par exemple la couleur rouge dans la phrase «cette pomme est rouge», d'autres ne sont qu'implicites, comme le fait que la pomme est mûre.

La couche des aspects schématisés reprend la notion des aspects (*Ansichten*[2]) de la perception dans la philosophie de Husserl. Ce rapprochement est important dans la mesure où c'est la philosophie de Husserl qui informe ici, paraît-il, l'ontologie d'Ingarden. Comme les aspects de la perception ne sont pas des propriétés de l'objet perçu (*Idées*, 134), les aspects schématisés de l'œuvre littéraire ne représentent pas des propriétés des objets figurés. Dans la philosophie de Husserl, toujours selon Ingarden, les aspects sont «pour ainsi dire en contact permanent avec les actes de conscience simultanés du sujet qui perçoit [...]» (*L'œuvre d'art littéraire*, 219). Simplement dit, les aspects appartiennent à la perception d'un objet où se manifestent les propriétés de cet objet; aspects et propriétés ne sont donc pas identiques mais coïncident lors de la perception d'un objet. C'est même grâce aux aspects présents à la conscience que l'objet avec ses propriétés peut être perçu.

La différence entre aspect et propriété se fait voir surtout dans la perspective des successions temporelles, mais toujours au niveau de la conscience percevante. Les aspects sont fuyants. Ils sont influencés par la personne qui perçoit. Ils donnent lieu à d'autres aspects, de sorte que les propriétés de l'objet perçu sont tenues dans un divers d'aspects. D'après l'exemple de Husserl, je peux fermer les yeux et me représenter à la conscience les propriétés d'un objet perçu, ainsi faisant valoir que les aspects par lesquels je me représente l'objet sont différents des propriétés de l'objet, propriétés qui appartiennent à l'objet et qui ne sont pas changées ni altérées par un acte de perception.

Or, à chaque perception correspond un divers d'aspects dont l'analyse serait au mieux très subjective et au pire impossible, vu la complexité de cet ensemble. Cela n'empêche pas que l'objet perçu est retenu dans un divers d'aspects. Ingarden : « aussitôt que nous avons une diversité déterminée d'aspects, une propriété déterminée de chose, resp. une chose qualifiée de façon déterminée, doit nous être corporellement donnée par elle-même (*leibhaft selbstgegeben*)» (222). L'aspect schématisé serait donc, selon Ingarden, la totalité du divers d'aspects nécessaire à la perception d'un objet (223). Une fois que l'aspect schématisé d'une perception se fait reconnaître par la conscience, l'objet est saisi dans une perception ; la conscience percevante reconnaît l'objet déterminé comme possédant ses propriétés.

Dans l'œuvre littéraire il n'existe que des aspects schématisés (par rapport aux aspects) car l'œuvre ne présente pas des objets réellement déterminés qui seraient le produit d'un vécu. Elle présente plutôt des objets figurés. Ingarden dit que les aspects schématisés d'une œuvre littéraire « ne sont pas produits par le vécu (*Erleben*) d'un individu psychique quelconque, mais ont le fondement de leur détermination et de leur existence, en un certain sens potentielle, dans les états-de-chose projetés par les phrases, resp. dans les objets que figurent ceux-ci » (224). En ce sens la notion d'aspects schématisés soutient celle de concrétisation : en lisant le lecteur se voit imposer un monde représenté tout comme il se voit imposer des aspects schématisés. Il n'invente pas les aspects, il n'invente pas le monde représenté bien qu'aspects et monde représenté ne se réalisent que dans sa conscience à lui. Les aspects schématisés de l'œuvre sont en général déterminés, et alors ils ressemblent à des aspects « perceptuels » (229), c'est-à-dire que l'œuvre littéraire est ainsi caractérisée par un « effet de réel ».

Sans ses aspects schématisés l'œuvre littéraire se laisse réduire à l'ordre conceptuel. Ses objets figurés ne connaîtraient jamais une détermination quasi-matérielle. La couche des aspects schématisés est donc nécessaire, selon Ingarden, pour que l'œuvre devienne « vivante », capable de toucher le lecteur de façon émotive. Les unités de signification présentent les objets figurés ; le facteur d'orientation intentionnel dirige le lecteur vers un objet de conscience nommé, vers une propriété particulière ou un état de chose, mais les propriétés des objets ne sont saisies que dans le divers des aspects schématisés.

A la couche des aspects schématisés correspond aussi en partie la notion d'indétermination. On se rappelle que le texte écrit présente des lacunes grâce au fait que le médium linguistique ne peut présenter un objet réel dans toutes ses déterminations. Afin de comprendre le texte qu'il est en train de lire le lecteur doit le remplir. Comme les « propriétés » des objets figurés ne sont présentées, par analogie, que dans un réseau d'aspects schématisés, il s'ensuit que le texte ne peut pas tenir « prêts » tous les aspects possibles d'un objet quelconque et figuré, mais ne peut en présenter que certains aspects, certaines propriétés. Afin de comprendre l'œuvre, le lecteur remplit les lieux laissés sans détermination en recourant à sa propre expérience du monde réel. Le chevauchement de la notion de lieux d'indéterminations et de la couche des aspects schématisés n'est pourtant que partiel, les aspects se retrouvant aussi au niveau de la couche des formations phoniques tandis que cette couche ne présente aucun lieu d'indétermination.

Dans la philosophie d'Ingarden la couche des aspects schématisés est la couche proprement esthétique :

> Si le monde figuré doit vraiment avoir « sang » et fraîcheur, si l'œuvre doit révéler ce que les objets figurés ont de propre et d'essentiel, il faut qu'y soient tenus prêts des divers d'aspects doués d'une grande puissance de dévoilement (240).

La présence dans l'œuvre des aspects schématisés permet de dépasser la fonction dénotative du langage, fondée sur un matériel phonique et structurée selon des règles de syntaxe et de composition. Le langage présente toujours un référent, du moins lorsqu'il s'agit d'une œuvre littéraire. Mais la vraie valeur de l'œuvre littéraire, selon Ingarden, ne découle ni de sa forme pure, ni de son référent (ou contenu). La beauté de l'œuvre littéraire se manifeste plutôt dans des relations révélatrices d'une idée métaphysique entre la forme linguistique de l'œuvre et son référent. Ce n'est pas la présentation simple du référent qui constitue la beauté, c'est le « comment » de cette présentation qui alors nous importe. En fait, c'est la mise en forme du référent qui produit un effet soit de laideur, soit de beauté. Les valeurs esthétiques peuvent se manifester sur le plan des quatre couches, séparément ou prises ensemble, mais c'est surtout la couche des aspects schématisés qui permet la réalisation des valeurs esthétiques puisque cette couche représente, en fin de compte, les intentions esthétiques de l'auteur, ainsi que du lecteur.

NOTES

[1] Dans la traduction française des *Ideens* (*Idées directrices pour une phénoménologie*), Ricœur dit (note 1, p. 132) que le terme «*Abschattung*» pourrait également se traduire par «profil», «aspect», «perspective», etc. Nous utilisons le terme «aspect» parce que c'est le terme dont Ingarden se sert ici (voir la note suivante).
[2] Ingarden utilise ici le terme «*Ansicht*» qui figure dans l'œuvre de Husserl de l'époque de Göttingen. Plus tard Husserl dira «*Aspekt*» ou «*Abschattung*» (*L'Œuvre d'art littéraire*, note 6, p. 218).

TROISIÈME PARTIE

CONCLUSION

Dans les chapitres précédents nous avons présenté ce qui constitue dans notre perspective l'essentiel de la philosophie ontico-esthétique d'Ingarden. Nous avons divisé notre présentation en deux parties, qui traitent respectivement la concrétisation et l'ontologie de l'œuvre littéraire. Nous avons commenté ces notions en nous évertuant à les comprendre mieux. Des comparaisons ont facilité ce travail. Avant de passer à notre troisième partie, nous souhaitons rendre cette discussion plus intelligible en abordant trois questions suscitées par notre propos. Ces trois questions résument l'essentiel de cette philosophie et ainsi en offrent un point de vue particulier sur l'ensemble. Il s'agit (1) du rôle de la littérature dans la vie de l'homme, (2) de l'importance d'une idée métaphysique que l'œuvre doit manifester, et (3) de l'antinomie implicite à cette philosophie sur le plan de la concrétisation et du réalisme.

ad. 1) D'après la philosophie d'Ingarden, on suppose que le rôle de la littérature dans la vie de l'homme soit celui de susciter des émotions que le lecteur ne connaîtrait pas autrement. Ainsi Ingarden distingue l'œuvre scientifique qui traite du monde réel de l'œuvre littéraire qui ne présente qu'un monde figuré. Bien que cette distinction semble aller de soi, chez Ingarden elle se veut absolue : le texte scientifique se colle pour ainsi dire au monde réel tandis que le texte littéraire n'y touche jamais. Telle est du moins l'intention d'Ingarden lorsqu'il explique les notions de jugement (dans le texte scientifique) et de quasi-jugement (une phrase ayant l'apparence d'un jugement mais se trouvant dans une œuvre littéraire). Ingarden : «[...] le jugement prétend à ce que l'état-de-chose déterminé par sa teneur-de-sens ne soit pas purement intentionnel, mais qu'il *soit effectivement* un état-d'être ontologiquement indépendant du jugement» (145); tandis que dans l'œuvre fictionnelle (et alors intentionnelle) «l'état-de-chose déployé intentionnellement, malgré sa caractérisation existentielle, est complètement suspendu en l'air : il lui manque d'être "enraciné" dans une sphère d'être indépendante de la proposition énonciative» (148). En principe, l'œuvre littéraire ne dit rien sur le monde réel, selon Ingarden, et tout jugement qui s'y trouve (même une proposition comme «Paris est la capitale de la France») n'est qu'une phrase «typique» (*L'œuvre d'art littéraire*, 151) qui ne dit rien sur le monde réel.

Ingarden prétend qu'il existe des cas limites, des œuvres composées à la fois de jugements et de quasi-jugements, telle la pièce de théâtre constituée de jugements (apparents), c'est-à-dire les énoncés des acteurs, et de quasi-jugements, c'est-à-dire le texte qui fait de la pièce une œuvre littéraire et fictionnelle (153). A notre avis pourtant, les «cas mixtes» ne représentent qu'une tentative pour masquer l'embarras provoqué par la dichotomie science-littérature. Comme presque toute œuvre contient et des jugements vérifiables et des quasi-jugements fictionnels, il faudrait étendre la catégorie des «cas mixtes» jusqu'à inclure toute œuvre écrite, ou peu s'en faut, à quel moment cette catégorie est dénuée de sens. Nous attribuons la différence entre les genres scientifiques et fictionnels, non pas au pouvoir dénotatif d'une forme linguistique, mais aux traditions linguistiques et sociales d'une société où une telle distinction est promulguée et en vigueur[1].

Il est pourtant important de souligner l'importance de l'attitude du lecteur face au texte, car c'est le lecteur qui décide du statut réel ou quasi-réel du référent d'une œuvre quelconque et qui, par là, se prononce sur le caractère soit scientifique, soit littéraire de l'œuvre. Nous ne voulons pas présenter de nouveau un argument que nous avons fait ailleurs. Il suffit de dire que la distinction que fait Ingarden entre jugement et quasi-jugement ne revient qu'à distinguer la part de «vérité» dont fait preuve la science par rapport à la fiction, distinction très courante et au fond idéologique[2], mais qui ne tient finalement pas compte des différentes conceptions possibles du mot «vérité»[3]. A notre sens, il peut se trouver de vrais jugements dans une œuvre littéraire tout comme des quasi-jugements peuvent appartenir au texte d'une œuvre scientifique. Ingarden donne l'exemple d'un «modèle» scientifique que l'on ne trouve pas dans la réalité. A son avis le modèle sert à faciliter la compréhension et ainsi n'entame pas le statut de l'œuvre scientifique composée uniquement de jugements (*Vom Erkennen*, 157; *Cognition*, 152). Il faut, par contre, reconnaître que le modèle scientifique relève parfois de la fiction : on ne trouve pas le modèle abstrait dans le monde réel; il a son point d'origine dans le cerveau du scientifique qui l'a proposé. Au cours des années le modèle peut même être jugé faux et se faire remplacer par un autre, plus vrai. C'est dire que le modèle scientifique ressemble souvent à une création d'ordre artistique. De l'autre côté, la fiction peut offrir à ces lecteurs un paradigme moral, que l'on tient pour vrai. Un tel modèle permettrait au lecteur de choisir un mode de vie particulier, ainsi établissant un lien entre la fiction et la réalité.

Chez Ingarden le monde figuré de l'œuvre littéraire est un calque du monde réel. Il peut nous toucher sur le plan émotif et alors influer sur la vie que l'on mène ou que l'on désire mener, mais il reste un monde à part, un quasi-monde qui ne devrait jamais, ou plutôt ne pourrait jamais, nous présenter le monde réel. La notion de cas limites (cas mixtes) n'est guère satisfaisante non plus. Elle permet de tenir compte des œuvres problématiques du point de vue de la «quantité de vérité» que chaque œuvre possède, mais vu que l'œuvre scientifique peut, à notre sens, posséder des quasi-jugements, il faudrait dire que toute œuvre, ou peu s'en faut, appartient à la catégorie des cas limites. Toujours est-il que la notion de cas limites n'est guère compréhensible que dans le contexte de la distinction originale entre science et fiction; ce qui veut dire que c'est la distinction originale entre science et fiction qui rend cette catégorie nécessaire, catégorie qui finit par racheter les deux catégories originales jusqu'à les obnubiler entièrement.

Or, la notion selon laquelle le rôle de la littérature dans la vie humaine est surtout émotif, dévalorise la littérature et la relègue à un niveau inférieur sur le plan de la hiérarchie des valeurs sociales. C'est négliger, nous semble-t-il, l'importance du texte écrit et fictionnel dans la formation des jeunes et dans la constitution d'une praxis morale chez l'individu et chez tous les membres de la société. Il se peut même qu'une œuvre littéraire nous renseigne mieux qu'une œuvre «scientifique» sur les us et les coutumes d'une époque qui n'est pas la nôtre. A notre sens, distinguer le vrai du faux constitue un aspect de l'interprétation historique et de la philosophie du langage. En analyse littéraire ces deux approches ne mettent pas le texte en valeur, et ne renseignent pas sur sa forme linguistique. On dirait même que ces deux approches font abstraction de l'essentiel de la philosophie d'Ingarden, c'est-à-dire l'esthétique, ainsi que le rôle que joue l'interprète lors de la concrétisation. L'analyse de l'écriture ne se laisse pas facilement diviser en jugements et en quasi-jugements, même si l'on s'évertue à poser des catégories interprétatives (des cas mixtes) entre ces deux extrêmes.

ad. 2) Dans une autre perspective, pourtant, Ingarden développe la notion selon laquelle la véritable œuvre d'art porte à manifestation une « idée métaphysique ». Les quatre couches de l'œuvre ont pour fonction de faire connaître cette idée, laquelle ne constitue pourtant pas une couche à elle seule. Pour le dire de façon vulgaire, l'œuvre littéraire, selon Ingarden, doit nous enseigner ou nous dire quelque chose sur la vie de l'homme, sur la condition humaine. L'œuvre à laquelle manquent la capacité de nous toucher ou de nous faire réfléchir n'est pas une œuvre d'art proprement dite, et n'est surtout pas un « chef-d'œuvre ».

C'est dans le contexte de l'idée métaphysique qu'Ingarden peut parler d'une entité « organique », d'une « polyphonie », ou d'une « harmonie » des divers éléments de l'œuvre. L'idée métaphysique fournit la notion de finalité dont ces concepts métaphoriques ont besoin. Ingarden précise le caractère métaphorique de l'expression « organique » (et on pourrait dire de même des expressions « harmonie » et « polyphonique ») dans une note de l'édition allemande de *Vom Erkennen* : « Il est à noter qu'on ne peut parler de l'œuvre littéraire comme un "organisme" que de façon figurative, de sorte que le sens du terme "constitution organique" dans le contexte littéraire diffère sous plusieurs traits du sens d'organisme dans le sens d'un être vivant »[4]. Or, stipuler que la véritable œuvre d'art porte à manifestation une idée métaphysique semble contredire l'effet de la dévalorisation de la littérature dont nous avons parlé dans les paragraphes précédents. L'œuvre littéraire serait d'autant plus valable, selon Ingarden, qu'elle a la capacité de nous faire réfléchir. Ainsi l'œuvre d'art littéraire jouerait-elle un rôle important dans la vie de l'homme. Cette capacité de l'œuvre rejoint, pourtant, la notion d'un rôle émotif attribué à l'œuvre littéraire, car la réflexion suscitée par l'œuvre n'est pas celle d'un calcul « scientifique », etc., mais une réflexion de caractère surtout émotif sur la condition générale de l'homme. Nous sommes pourtant de l'avis que même cette valeur émotive attribuée à l'œuvre ne la sauve pas de la dévalorisation de la littérature implicite, paradoxalement peut-être, dans cette philosophie.

Ingarden a beaucoup écrit sur l'œuvre d'art, ce qui en soi semble attribuer une grande importance à l'esthétique dans la vie humaine, tandis que nous proposons, au contraire, que chez lui l'esthétique se laisse réduire à une espèce de sentiment personnel. C'est que dans sa philosophie la fonction de l'art semble plutôt subjective. C'est le lecteur qui concrétise l'œuvre, bien que ce soit selon les qualités « objectives » de l'œuvre. Il en ressort néanmoins que l'art est plus un phénomène «individuel» chez Ingarden qu'il n'est un fait culturel et anthropologique. Même si l'on reconnaît la subjectivité comme une valeur positive, il faut se rendre compte que dans la philosophie d'Ingarden la littérature constitue uniquement un plaisir esthétique, plus ou moins fort, ressenti par le lecteur. Vu que la littérature est pour ainsi dire séparée de la réalité chez lui, la valeur émotive qui provient de la lecture d'une œuvre littéraire ne peut être qu'un plaisir séparé[5] de la réalité lui aussi, la raison toujours ramenant le lecteur au «bon sens» : l'œuvre littéraire n'étant que de la fiction.

Il est cependant nécessaire, afin de respecter ce que nous croyons être les intentions d'Ingarden lorsqu'il distingue le texte scientifique du texte littéraire, d'évoquer et le contexte dans lequel cette distinction se fait, et l'objectif d'Ingarden en le proposant. Or, selon Ingarden lui-même (voir son article, «Psychologism and Psychology» et aussi l'introduction du traducteur, *Cognition*, XIV-XV), l'époque où il a rédigé ses œuvres les plus importantes en ce qui concerne l'analyse littéraire, à savoir *Das literarische Kunstwerk* et *O poznawaniu dzieła literackiego* (*Vom Erkennen*), était caractérisée par deux attitudes différentes. D'un côté le psychologisme était à la mode, discipline qui voulait réduire l'œuvre littéraire à l'état d'âme de son auteur; et de l'autre côté le déterminisme cherchait à réduire l'œuvre littéraire à quelques «signes», à quelques taches d'encre sur une page blanche. La distinction du texte scientifique du texte littéraire avait donc pour but de justifier une approche analytique en littérature. Il ne convenait plus, d'après lui, ni de se «débarrasser» de la littérature, en lui ôtant ce qu'elle avait de plus valable, c'est-à-dire la capacité de porter à manifestation une idée métaphysique, ainsi enrichissant notre vie psychique, ni de voir dans l'œuvre un aspect de l'inconscient de son auteur, approche qui réduit l'analyse littéraire à la poursuite de l'auteur dans ses manifestations textuelles. L'œuvre littéraire, selon Ingarden, est un objet qui possède sa propre raison d'être et qui fait preuve d'une organisation indépendante de son auteur. Elle joue un rôle dans la société, même si celui-ci ne relève que du divertissement.

Aujourd'hui la polémique d'Ingarden semble appartenir à un passé lointain. La linguistique et le structuralisme ont mis en valeur l'organisation interne de l'œuvre, organisation qui ne dépend plus de l'auteur une fois l'œuvre terminée; et les analyses encore plus récentes ont tellement insisté sur le signe linguistique lui-même — nous pensons surtout aux travaux de Barthes et de Derrida, etc. — que l'auteur a été quasiment évacué des préoccupations des chercheurs. Il n'est plus question dans le domaine littéraire de trouver l'auteur dans son œuvre, en séparant disons le vrai du faux, le grain de l'ivraie. On insiste plutôt sur ce que nous appelons la composition de l'œuvre, qu'elle soit linguistique, thématique ou référentielle. Bien que la notion de quasi-jugement soit importante dans la philosophie d'Ingarden, il est possible, d'après nous, de mettre cette notion en question sans pour autant entamer ou changer la ligne générale de cette philosophie. La raison d'être de cette notion n'existe plus, ou presque. On n'a plus besoin de justifier une approche analytique qui met en valeur la composition linguistique de l'œuvre.

L'importance, ou le manque d'importance, que la philosophie d'Ingarden attribue au contexte social de l'œuvre littéraire ne nous retiendra pas. Notre propos vise surtout les structures de l'œuvre. Cette question mise à part, surgit aussitôt une autre notion problématique, celle de l'idée métaphysique elle-même. Nous avons dit que le besoin de faire connaître une idée métaphysique peut être vu comme un élément du classicisme, toutes les parties de l'œuvre s'harmonisant en une totalité « organique » qui doit plaire au lecteur. En ce sens la littérature se retrouve de nouveau dévalorisée, ou du moins est-elle valorisée de la manière dont la pièce classique était valorisée au dix-septième siècle en France. C'est dire que la pièce de théâtre, selon Molière, selon Racine, avait pour but de plaire aux spectateurs, idée que les Romantiques ont mise en question. En poursuivant cette analogie, il faudrait ajouter que l'harmonie finale dont parle Ingarden — un terme métaphorique sous sa plume — représente une espèce d'unité du tout. La pièce classique était « unifiée », elle aussi, selon les exigences de l'espace, du temps, et de l'action. C'est pourtant là que l'analogie s'arrête. Ingarden parle surtout du roman, genre peut-être le moins classique de tous les genres à l'égard des trois unités. En fait, le classicisme chez Ingarden n'est qu'une illusion. L'harmonie « métaphorique » est une harmonie qui ne peut être imposée que par le lecteur. Les parties disparates, incongrues mêmes, d'une œuvre littéraire ne s'harmonisent que dans une concrétisation, le lecteur activement cherchant des aspects qu'on pourrait ensuite appeler harmoniques, ou bien, le lecteur faisant plier différents aspects de l'œuvre à une discipline harmonisante. Dans la philosophie d'Ingarden, nous l'avons vu, c'est le lecteur qui décide du statut scientifique ou littéraire de l'œuvre, tout comme c'est le lecteur qui, selon ses capacités, impose à l'œuvre une harmonie.

ad. 3) Nous atteignons finalement à ce qui constitue une contradiction implicite dans la philosophie esthético-ontologique d'Ingarden, le point où l'on constate que les différents courants de sa pensée s'opposent, où l'interprète se voit obligé de trancher, de suivre l'un de ces courants en abandonnant ceux qui lui sont en opposition. On se rappelle qu'au départ Ingarden était « réaliste ». En partie son prétendu réalisme s'annonçait comme l'antinomie de ce qui constituait à son avis l'idéalisme de Husserl, c'est-à-dire la constitution par l'esprit d'un concept transcendantal et indépendant du monde naturel et existant. L'«idéalisme» de Husserl ne nous retiendra pourtant pas ici. Il importe non pas de vouloir résoudre ce problème, mais de souligner que dans ses origines la philosophie d'Ingarden était «anti-idéaliste». De plus, le réalisme d'Ingarden visait en partie l'approche psychologiste en littérature. A son sens le critique doit toujours revenir à l'œuvre elle-même afin de vérifier la justesse de ses analyses. Chez lui il ne s'agit plus d'une approche qui cherche l'auteur dans son œuvre, mais d'une analyse des qualités et des valeurs de l'œuvre elle-même. L'œuvre est un objet dans le plein sens du mot et l'analyse doit mettre ses qualités en valeur. On se rappelle la devise de la phénoménologie à ses débuts : le «retour aux choses».

Dans la perspective phénoménologique (un retour à l'étude de l'objet), Ingarden élabore une ontologie de l'œuvre littéraire qui ressemble, sous certains égards, aux analyses réalisées par les structuralistes. C'est dire que l'œuvre littéraire possède sa propre organisation, et que cette organisation lui est inhérente. Elle est constituée de quatre couches, peu importe son genre, ou son époque. Puisque l'œuvre littéraire se sert du langage elle possède les deux couches linguistiques — les formations phoniques et les unités de signification. Et parce qu'elle représente une entité close, ou finie, et que le langage dans un contexte particulier établit un référent, l'œuvre possède aussi les deux autres couches, celle du monde représenté et celle des aspects. L'idée métaphysique ne constitue pas une couche à elle seule : certaines œuvres, des mauvaises selon Ingarden, ne portent aucune idée métaphysique à manifestation.

Le réalisme d'Ingarden voudrait que le monde représenté de l'œuvre soit distingué de l'œuvre elle-même en tant que taches d'encre sur le papier, ce qu'on lui accorde facilement. Ce que l'on ne pourrait lui accorder que difficilement, c'est que les valeurs de l'objet esthétique se trouvent dans l'œuvre elle-même, ainsi que les qualités qui constituent le point d'origine des valeurs. Selon Ingarden le monde représenté de l'œuvre est à distinguer du monde réel, surtout au moyen de la notion de quasi-jugement. Pour bien interpréter le texte il faut sans cesse revenir à l'étude de l'œuvre afin de vérifier la justesse de ses commentaires. En soi, ce retour constant à l'œuvre ne gêne pas. Pour bien comprendre une œuvre littéraire, la relecture est de rigueur.

A notre sens, Ingarden a raison de dire que l'analyse représente une harmonie des parties de l'œuvre, surtout lorsqu'on tient compte du sens métaphorique de ce terme. Pourtant, Ingarden semble vouloir attribuer cette harmonie aux différentes parties de l'œuvre, à ses qualités. D'un côté la concrétisation a son point d'origine et sa force directrice dans les qualités de l'œuvre. Mais de l'autre côté la formation de l'objet esthétique a lieu dans la conscience du lecteur. On se rappelle que chez Ingarden le noyau de l'objet esthétique se trouve sur le plan des qualités de l'œuvre (c'est-à-dire en dehors de son propre espace, qui est celui de la conscience). Ainsi Ingarden parle de l'interprétation d'une œuvre qui serait juste et correcte. Il reconnaît que différentes interprétations sont possibles mais, disons qu'il «favorise» l'interprétation qui met en valeur l'idée métaphysique que l'œuvre porte à manifestation. En d'autres mots, Ingarden ne tient pas compte des idées changeantes qui peuvent dans le cours des années transformer l'approche des critiques jusqu'au point où le chef-d'œuvre d'une époque n'est plus celui d'une époque ultérieure[6].

L'un des mérites de la philosophie d'Ingarden est d'avoir accordé au monde figuré de l'œuvre une espèce de droit de cité. Il ne convient plus de chercher le monde réel (la vie de l'auteur) dans un roman. Le texte littéraire possède des qualités propres qui doivent être analysées et commentées dans le contexte et dans l'ensemble de l'œuvre où elles se trouvent. Pourtant, c'est un droit qui doit nous paraître banal aujourd'hui, dépassé de loin par la critique actuelle qui fait abstraction de l'auteur dans ses efforts pour bien saisir le jeu du signe lequel, suppose-t-on, est à l'origine de tout texte littéraire. La richesse de la philosophie d'Ingarden provient, par contre, non pas de cette seule notion ontologique, mais des analyses effectuées au niveau du fonctionnement du langage à l'intérieur de l'œuvre.

Or il nous semble qu'une méthode d'analyse qui mettrait en valeur les qualités ou les structures de l'œuvre n'implique pas la distinction ingardénienne entre «jugement» et «quasi-jugement», celui-ci étant synonyme de fiction, celui-là de science. L'effet de réel découle souvent même de la présence dans l'œuvre de vrais jugements, l'auteur cherchant à encadrer son histoire d'une vraie histoire documentée comme telle. Souvent le roman nous renseigne mieux qu'un document «scientifique» sur les mœurs et les habitudes d'un peuple. L'œuvre fictionnelle possède parfois une vérité sous forme de jugement, bien que l'histoire racontée soit fictionnelle.

La notion de quasi-jugement récusé, il arrive que la distinction entre science et fiction soit en partie obnubilée. En effet, il est souvent difficile, Ingarden en est conscient, de distinguer ces deux genres uniquement à partir de leur forme linguistique. Bien que ce problème d'ordre philosophique ait longtemps préoccupé les chercheurs, en ce qui concerne le domaine de l'analyse littéraire, il n'est plus considéré comme un problème capital. C'est que l'analyse littéraire s'est ouverte à plusieurs approches différentes et n'est plus dominée par ce qu'Ingarden appelait le psychologisme, ou bien par ce qu'on pourrait appeler l'historisme, c'està-dire l'analyse qui a pour objectif la correspondance entre l'histoire racontée et une réalité extra-littéraire.

Malgré les protestations que notre propos souleverait, sans doute de la part d'Ingarden lui-même, il semble que la notion de concrétisation mène vers une forme d'idéalisme qui va à l'encontre du prétendu réalisme d'Ingarden. On se rappelle qu'Ingarden a refusé de suivre Husserl dans le développement de sa philosophie idéaliste. Ce conflit, cette tension entre deux lignes de pensée divergentes, la concrétisation et le réalisme, constitue ce qui est, d'après nous, à la fois la dynamique et la faiblesse inhérente à cette philosophie. La concrétisation a lieu dans la conscience du lecteur. En lisant le lecteur s'impose au texte (ce qui est en accord avec la philosophie de l'intentionalité), et sur le plan de l'œuvre littéraire il constate une harmonie des qualités de l'œuvre. Le terme d'harmonie décrit ce qui a lieu dans la conscience du lecteur lorsque l'objet esthétique se forme. Il n'existe aucun critère objectif, par exemle, qui nous montre en quoi cette harmonie consisterait. Il est impossible de préciser quelles structures linguistiques sont harmonieuses et, il est encore plus difficile de montrer de façon objective quelles qualités et quelles valeurs esthétiques participent à l'harmonie finale de l'objet esthétique. D'ailleurs, on est toujours obligé d'expliquer son choix, de justifier son objet esthétique, objet qui à la fin reste donc quelque peu subjectif. Le terme d'harmonie a égaré plusieurs critiques qui entendaient ce mot comme la description objective d'une œuvre littéraire. Pourtant, il ne décrit pas l'œuvre ellemême, mais désigne sa réception.

A notre sens le noyau de l'objet esthétique doit figurer dans l'objet esthétique lui-même et non pas dans les qualités de l'œuvre, ou dans l'objet artistique, où Ingarden a bien voulu le placer[7]. Sans doute a-t-il raison de voir dans les relations entre qualités et valeurs une relation «symbiotique». Avant la réalisation de l'œuvre la valeur esthétique ne peut précéder la qualité que vaguement (dans la conscience d'un artiste). Pour sa part, la valeur concrète et déterminée ne peut être que concomitante des qualités, et parfois elle suit la production des qualités, dans le cas surtout d'une valeur reconnue seulement bien après la sortie de l'œuvre. Mais la qualité n'est pourtant pas qualité avant que le critique ne lui reconnaisse de la valeur. C'est-à-dire que la qualité est qualité dans la mesure où le lecteur sait lui attribuer une valeur esthétique et, il n'est que la conscience humaine qui est capable de reconnaître des valeurs qui sont des valeurs pour l'espèce humaine, et encore! Nous ne voulons aucunement prétendre que la valeur est toujours transcendante, qu'elle précède sa réalisation dans une qualité matérielle, et qu'elle cherche, pour ainsi dire, des qualités où elle pourrait se manifester comme un oiseau cherche un nid pour y pondre ses œufs, ce qui ne semble pas conforme à l'observation. Pourtant, il est impératif de reconnaître que les valeurs esthétiques sont des valeurs créées par l'homme et qu'elles ont leur source dans la conscience, même si leur réalisation et leur connaissance exigent, dans le cas de la littérature, une œuvre, un texte, où elles peuvent, pour ainsi dire, s'épanouir.

Implicite dans la philosophie d'Ingarden est la reconnaissance de la subjectivité des valeurs esthétiques telle que nous les décrivons ici. La tradition sociale et l'histoire individuelle du critique distinguent en un sens différentes valeurs avant que l'œuvre particulière soit produite. Dans le cas de la création d'une nouvelle valeur, selon Ingarden, c'est l'artiste qui la trouve ou qui la prévoit grâce à sa capacité de réaliser de nouvelles valeurs. Mais cette notion escamote toute une dimension de la théorie des valeurs, celle de leur création. Ingarden semble finalement attribuer la création des valeurs au « génie » de l'artiste[8].

Il paraît alors que nous remettons en valeur une philosophie idéaliste selon laquelle le lecteur « crée » le sens du texte. Il est évident que le lecteur formule l'harmonie supposée de l'œuvre, sans quoi l'harmonie de l'œuvre n'existe pas. Il est également évident que la valeur attribuée aux qualités de l'œuvre fait partie en quelque sorte de l'ensemble des valeurs littéraires de la société dont le lecteur est membre. Comme Ingarden le dit, d'ailleurs, l'œuvre représente une espèce de « contrôle » imposé au lecteur ; elle limite l'interprétation que l'on en donne dans le sens que l'interprétation doit se faire soutenir par le texte lui-même. Une interprétation qui va à l'encontre du texte de l'œuvre serait une mauvaise interprétation ou, du moins, une interprétation erronée. En ce sens nos propos ne sont pas idéalistes. Le lecteur fait une synthèse de l'œuvre et alors « harmonise » le texte, mais toute harmonie, toute interprétation est limitée par les paramètres de l'œuvre. Nous souscrivons à la thèse d'Ingarden selon laquelle le lecteur se positionne entre le signe linguistique et le concept idéal que le lecteur possède préalablement à toute lecture (dans la plupart des cas), et qu'il tient dans un réseau de définitions et d'associations linguistiques, référentielles et thématiques[9]. Cependant, il paraît qu'un souci trop prononcé d'éviter toute forme d'idéalisme a poussé Ingarden à insister sur la « présence » de l'œuvre jusqu'à faire abstraction du rôle « créateur », c'est-à-dire valorisant, du lecteur. Pour cette raison il parle d'une interprétation juste et en accord avec l'idée métaphysique de l'œuvre. Il reconnaît que différentes interprétations d'une même œuvre sont possibles, souhaitables même, mais il semble néanmoins vouloir accorder la primauté àune interprétation particulière, ainsi reléguant toute autre interprétation possible aux bans du théâtre critique. Même s'il prétend que diverses interprétations sont possibles, il nous semble que ses efforts intellectuels tendent vers l'absolutisme en littérature.

Il faut pourtant ajouter que le rôle créateur et valorisant du lecteur ne nuit pas à la ligne générale de sa philosophie. Le rétablissement du rôle du lecteur est même en accord avec la notion de concrétisation. Un souci trop aigu de réalisme aurait empêché Ingarden de poursuivre cette notion jusqu'à son aboutissement logique. Une fois cet aboutissement accompli, pourtant, cette philosophie devient un outil important et original dans l'analyse des textes littéraires.

La localisation de la concrétisation (les valeurs esthétiques) dans l'espace de la conscience (chez le lecteur) ne nous aide pourtant guère à concrétiser l'œuvre, c'est-à-dire, à en réaliser une analyse. Pour ce faire, il faut se détourner du discours théorique qui vise l'ontologie de la lecture, pour s'orienter vers l'analyse elle-même. Il convient de dire pourtant pourquoi nous insistons sur une philosophie dont nous venons de démontrer l'insuffisance sur le plan de la littérature. C'est que cette philosophie est très riche, si on sait se limiter à quelques notions-clés. Nous avons mis en valeur et la «concrétisation» et la «linguistique intentionnelle» d'Ingarden. La méthode d'analyse qui en découle implique une analyse du texte, de la phrase, et de sa composition. Etant donné, pourtant, que le référent de l'œuvre se formule ou prend forme dans la conscience du lecteur, le lecteur doit jouer un rôle important sur le plan de l'interprétation. Une telle conception de la lecture semble subjectiviser l'analyse littéraire, mais il faut se rappeler que la signification impose une forme objective à l'espace (subjectif) de représentation. Or, le référent signifié ne peut ne pas influer sur la lecture elle-même. L'objectif de l'analyse littéraire est donc de faire connaître les relations réciproques qui s'imposent entre une forme linguistique signifiante et un référent en train de se composer.

Le langage est d'abord intentionalité. Afin de communiquer ses idées, ses émotions, ou même afin de «communiquer» le monde (c'est-à-dire, de parler à un autre de ce qui est, de ce qui existe dans le monde), il faut formuler des phrases ou du moins des énoncés qu'un autre pourrait comprendre. Le locuteur vise ce dont il parle de façon intentionnelle. C'est la confrontation de la conscience du locuteur aux objets du monde, à ses propres états subjectifs, ou aux objets représentés et figurés, qui forme la base du discours, le point de départ de la parole, l'«ek-stase» du locuteur, la rencontre toujours changeante, toujours renouvelée, avec tout ce qui n'est pas soi.

L'intentionalité n'est pourtant pas linéaire et le référent n'est pas seul visé par un acte de lecture. Les différentes parties du discours y sont impliquées. Le sujet de phrase appelle son complément, le verbe renvoie à son sujet, qu'il soit exprimé ou pas. Ainsi s'établit un mouvement de lecture double. D'un côté l'intentionalité vise un référent en train de s'établir dans la conscience du lecteur, de l'autre côté elle vise le langage. Il est bien de dire que la grammaire et la syntaxe de la phrase exigent le respect de certaines règles selon lesquelles le sujet de phrase est sujet (grâce en partie au fait que le verbe est autre), mais il faut se rappeler que la lecture a lieu, non pas sur la page, non pas sur le plan de la phrase, mais dans la conscience du lecteur.

Dans les analyses qui suivent, nous mettons en valeur la relation double et réciproque de ces deux moments de l'intentionalité : celle de la langue qui en effet est empruntée au lecteur, et celle, également du lecteur, qui vise le référent. Le référent-en-train-de-se-composer influe sur la lecture des suites de phrases, et l'organisation des phrases influe réciproquement sur l'établissement du référent. C'est ainsi que nous décrivons la dynamique de la lecture d'après la philosophie d'Ingarden.

NOTES

[1] *Cf.* notre article (1991), « Le Jugement chez Ingarden et chez saint Thomas : perspective référentielle », *Texte*, 11, 265-281.
[2] Nous disons idéologique parce que cette distinction permet de dévaloriser certaines formes d'écriture tout en insistant sur le bon jugement, etc., de ceux qui « détiennent la vérité ». Une telle distinction convient bien à ceux qui possèdent du pouvoir, et alors la vérité, car ils peuvent ainsi se « débarrasser » des œuvres qui ne leur plaisent pas, celles qui ne leur disent pas la « vérité ».
[3] Voir l'article d'Ingarden à ce sujet (1949), « Des différentes conceptions de la vérité dans l'œuvre d'art ».
[4] Zu beachten ist aber, dass bei Kunstwerken von einem "Organismus" nur in übertragenem Sinn gesprochen werden kann, so dass die Form "organischer Bau" im literarischen Kunstwerk noch in verschiedenen Zügen von der Form eines Organismus im echten, bei Lebewesen zutreffenden Sinn abweicht (note 47, 74).
[5] Il se peut pourtant que l'émotion provoquée par l'œuvre suscite une réaction chez le lecteur, ainsi faisant de l'œuvre une motivation à l'action, ainsi établissant un pont entre la réalité et la fiction. La complexité de cette notion dépasse toutefois l'objectif de cet ouvrage.

[6] Dans son article «Künstleriche und ästhetische Werte», *Erlebnis*, Ingarden mentionne ceci dans le contexte du goût, mais non pas dans le contexte des valeurs elles-mêmes qui changent (157).

[7] *Cf.* notre article (1995), «L'Axiologie d'Ingarden», *Philosophiques*, 22, 35-52.

[8] Der Künstler sieht bei der Komposition seines Werkes die möglichen Zusammenstimmungen der ästhetisch valenten Qualität voraus, die in seinem Werk, bzw. in dessen Konkretisation zur Konstituierung eines bestimmten ästhetischen Wertes führen sollen («Künstlerische und ästhetische Werte», *Erlebnis*, 177).

[9] Selon Ingarden l'œuvre littéraire est un objet purement intentionnel ayant sa fondation dans 1) les actes créateurs de l'auteur, 2) des symboles (ou signes) linguistiques et, 3) des concepts idéaux et des idées («A Marginal Commentary on Aristotle's Poetics», part II, 165).

L'analyse littéraire

Dans quel sens pourrait-on dire qu'on se sert de la philosophie d'Ingarden dans le développement d'une méthode d'analyse littéraire ? Dans les deux premières parties de ce livre nous avons explicité et commenté les deux aspects de cette philosophie qui pourraient éventuellement intéresser les critiques, à savoir la concrétisation et la linguistique intentionnelle. Dans cette troisième partie nous voulons tenter une adaptation de cette philosophie à l'analyse d'un texte littéraire. Pourtant la nôtre n'est pas une méthode rigide, un paradigme bien équilibré dans lequel on fait « couler » des échantillons littéraires, lesquels épouseraient alors la forme du paradigme. Cette méthode d'analyse est plutôt un moyen d'aborder le texte littéraire en tenant compte des aspects linguistiques du texte, et en cherchant à dévoiler les liens qui s'établissent entre la forme linguistique du texte et son référent à mesure que la lecture progresse.

Il est évident que cette méthode, ou cette approche, est fondée sur la conception ingardénienne de l'œuvre littéraire selon laquelle l'œuvre est une entité stratifiée. Les couches linguistiques de l'œuvre (phonétique et syntaxique) fondent et en même temps rendent possibles la couche référentielle (les objets figurés) et celle des aspects schématisés. Mais au lieu de nous pencher sur le bien-fondé de la notion de stratification, nous nous orientons vers le fonctionnement du langage à l'intérieur des strates. Dans nos efforts pour réaliser la critique d'une œuvre particulière nous dépassons, alors, l'ontologie d'Ingarden. Notre intention n'est pas de faire comprendre la façon dont les quatre strates de l'œuvre s'interpénètrent ou chevauchent les unes les autres (nous ne voulons pas escamoter les qualités littéraires de l'œuvre). C'est plutôt le côté «littéraire» de l'œuvre qui nous intéresse, ce qui veut dire finalement que l'analyse met l'accent sur le texte.

Nous faisons donc abstraction, au cours de l'analyse, de la philosophie d'Ingarden, mais cela est d'autant plus désirable que c'est nécessaire. Faire plier l'œuvre littéraire aux catégories philosophiques d'Ingarden, c'est faire de l'œuvre un appendice de l'argument philosophique. Par contre, toute approche critique implique une philosophie ou du moins une idéologie dont le chercheur se doit de rendre compte. Ce n'est pas que les deux discours (critique et idéologique) doivent faire partie d'un même texte, mais le discours philosophique peut informer l'analyse littéraire en précisant et en développant certaines notions dont le critique se sert, si ce n'est que de façon intuitive. Le discours philosophique n'est pourtant pas à dégager des œuvres littéraires qui nous servent d'exemples, comme si l'on parlait de la philosophie de l'auteur, car ce discours ne se trouve pas dans l'œuvre littéraire. Il représente plutôt une réflexion sur l'œuvre en général et sur le langage en particulier, et il nous informe sur l'œuvre littéraire en tant que phénomène linguistique. Il faut adapter le discours philosophique à la critique d'une œuvre littéraire particulière. Cette adaptation nous a longuement préoccupé dans les deux premières parties de ce livre. C'est la justesse de nos critiques qui déterminera à la fin la valeur heuristique de l'emploi que nous faisons de cette philosophie.

On se demande pourtant quel est le rapport entre la critique littéraire et la philosophie d'Ingarden. N'avons-nous pas en quelque sorte trahi l'objectif de la philosophie d'Ingarden en délimitant certaines notions, mais en faisant abstraction d'autres notions? Ou bien, pourquoi s'aventurer dans le chemin épineux et sinueux de la philosophie d'Ingarden lorsque notre approche ressemble à premier abord à une analyse linguistique quelconque de l'œuvre littéraire? Il se peut même que nous nous écartions du chemin qu'Ingarden lui-même a voulu tracer, celui qui mène de la philosophie phénoménologique de Husserl jusqu'à l'analyse des différents genres artistiques, pour aborder finalement l'analyse des qualités et des valeurs esthétiques qui trouvent leur expression dans des œuvres représentatives en littérature, peinture, musique, et architecture. Nous insistons, pourtant, sur ce qui constitue, d'après nous, l'essentiel de ce cheminement philosophique. Il s'agit d'une notion remise en valeur par le maître de Husserl, F. Brentano, et développée par Husserl lui-même, par Ingarden et par plusieurs autres. Nous parlons de l'intentionalité.

C'est la notion d'intentionalité qui gouverne les différents aspects de la philosophie littéraire d'Ingarden. Les analyses de caractère linguistique qu'il a effectuées, la notion de concrétisation selon laquelle le lecteur remplit les lieux d'indétermination de l'œuvre, et la conception de l'œuvre littéraire comme une entité stratifiée, les quatre strates représentant finalement la progression que ressent le lecteur lorsqu'il prononce les mots, sous forme de symboles, dans un effort et pour comprendre la phrase dans laquelle les mots (ou vocables) se trouvent, et pour réaliser une concrétisation du passage lu, passage qui consiste en un certain nombre de phrases juxtaposées les unes aux autres. En insistant sur le rapport « intentionnel » entre le langage et le référent, nous mettons alors en valeur le fonctionnement du facteur d'orientation intentionnel qui en effet rend le texte littéraire possible. C'est le grand mérite d'Ingarden d'avoir abordé l'étude du langage et de la littérature sous l'angle de l'intentionalité, même s'il n'a pas porté le développement de cette notion jusqu'à son plein épanouissement, et même si ses analyses ontologiques semblent parfois diverger en quelque sorte de la notion originaire d'intentionalité.

Reste le problème apparent du rapport entre la première partie, la concrétisation, et la deuxième partie de notre ouvrage, la linguistique intentionnelle. Or, notre méthode d'analyse découle des notions discutées surtout dans la deuxième partie de ce livre qui a pour objet le langage lui-même. Ainsi la notion de concrétisation, et subséquemment celles d'objet et de valeur esthétique, ne sont que secondaires sur le plan de la pratique critique, mais ne sont pas pour autant dépourvues d'intérêt. L'analyse littéraire doit se préoccuper du comment de la concrétisation plus que du bien-fondé de cette notion au sein de l'expérience esthétique dans le cours de la vie de l'être humain.

Les notions traitées dans la première partie de ce livre font valoir l'importance de la notion d'intentionalité. La concrétisation, ainsi que l'objet esthétique, ont lieu dans la conscience du lecteur. Aussi les valeurs esthétiques exigent-elles, afin de se faire connaître, la participation esthétique du lecteur au texte qu'il lit. Le langage, objet de notre deuxième partie, est également considéré dans une perspective intentionnelle mais sur un autre niveau. Ce n'est plus l'expérience esthétique propre qui en forme l'objet. L'expérience y est plutôt sous-entendue. Notre deuxième partie vise le comment de cette expérience, telle une étude des rouages qui, pris ensemble, constituent la machine utile à cause du travail dont il exonère l'homme.

Lorsqu'on lit un texte, les mots transcrits sur la page font appel à des objets d'ordre conceptuel, et ces objets trouvent une représentation chez le lecteur. Les prédicats de phrase développent leur sujet. La succession de signifiants fait appel à des objets (figurés) qui constituent le sens du texte. Il se peut, d'ailleurs, que le développement du texte s'oppose aux objets qui ont déjà trouvé une représentation chez le lecteur. Ainsi l'œuvre littéraire se construit, petit à petit, à mesure que le lecteur vise les objets suscités par les mots, à mesure que ces objets se développent, se transforment ou s'influencent les uns les autres. C'est l'intentionalité linguistique que notre méthode, notre approche, veut mettre en valeur. Cette notion rend compte, nous l'espérons, du dynamisme du langage sous ses diverses formes littéraires.

Les deux essais suivants ont pour objet deux œuvres de caractère fort différent (bien que certains de leurs thèmes se ressemblent). Il s'agit du *Journal d'un curé de campagne* de Bernanos, et du *Journal du voleur* de Genet, celle-ci une œuvre soi-disant autobiographique, celle-là une œuvre fictionnelle.

Le Journal d'un curé de campagne

Dans le *Journal d'un curé de campagne*[1] les syntagmes du texte ont une fonction double : ils présentent le référent, et ainsi ils remplissent leur fonction dans l'œuvre qui est celle de présenter des objets figurés. Mais en même temps ils présentent un vide, une espèce de creux qui symbolise l'absence de Dieu dans le monde. En ce sens on dirait que les mots font appel à des objets, comme quoi les objets sont des objets figurés, mais le texte est impuissant lorsqu'il s'agit de faire appel à l'être suprême qu'est Dieu. Tout en faisant appel aux objets du monde, tout en permettant au référent de s'établir dans une concrétisation, le texte nous révèle que, finalement, cet appel aux objets n'est qu'une illusion, qu'il est impossible de communiquer au moyen des paroles ce qui doit nous échapper.

Ce que l'on pourrait ainsi nommer la négativité du journal se fait ressentir dès les premières paroles, «Ma paroisse est une paroisse comme les autres». Le substantif «paroisse» fait appel à un endroit circonscrit de façon géographique et religieuse. Le complément de la phrase ne développe pourtant pas son sujet. «Est une paroisse comme les autres» ne nous dit rien de particulier au sujet de la paroisse. L'objet intentionnel visé par le sujet de phrase est pour ainsi dire bouclé sur lui-même. Au lieu de poursuivre le développement du sujet, le complément de cette première phrase nous renvoie au sujet. La deuxième phrase ne nous aide guère non plus. Les mots «Toutes les paroisses se ressemblent» ne font que continuer cette espèce de développement dans le vide, c'est-à-dire, un développement référentiel qui n'en est pas un. Le mot « paroisse » n'est pourtant pas dépourvu de sens. Le lecteur « s'imagine » une paroisse selon ses connaissances et selon son propre passé, mais il s'agit d'une « paroisse » qui ne présente que des lieux indéterminés.

Tout le roman, d'ailleurs, est structuré de façon à souligner l'incapacité des paroles de nommer[2] et de faire connaître ce qui n'est pas matériel, ce qui n'est pas un objet dans le sens étroit du mot. Le récit nous est raconté par le curé d'Ambricourt. La forme « journal » implique que tous les propos, même ceux des autres personnages, sont rapportés par le curé lui-même, de sorte que toute l'œuvre est ainsi médiatisée par le personnage du curé. Le lecteur ne voit que ce que voit le curé et, ce qui est plus important, tout ce que le curé ne comprend pas ou ne perçoit pas, le lecteur ne comprend pas, ne perçoit pas non plus.

Le texte surdétermine cet aspect négatif du roman grâce à ce qu'on pourrait appeler des mises en garde, des questions rhétoriques, des phrases non terminées et de nombreuses ratures. Les mises en garde ont pour objet général le bon fonctionnement de la paroisse, c'est-à-dire les rapports des paroissiens avec le curé. Sur le plan de l'intrigue elles représentent aussi un augure de ce qui pourrait arriver dans la paroisse du curé, ainsi aidant à créer du suspense. Vers le début de son séjour à Ambricourt, par exemple, le curé se fait expliquer sa paroisse par le curé de Torcy de la façon suivante : « Un paysan s'aime rarement, et s'il montre une indifférence si cruelle à qui l'aime, ce n'est pas qu'il doute de l'affection qu'on lui porte : il la mépriserait plutôt » (27). La psychologie du paysan, expliquée ainsi par le curé de Torcy, nous fait savoir que l'on ne peut se fier aux apparences, que derrière les actions et les paroles de ses ouailles il existe une motivation complexe qui ne se laisse voir que rarement.

Plus tard le chanoine Durieux dira au curé d'Ambricourt : « Vous avez la vocation de l'amitié [...]. Prenez garde qu'elle ne tourne à la passion. De toutes, c'est la seule dont on ne soit jamais guéri » (52). Or, il est souvent difficile de déterminer à quel moment cesse l'amitié et à quel moment commence la passion, ce qui nous présage peut-être un avenir tumultueux pour le curé d'Ambricourt. De toute façon c'est ainsi que le lecteur apprend le caractère du curé. Il est de nature faible, instable même ou sujet à caution, bien que ce caractère ne soit jamais révélé ou expliqué au lecteur. Le lecteur est comme à la dérobée, à l'écoute d'une conversation dont il ignore l'objet. Il n'entend que les exclamations, les descriptions, la réaction des locuteurs.

Par ailleurs, le curé se pose des questions qui restent sans réponse, si bien que le lecteur, limité dans sa perspective par celle du curé, est incapable d'y fournir une réponse quelconque. Le lecteur doit laisser plusieurs questions sans réponses, et ces questions représentent alors des lieux indéterminés. Au sujet des enfants dans son catéchisme le curé écrit : « Mon Dieu, les enfants sont les enfants, mais l'hostilité de ces petites ? Que leur ai-je fait ? » (34). Plus tard il se demande : « Quelle épaisseur a le péché ? A quelle profondeur faudrait-il creuser pour retrouver le gouffre d'azur ?... » (87). Ce sont des questions qui nous renseignent sur les réflexions du curé et qui font appel à un objet intentionnel hypothétique (la forme interrogative), mais auxquelles le curé lui-même n'offre aucune réponse. Le texte est parsemé de questions rhétoriques de ce genre. Parfois le curé se pose une question au sujet du comportement d'un autre personnage, ainsi exprimant son étonnement, et parfois il s'interroge : les « qu'ai-je fait ? », les « que dire ? » les « que faire ? » représentent des questions et des énigmes pour le curé, aussi bien que pour le lecteur, qui ne voit pas plus clair que le curé lui-même.

Souvent les phrases restent sans terminaison, ce qui veut dire que le sujet de phrase n'y trouve pas de développement. Le référent est suscité grâce à la puissance référentielle du substantif, mais il n'est pas rempli par le texte, et doit donc présenter des lieux d'indétermination. Lorsque le sujet est nommé mais pas complété, le langage est réduit à sa fonction minimale, celle de susciter un objet purement intentionnel. Le manque de développement rend pourtant le récit impossible. Le lecteur se voit circonscrit au niveau de la présence des objets du monde, bien qu'il ne puisse ordonner ces objets comme bon lui semble. Il ne réussit pas, en effet, à y établir des liens de cause et d'effet. Lors d'une déception le curé écrit : « La déception a failli me faire tomber de l'échelle... Oh ! non, je ne suis pas prêt... » (105). Prêt à quoi on se demande. Une conversation avec la comtesse porte sur le sujet de son enfant mort. Le curé dit que la rancune de la comtesse ne lui fait pas horreur : « "Parce que moi aussi madame... il m'arrive parfois..." Je n'ai pu achever » (185). Et ce n'est pas uniquement le curé qui laisse sa pensée sans détermination. Le curé de Torcy lui dit un jour : « Je me demande si tu te rends compte que... Il s'est tu. — Non, plus tard, a-t-il repris d'une voix radoucie, nous n'allons pas parler de ça dans cette cahute » (217). Le curé ne comprend pas l'intention de son ami et alors le lecteur, lui non plus, ne peut comprendre à quoi le curé de Torcy fait allusion. Les énoncés font appel à des objets et à des personnages représentés de façon intentionnelle mais en les laissant pour ainsi dire sans suite, de sorte que leur véritable objet est une espèce de vide, la conscience du curé dans ses rapports avec le monde et avec les autres.

Dès le début du livre le curé avoue son incapacité de comprendre la routine quotidienne de la vie : « Je suis chaque jour plus frappé de mon ignorance des détails les plus élémentaires de la vie pratique, que tout le monde semble connaître sans les avoir appris, par une espèce d'intuition » (39). Il constate bientôt que la comtesse et le comte lui sont en quelque sorte devenus hostiles. « Madame la comtesse ne répond plus à mon salut que par un hochement de tête très froid, très distant ». Le comte lui montre « une froideur incompréhensible, c'est presque de l'hostilité. Que croire ? » (193). Cette distance, cette froideur sont d'autant plus incompréhensibles que le curé lui-même ne réussit pas à s'expliquer les motifs d'une telle conduite à son égard. Le lecteur peut conjecturer, attribuer cette froideur au zèle du curé, mais une telle explication reste conjecturale et sans affirmation. C'est dire que la conduite du comte et celle de la comtesse représentent des lieux indéterminés que le lecteur remplit comme bon lui semble.

L'incompréhension du curé prend souvent la forme du mot « secret », mot qui nomme mais qui en même temps cache ce qu'il est censé révéler. Au sujet de la jeune fille, Chantal, il écrit : « D'ailleurs, les manières de Mlle Chantal ne me plaisent guère, elle a dans ses traits la même fixité, la même dureté que je retrouve, hélas ! sur le visage de beaucoup de jeunes paysannes et dont le secret ne m'est pas encore connu, ne le sera sans doute jamais, car elles n'en laissent deviner que peu de chose, même au lit de mort » (83). Vers la fin du roman Chantal demande au curé s'il a un secret et le curé répond que le sien est « un secret perdu » (273). Il a pour ainsi dire trouvé le moyen de terminer ses phrases. Au lieu de se taire sans avoir complété sa phrase, sans avoir donné au sujet de phrase une détermination sous forme de prédicat, il a trouvé un moyen de nommer l'inconnu. Il s'est peut-être avancé ainsi dans la compréhension du comportement des autres, mais le lecteur reste aussi peu informé à l'égard du curé qu'il ne l'était préalablement.

Il existe aussi nombreuses ratures dans le journal du curé, une page déchirée, des pages qui manquent, etc., ce dont le lecteur est informé par un mot de l'« éditeur ». Ce qui nous intéresse, ce sont les mots qui précèdent ou qui suivent de près les parties qui manquent. Ils ont tous un même thème, l'angoisse du curé. « Tout le jour, je n'ai eu en tête que des images d'enfance. Je pense à moi comme à un mort » (119) ; « Car l'angoisse... » (123) ; « J'ai écrit ceci dans une grande et plénière angoisse du cœur et des sens. Tumultes d'idées, d'images, de paroles. L'âme se tait. Dieu se tait. Silence » (140) ; « Dieu seul peut savoir ce que j'endure. Mais le sait-il ? » (161) ; « Oserais-je en faire l'aveu ?... » (233). L'angoisse, la peur, l'inquiétude du curé naissent de la réflexion sur l'existence et représentent encore une fois des lieux indéterminés. Le lecteur, lui non plus, ne peut d'ailleurs «remplir» les pensées exprimées par le curé afin d'éviter le vide qui se manifeste au niveau du texte. C'est que, finalement, les mots «secret» et «angoisse», sont des mots qui nomment un manque essentiel, manque que l'on ne sait remplir, que l'on ne sait éviter. L'expression de ce manque sous forme de phrase constitue alors une phrase «vide», une phrase bouclée sur elle-même : Le facteur d'orientation intentionnel dirige le lecteur vers un complément qui n'a que le vide pour contenu. L'orientation retombe alors sur le curé lui-même à la manière de la première phrase du livre où déjà la structure «bouclée» de la phrase est apparente («Ma paroisse est une paroisse comme les autres»).

Malgré cette structure de phrase «bouclée», qui constitue essentiellement une mise en abîme — la forme linguistique dédoublant la négativité sur le plan référentiel —, il se constitue un récit à mesure que progresse la lecture. On peut le résumer ainsi. La comtesse, personnage central du roman, regrette énormément son fils mort jusqu'à en garder rancune à Dieu (182). Son mari la trompe avec l'institutrice de sa fille, Chantal. Celle-ci se désespère du manque d'affection de son père et contemple le suicide. Au milieu se trouve le curé. Le curé a pourtant le don de deviner les intentions des autres, bien qu'elles ne soient pas explicitement exprimées. En ce sens le curé a l'air d'un nouveau Christ, d'un Bien qui sait trouver le mal, avant qu'il n'ait lieu, afin d'empêcher sa réalisation dans le monde. Cette fonction dépasse son office religieux. Il reconnaît le mal, c'est l'ennui (5), une espèce de cancer qui tue lentement, dans une paroisse où le bien et le mal se font équilibre (5).

Etonnamment la prière, cet accès à Dieu qui peut faire cesser l'angoisse, fait défaut au curé. «Je me suis étendu au pied de mon lit, face contre terre. Ah! bien sûr, je ne suis pas assez naïf pour croire à l'efficacité d'un tel moyen. Je voulais seulement faire réellement le geste de l'acceptation totale, de l'abandon. J'étais couché au bord du vide, du néant, comme un mendiant, comme un ivrogne, comme un mort, et j'attendais qu'on me ramassât. Dès la première seconde, avant même que mes lèvres n'aient touché le sol, j'ai eu honte de ce mensonge. Car je n'attendais rien» (118). Pourtant, malgré cette absence apparente de Dieu chez le curé, celui-ci semble doué d'un pouvoir surnaturel que les autres ne possèdent pas.

La négativité du roman s'inscrit, d'ailleurs, dans plusieurs des personnages. Le curé de Torcy parle ouvertement de l'hypocrisie des croyants, de ceux qui s'enrichissent et s'en enorgueillent bien que les paroles de l'Evangile, «Si vous n'êtes pas comme l'un de ces petits, vous n'entrerez pas dans le royaume de Dieu» (63), semblent proscrire la poursuite des richesses et du pouvoir au désavantage des pauvres. Il représente la séparation effectuée entre la pratique religieuse et l'enseignement du Christ comme il est rapporté par l'Evangile, séparation qui n'avantage pas l'église à son avis. Pour leur part, les médecins Laville et Delbende se sont presque résignés à l'échec dans leur lutte contre la maladie. Laville avoue que le but de la médecine, celui de guérir les malades, lui «tourne le dos». Delbende ne pratique guère plus son métier. Sa devise est qu'il faut «faire face» (91). Laville se drogue à la morphine; Delbende se suicide. Ensemble ils représentent l'impuissance de la science à guérir ce qui constitue peut-être la maladie la plus dangereuse dans le monde bernanosien, le désespoir. Le métier du militaire, lui, est aussi dépourvu de gloire que les autres professions. Selon le soldat Olivier, les militaires n'ont plus d'espoir (262), leur conscience est à la charge de l'état (265). Ce ne sont que des ingénieurs qui n'ont qu'à «tourner un bouton pour assassiner une ville» (265).

Au moyen de dialogues avec le curé, les autres personnages du roman nous renseignent que le matérialisme seul ne peut pourvoir aux besoins des hommes, besoins qui sont à la fois matériels et spirituels. Celui qui ne connaît aucune valeur spirituelle ou religieuse ne peut connaître le bonheur. Le curé lui-même éprouve un manque de Dieu dans sa vie, dans ses réflexions, mais cela n'empêche pas qu'il possède un étrange pouvoir qui le rend capable de s'attaquer au mal avant que le mal se fasse connaître dans le monde matériel sous forme d'une puissance destructrice. Lors d'un entretien avec Chantal le curé devine que celle-ci veut se suicider afin de se venger contre son père indifférent à son égard. Le lecteur ne sait toujours pas de quoi il s'agit. «J'ai réfléchi un moment. Il me semblait que je lisais à mesure sur ses lèvres d'autres mots qu'elle ne prononçait pas, qui s'inscrivaient un à un, dans mon cerveau, tout flamboyants. Je me suis écrié comme malgré moi : "Vous ne ferez pas cela. Ce n'est pas de cela que vous êtes tentée, je le sais!"» (149). Il demande à Chantal de lui donner la lettre qui se trouve dans sa poche et Chantal, étonnée que le curé ait deviné l'existence de cette lettre, la lui tend en disant : «Vous êtes donc le diable!» (150). Ainsi le curé empêche Chantal de se suicider. Plus tard il écrit dans son journal : «Aujourd'hui la curiosité l'emportait. Une curiosité dont je ne puis rougir. C'était, je crois, la curiosité du soldat qui se risque hors de la tranchée pour voir enfin l'ennemi à découvert ou encore...» (151). Ce passage fait allusion à son pouvoir de connaître la présence d'un mal imminent. La tranchée symbolise l'état naturel de l'homme qui ne voit pas ce qui l'entoure, tout comme l'homme enchaîné dans la parabole de la caverne de Platon ne voyait que des ombres sur le mur devant lui. Sortir de la tranchée, c'est voir ce qui reste caché aux autres. Pourtant, au lieu de voir la lumière, symbole du Bien chez Platon, le curé ne voit que le mal.

A un autre moment le curé veut que la comtesse se résigne devant Dieu, qu'elle accepte la volonté de Dieu, même si Dieu lui avait pris son enfant. Il lui dit que Dieu la «brisera» (177). La comtesse meurt subséquemment à cet entretien, heureuse, dit-elle, sans désirs, mais pas résignée non plus. Le curé avait donc réussi dans son combat avec le désespoir et la rancune, lesquels ne troublent plus la conscience de la comtesse, mais en même temps il l'a «tuée». Il fait lui-même le mal, tout en luttant contre. Il dira ensuite qu'il faudrait sûrement payer cette mort (215). Il meurt lui-même d'un cancer dont il voulait garder le secret.

A ces actes de caractère surnaturel on pourrait ajouter le fait que le curé de Torcy, l'aîné et le plus fort des deux, demande la bénédiction au curé d'Ambricourt et s'en va «tout courbé», c'est-à-dire humilié, la première fois que le curé d'Ambricourt le voit ainsi. En la présence de Chantal le curé s'étonne de ce qu'il lui est arrivé de faire. «"Soyez en paix", lui avais-je dit. Et elle avait reçu cette paix à genoux. Qu'elle la garde à jamais! C'est moi qui la lui ai donnée. O merveille, qu'on puisse ainsi faire présent de ce qu'on ne possède pas soi-même, ô doux miracle de nos mains vides!» (195).

Ainsi les diverses couches du roman «s'harmonisent» dans l'expression d'une idée métaphysique. La phrase «bouclée» sur elle-même sur le plan de la strate des unités de signification fait écho à la négativité du roman sur le plan des objets figurés. Tout le roman a pour contenu le manque de présence de Dieu dans la vie des hommes et ce manque se fait ressentir sur le plan des deux strates principales du roman. La conséquence de ce manque, c'est l'ennui, ce «cancer» avec lequel on peut vivre «très longtemps» (5), mais qui finit par tuer sa victime. Le curé a pourtant un pouvoir surnaturel qui lui permet de renverser l'équilibre du bien et du mal, comme quoi il empêche parfois le mal de se réaliser, mais le «secret» du curé reste indéterminé. Le lecteur est incapable de le remplir ou d'en faire une entité réelle. Le secret n'est pas dévoilé, le vide au centre du livre y figure toujours. Entre les unités de signification qui présentent les objets figurés et les objets figurés qui sont donc présentés par les unités de signification, il existe un lien étroit, la structure syntaxique et référentielle de la phrase fonctionnant comme une mise en abîme du contenu référentiel du livre. Les lieux indéterminés des phrases évoquent l'incompréhension et l'ignorance du narrateur face aux autres personnages, mais surtout face à ce qui manque dans sa vie, la présence de Dieu. Pourtant, c'est dans le narrateur et à travers lui, mais à son insu, que Dieu, le Bien, agit dans le monde humain, contre le mal.

NOTES

[1] Bernanos Georges, 1936, *Le Journal d'un curé de campagne*, Paris, Librairie Plon.

[2] Le concept de nommer prend donc un sens très large, sens qui lui est dévolu finalement de la philosophie scolastique du Moyen Age, où «nommer» est en effet «connaître». Il y a un parallèle à établir entre la philosophie scolastique et la philosophie d'Ingarden à ce sujet, parallèle qui, autant que nous le sachions, n'est développé nulle part. Evidemment cet aspect épistémologique de la philosophie d'Ingarden dépasse notre visée immédiate, et surtout dans le contexte de l'œuvre de Bernanos.

Journal du voleur

La différence principale entre le *Journal d'un curé de campagne* et le *Journal du voleur*[1] de Jean Genet, est que celui-ci est en principe autobiographique. Genet y raconte sa jeunesse, ses vagabondages, sa mendicité, enfin, ses amours. Et bien qu'on puisse douter par moments de la véracité de son récit (par endroits Genet transforme la vérité pour la faire mieux concorder avec sa conception de lui-même et de sa vie passée)[2], ce n'est pas de la vraisemblance ou de la non vraisemblance du récit que nous traitons. La méthode que nous employons dans la compréhension du texte littéraire met en valeur le rapport entre les unités de signification (les entités linguistiques) et les objets figurés (le monde diégétique) au fur et à mesure que la lecture avance. Comme c'était le cas du *Journal d'un curé de campagne*, dans le *Journal* de Genet la structure linguistique de la phrase représente une mise en abîme du contenu référentiel.

Les premières phrases de l'œuvre sont significatives. Les mots « Le vêtement des forçats est rayé rose et blanc » nous présentent un objet intentionnel, le vêtement du forçat, et le qualifient de deux façons différentes. Le génitif nous indique à qui ce vêtement appartient, dans un sens général, et le prédicat nous indique les couleurs du vêtement aussi bien que leur organisation visuelle. Le prédicat développe son sujet mais sous un seul aspect, c'est-à-dire visuel. Grâce au référent du mot forçat et au symbolisme des couleurs rose et blanc, la délicatesse et la pureté, il s'établit alors une opposition entre le « forçat » et les couleurs « rose » et «blanc». Cette opposition a d'ailleurs des connotations sociales, étant donné que les forçats sont obligés de s'habiller de façon peu flatteuse à leur égard. Cette première phrase est une phrase simple, une affirmation qui présente son sujet et le développe de façon logique (l'ordre direct de la phrase), ce qui fait contraste avec la phrase suivante.

La deuxième phrase du livre est tout à fait autre. Elle est longue, complexe, et caractérisée par une inversion. «Si, commandé par mon cœur l'univers où je me complais, je l'élus, ai-je le pouvoir au moins d'y découvrir les nombreux sens que je veux : *il existe donc un étroit rapport entre les fleurs et les bagnards*». La première phrase nous a présenté un objet concret (bien que fictionnel); la deuxième nous détourne de cette voie référentielle pour nous orienter vers la subjectivité du narrateur. Celui-ci nous dit enfin que le référent, en train de se développer, obéit non pas à son propre mécanisme disons interne, mais à la volonté du narrateur lui-même. En raison de la réflexion du narrateur nous avons donc évolués du domaine de la réalité historique à celui de la métaphore. Selon le narrateur, il suffit de choisir son objet. On a par la suite le pouvoir d'y découvrir le sens, disons la beauté, qu'on voudrait. La justification de ce procédé est émotive. Le narrateur est «commandé par [s]on cœur», ce qui nous fait comprendre que le texte nous oriente maintenant, après une première phrase «objective», vers la subjectivité du narrateur. Cette orientation importe finalement sur le plan de la concrétisation.

A propos de la deuxième phrase du livre, il y a trois éléments qui retiennent l'attention. Il faut d'abord signaler que les connotations de délicatesse et de pureté, évoquées par la phrase précédente, sont rendues plus concrètes par la présence du mot «fleurs» dans la deuxième phrase. La délicatesse et la pureté, suggérées d'abord par la simple contiguïté du forçat et de son vêtement — une relation arbitraire —, deviennent ensuite un aspect nécessaire de la notion de forçat dans la pensée du narrateur. Le forçat devient lui-même une espèce de fleur grâce et à ce vêtement «rayé rose et blanc» et, grâce surtout à l'imagination du narrateur[3]. Il faut signaler aussi que le mot «forçat» de la première phrase a été remplacé dans la deuxième phrase par le terme de «bagnard» (créé en 1922 selon le *Robert*, à la fin du dix-neuvième siècle selon le dictionnaire étymologique *Robert*, à partir de «bagne», mot créé en 1637 à partir de l'italien «bagno». Le mot «forçat», qui existait déjà en 1533, dérive de l'italien «forzato»). Ce changement lexical indique au lecteur que le narrateur a l'intention de nous parler dans deux registres différents, celui de la langue reçue, et celui de l'argot ou des néologismes de son milieu. La deuxième phrase, plus longue que la première, est d'ailleurs caractérisée par une inversion, la proposition hypothétique précédant la proposition principale. De plus, les nombreuses appositions, ainsi que la forme syllogistique de la phrase, ont pour conséquence que cette phrase est complexe.

La troisième phrase est d'un ordre direct. Elle épouse la forme d'une affirmation, bien que la comparaison présentée reste quelque peu énigmatique. Le rapport entre les fleurs et les forçats est explicité en quelque sorte, ou du moins est-il concrétisé. Ce qui n'était que suggéré dans les deux premières phrases est maintenant explicite, quoique ce rapport ne cesse d'étonner : « La fragilité, la délicatesse des premières sont de même nature que la brutale insensibilité des autres*». L'astérisque nous renvoie à une note où le narrateur nous explique que son « émoi c'est l'oscillation des unes aux autres ».

La quatrième phrase est d'un ordre inversé et est deux fois plus longue que la troisième. Elle exprime clairement la métaphore : « Que j'ai à représenter un forçat — ou un criminel — je le parerai de tant de fleurs que lui-même disparaissant sous elles en deviendra une autre, géante, nouvelle ». Or, le symbolisme de ces premières phrases du livre est multiple. Comme nous l'avons déjà dit, la fleur symbolise la fragilité et la délicatesse, symbolisme évoqué par Genet lui-même. Elle a des connotations sexuelles, grâce au fait que la fleur est l'organe reproducteur des plantes, et elle est évocatrice du sacrifice religieux, ou au moins de l'office religieux, étant donné qu'on s'en sert souvent pour décorer un autel, pour garnir la tête d'une nouvelle mariée, pour fêter certains rites religieux qui datent de plusieurs siècles. Sur le plan social la fleur est appréciée en tant que bel objet. Elle est synonyme, ou presque, du plaisir sensuel et du bonheur de vivre. Pour toutes ces raisons le contraste que Genet établit entre la fleur et le bagnard, celui-ci étant en quelque sorte une personne à craindre, ne peut manquer de susciter l'intérêt du lecteur, ou du moins de provoquer chez le lecteur un sentiment d'incongruité familière, par exemple, aux lecteurs de Baudelaire.

Le contraste de régimes et de registres est apparent dès les premières phrases de l'œuvre, et devient d'autant plus significatif que cette forme de manichéisme est développée tout au long du livre. Le narrateur se trouve ainsi à la lisière des deux éléments contrastés, recherchant partout la beauté de la fleur, tout en vivant l'humilité du châtiment. La cinquième phrase souligne cette notion : « Vers ce qu'on nomme le mal, par amour j'ai poursuivi une aventure qui me conduisit en prison ». Il faut remarquer que cette phrase est d'un ordre inversé et fait ressortir, encore une fois, le contraste entre les notions de forçat (le « mal » et la « prison ») et de fleur (dans le sens où la fleur est le symbole de l'amour).

Le manichéisme de Genet est donc apparent sur le plan des objets figurés. Genet oppose le symbolisme de la beauté et du bonheur social au crime, à la peur et à la subversion. Il y voit pourtant des ressemblances, si bien que le symbolisme d'un régime se voit transposé sur le plan de l'autre. Dans le *Journal* le mélange des régimes (esthétique et religieux en opposition avec le crime et la trahison) se fait constater même au niveau de la couche des unités de signification, comme Sartre nous le dit dans *Saint Genet* (p. 439)[4].

Eu égard à la vie et à l'œuvre de Genet, la thèse de Sartre est, d'ailleurs, intéressante, bien que dépourvue de sérieux dans la perspective historique[5]. Pour bien comprendre les remarques de caractère linguistique que Sartre fait au sujet du livre de Genet, il faut pourtant connaître sa thèse en ce qui concerne la vie même de Genet. Selon Sartre, Genet s'achemine, tout au long de ses expériences, vers l'étape finale de son développement intellectuel, la littérature. Il passe par le mal, par l'acte réalisé dans le monde, ainsi que par les mots et les phrases poétiques. Il se rend compte que la seule véritable façon de tricher, c'est d'être à la fois objet pour les autres et sujet pour soi-même. Pour Genet la littérature représente alors un domaine de fantaisie et d'illusion. Comme il est déjà esthète, selon Sartre, il ne lui reste que de transformer le geste esthétique en littérature. Vu que Genet est criminel et traître, et qu'il s'acharne à faire le mal, le crime et la trahison deviennent naturellement les thèmes de ses écrits. La technique linguistique dont il se sert a surtout pour objectif de tromper le lecteur. Sartre exprime cette duplicité de la façon suivante : « Et, puisque le geste esthétique avait pour fonction de convertir une réalité sordide en luxueuse apparence, le geste verbal sera un jugement catégorique du type "x est y" dans lequel le sujet sera régulièrement choisi parmi les termes du système "misère" et l'attribut parmi ceux du système "luxe"» (Sartre 439). Ainsi Genet découvre un moyen d'invertir les notions d'être et de non être. Ce qui est plénitude devient privation sous sa plume ; ce qui y est privation devient plénitude.

Selon Sartre, le verbe chez Genet assume « l'office irréalisant de l'esthétique pédérastique » (439) ; le sujet de phrase est neutralisé dans son complément :

> Ainsi le verbe maintient par-delà la diversité absolue des termes une identité irréalisable : il y a et il n'y a pas mouvement, il y a et il n'y a pas devenir ; le mouvement esquissé se fige, l'activité devient synthèse passive, le dévoilement ne dévoile rien du tout, la métamorphose est une apparence de métamorphose. Seulement l'art est ici de la préparer, d'émouvoir l'esprit de l'auditeur, de la conduire par des chemins sûrs jusqu'au jugement catégorique où il se précipite avec tant de fougue qu'il ne sait plus, en définitive, s'il a *effectué* la signification irréalisable ou s'il en a *l'illusion* de comprendre.

Ainsi le verbe laisse un goût étrange d'acte passif, de mouvement immobile, d'épanouissement figé (Sartre 440).

Au dire de Sartre, Genet se sert du langage comme d'une drogue (473) dans un effort pour tromper le lecteur. Il semble pourtant que la thèse de Sartre (*cf.* le passage cité) met en question non pas seulement les écrits de Genet, mais toute la littérature en général parce qu'elle nie ce que nous cherchons précisément à mettre en valeur, c'est-à-dire le développement du référent à partir des entités linguistiques. Si, en effet, Genet réussit à figer tout développement au moyen des signes linguistiques, si le développement dans ses œuvres ne dévoile rien du tout, Genet n'a pas seulement trouvé une technique littéraire, il a réussi à tenir en échec tout l'appareil linguistique. Or, comme nous nous sommes évertués à le montrer, la structure particulière de la langue (de la phrase et du texte littéraire dans son entier) représente une progression, le développement d'un référent, une concrétisation dans l'esprit du lecteur. Le facteur d'orientation intentionnel qui fonctionne au niveau de la réception est le moyen par lequel la concrétisation se réalise. Le *Journal du voleur* est un récit de caractère autobiographique; il est structuré de façon chronologique selon la dialectique des personnages et des événements racontés. S'il y a véritable immobilité, ce doit être plutôt une «illusion» d'immobilité. Bien que la thèse de Sartre soit intéressante, sensationnelle même, elle ne nous sert pas dans nos efforts pour comprendre le texte de Genet. Au lieu d'«expliquer» Genet, Sartre en fait plutôt un trompe-l'œil[6].

Afin de comprendre le texte du *Journal*, il faut aller plus loin que la simple constatation du mélange des registres. Grâce à des traits stylistiques, Genet réussit, en effet, à établir des liens entre deux mondes différents, celui du crime et celui, on s'imagine, de la plupart des lecteurs. Or, ces deux mondes s'opposent l'un à l'autre sur le plan du contenu. Le criminel, ou le forçat, est l'antagoniste du policier; la prison et la mort représentent l'aboutissement d'une vie dissipée. Il existe d'ailleurs des exceptions. Parfois un policier devient criminel; parfois le criminel devient policier. Le récit du narrateur, ainsi que les valeurs qu'il préconise, ne sont pourtant possibles qu'en opposition avec le monde social, c'est-à-dire avec le monde organisé, gouverné et policé. Ce monde-là est donc nécessaire au *Journal*. Le rapport entre le criminel et ce que l'on pourrait appeler, peut-être naïvement, le bonheur social se transforme chez Genet en un bonheur esthétique. Il est visible, ou du moins ressenti, surtout sur le plan émotif.

Les premières phrases du livre soulignent la subjectivité du narrateur. Le rapport entre les bagnards et les fleurs est un rapport émotif dû à la sensibilité du narrateur. On pourrait aussi parler du désir d'étonner, mais nous ne parlons pas de ce désir-là étant donné que tout écrivain cherche à attirer son lecteur. Dans le texte de Genet, le bagnard devient fleur, et la fleur devient bagnard. Le narrateur effectue de telles transformations tout au long de son récit. Certains personnages sont présentés par une longue suite de phrases qui comprend des appositions, des propositions relatives et subordonnées, et où abondent des images douces, colorées des rêveries du narrateur. On y trouve un symbolisme et des figures rhétoriques qui transforment le récit en une vraie poésie, en un vrai chant d'amour.

Dans le passage suivant, par exemple, le narrateur nous décrit Stilitano. Le lecteur reconnaît facilement l'embellissement que l'imagination et la mémoire effectuent au récit des expériences passées. Le texte devient lyrique :

> Il portait une vieille casquette grise dont la visière était cassée. Qu'il la jette sur le plancher de notre chambre elle était soudain le cadavre d'une pauvre perdrix à l'aile rognée, mais quand il s'en coiffait, un peu sur l'oreille, le bord opposé de la visière se relevait pour découvrir la plus glorieuse des mèches blondes. Parlerai-je de ses beaux yeux si clairs, modestement baissés — de Stilitano pourtant on pouvait dire : «Son maintien est immodeste» — sur quoi se refermaient des cils et des sourcils si blonds, si lumineux et si épais qu'ils établissaient l'ombre non du soir mais l'ombre du mal. Enfin que signifierait ce qui me bouleverse quand je vois dans le port par saccades, à petits coups, se développer et monter une voile avec peine au mât d'un bateau, en hésitant d'abord, puis résolument, si ces mouvements n'étaient le signe des mouvements mêmes de mon amour vers Stilitano? Je l'ai connu à Barcelone. Il vivait parmi les mendiants, les voleurs, les tapettes et les filles. Il était beau, mais il reste à établir si tant de beauté il la dut à ma déchéance. Mes vêtements étaient sales et pitoyables. J'avais faim et froid (17-18).

Ce passage est construit d'abord sur une métaphore, ensuite sur une analogie. La casquette dont la visière est cassée devient une perdrix à l'aile rognée. Le terme intermédiaire est «grise». En effet la casquette et la perdrix sont d'une même couleur. Par ailleurs, le mouvement saccadé d'une voile hissée à son mât est l'analogon du développement de l'amour du narrateur pour Stilitano, petit à petit et puis d'un seul trait. Le passage est, d'ailleurs, coloré par l'expression des sentiments. Qui plus est, l'adjectif «pauvre» et le verbe «bouleverser» décrivent finalement l'état d'âme du narrateur bien que le sentiment du narrateur se manifeste également sous forme d'un symbolisme à peine voilé, un symbolisme du bien et du mal, de la lumière et de l'obscurité, de la royauté et de la misère. Les formules «mèches blondes» et «yeux clairs» sont des indices anachroniques et quasi-mystiques de l'ancienne monarchie française, tandis que les adjectifs «glorieux» et «lumineux» soulignent le droit divin du roi, la bonté de ses actes et la splendeur de sa fonction dans la hiérarchie sociale. La lumière s'oppose à l'ombre du mal, mais les deux se réunissent dans le personnage de Stilitano divinisé, ce qui fait contraste avec l'état lamentable des vêtements du narrateur et avec sa vie de mendiant.

Le symbolisme et le sentiment à part, il est important de souligner la syntaxe de ce passage. En entier il est composé de neuf phrases. La première est d'un ordre direct (le sujet suivi du prédicat) et occupe un peu plus d'une ligne sur la page. Les trois phrases suivantes sont d'un ordre inversé (le sujet n'est pas en tête de phrase) et, ensemble elles constituent la plus grande partie du passage, en total plus de dix-sept lignes du texte. Les cinq dernières phrases, toutes d'un ordre direct, occupent à peu près six lignes. C'est dire qu'on accorde aux trois phrases longues et d'un ordre inversé plus de deux fois l'espace qu'on n'a accordé aux six phrases d'un ordre direct. Ce passage montre bien la différence de caractère référentiel entre ces deux sortes de phrases.

Comme nous l'avons montré ailleurs[7], la phrase d'un ordre direct représente une affirmation, un jugment dans le vrai sens du mot (on se rappelle que le *Journal* est «autobiographique»). C'est-à-dire que les phrases courtes et d'un ordre direct nous présentent le monde des objets figurés de façon neutre, sans embellissement, comme s'ils n'étaient jamais passés par la conscience du narrateur. De telles phrases représentent un «ancrage» (le terme dont Ingarden se sert) dans le monde réel, tandis que les phrases d'un ordre indirect, souvent des phrases longues, donnent au lecteur et les objets figurés et l'affectation du narrateur. Genet se sert de cette technique tout au long de son livre, tantôt présentant un objet ou un personnage comme un objet ou un personnage réel et indépendant du narrateur, tantôt enveloppant l'objet ou le personnage de ses propres émotions, de son amour ou de sa peur. La phrase longue et d'un ordre inversé, souvent interrompue par des appositions et des propositions relatives, représente le lien émotif entre les deux mondes de Genet. La phrase courte et d'un ordre direct nous donnent un seul monde, celui du spectateur neutre et «réaliste». Le narrateur évolue ainsi dans deux mondes différents. Mais, grâce à une technique stylistique, il avertit le lecteur du changement de registre.

Notre propos montre clairement qu'il existe un lien entre la couche des unités de signification et celle des objets figurés. Ce lien est pourtant plus qu'un simple lien arbitraire et contingent impliqué par la notion de stratification. Les phrases de l'œuvre présentent les objets figurés au lecteur mais, elles reflètent en même temps, et à leur manière, ce contenu. La phrase longue et d'un ordre indirect nous indique que le narrateur se replie sur lui-même, pour ainsi dire, et s'éloigne par là de la représentation neutre de la phrase courte et d'un ordre direct. En ce sens, il est possible de dire, et pour le *Journal* de Genet et pour le *Journal d'un curé de campagne* de Bernanos, que l'organisation des unités de signification représente une mise en abîme de la couche des objets figurés. Il ne s'agit pas d'ailleurs d'une mise en abîme sur le seul plan du contenu (les objets figurés) de l'œuvre, mais sur le plan de la stratification elle-même. Les différentes couches de l'œuvre sont liées ensemble (ce qu'Ingarden appelle une harmonie ou une polyphonie dans le contexte d'une véritable œuvre d'art), de sorte que les couches inférieures forment la base des couches supérieures, tout en les imprégnant de diverses qualités. Dans le contexte de l'œuvre littéraire la structure linguistique de la phrase réfléchit et alors met en valeur son contenu. L'organisation de la phrase constitue ainsi un aspect de l'idée métaphysique de l'œuvre.

L'idée métaphysique de l'œuvre de Genet est sans doute esthétique. A l'intention de son lecteur le narrateur décrit une vie de pénurie et de mendicité. Il lui fait connaître des émotions vives, allant des désirs aigus jusqu'à l'humilité la plus écrasante. Mais le *Journal* est loin d'avoir pour motif d'apitoyer son lecteur sur le sort du criminel et du mendiant. Il se peut que le lecteur ressente de la pitié pour le narrateur, ou pour un autre personnage du livre, mais la pitié ne constitue aucunement une idée métaphysique. Qui plus est, on ne pourrait accorder que le but du *Journal* soit de gagner le lecteur aux raisonnements du narrateur, ni de le convertir à la mode de vie de l'auteur. D'après Genet lui-même le but du *Journal* est d'exprimer la relation de l'auteur à la langue française[8]. Le développement de l'idée esthtétique du *Journal* exigerait une analyse approfondie de l'œuvre dans cette seule perspective, ce que nous ne pouvons entreprendre ici. Il nous semble, pourtant, que nous avons esquissé l'essentiel de cette idée. Il s'agit du rapport syntactico-émotif du narrateur à l'objet de son discours. Son discours est d'ailleurs double et pénétré d'un symbolisme religieux et mythique.

Dans les deux analyses littéraires nous avons souligné le rapport entre la couche des unités de signification et celle des objets figurés. Nous avons dit que la structure de la phrase influe sur l'établissement du référent dans une concrétisation chez le lecteur. Dans ce contexte, nous avons évoqué la notion de mise en abîme. Il est possible, pourtant, de considérer ce rapport dans une perspective autre, et de parler non pas d'une mise en abîme (le langage qui mime le référent), mais de l'influence, sous forme d'intentionalité, de la couche des objets figurés sur la couche des unités de signification. En effet, le rapport entre les différentes couches de l'œuvre s'établit de nécessité chaque fois que le langage sert la communication. Affirmer l'existence du rapport du sens et de la forme, ce n'est donc pas s'acheminer vers la psychologie de la composition. C'est mettre plutôt l'accent sur un aspect particulier de l'analyse et linguistique et référentielle du texte, un aspect qui est souvent négligé et par l'étude linguistique dite «objective», et par l'analyse subjective, et de caractère thématique, pour laquelle les éléments proprement linguistiques du texte ne semblent avoir aucune prise sur les thèmes. Insister par contre sur l'intentionalité de l'acte de lecture, et ainsi sur l'intentionalité inscrite dans la phrase, c'est donner aux études littéraires une poussée à la fois référentielle et fictionnelle qui souvent leur fait défaut.

NOTES

[1] Genet Jean, 1949, *Journal du voleur*, Paris, Editions Gallimard.
[2] Voir à ce sujet Dichy A. et Fouché P., 1988, *Jean Genet. Essai de chronologie, 1910-1944*, Paris, Bibliothèque de littérature française contemporaine de l'Université de Paris 7. *Cf.* aussi Moraly J.-B., 1988, *Jean Genet, la vie écrite*, Paris, La Différence.
[3] On pourrait comprendre cette transformation de sens comme une métaphore métonymique. Le vêtement du forçat est rayé rose et blanc, ce qui fait qu'il ressemble à une fleur. A la métaphore, «le vêtement du forçat est une fleur», on ajoute une métonymie du signe pour la chose signifiée et cette «fleur» devient le forçat lui-même, comme la «couronne» peut avoir pour signifié non pas la couronne elle-même mais le roi. Il est sans doute possible d'expliquer la sémantique de cette relation d'une façon autre. Ce n'est pourtant pas cette relation en tant que telle qui nous intéresse, ce qui nous écarterait trop, voulait-on la poursuivre, de notre propre chemin.
[4] Sartre J.-P., 1952, *Saint Genet*, Paris, Gallimard.
[5] *Cf.* A. Dichy et P. Fouché, 1988, *Jean Genet. Essai de chronologie, 1910-1944*, Paris, Bibliothèque de littérature française contemporaine de l'Université de Paris 7.
[6] Voir notre article «Literary Criticism as Allegory : Sartre's *Saint Genet*», *Analecta Husserliana*, 41, 1993 : 345-355.
[7] Voir notre article «Subjectivité et style de Jean Genet», *Language and Style*, à paraître.
[8] Voir l'interview que H. Fichte a réalisée avec Genet. Fichte Hubert, 1981, *Jean Genet*, Frankfurt am Main und Paris, Qumran Verlag.

Sources bibliographiques

1. Ingarden Roman, 1985, *Selected Papers in Aesthetics*, P. McCormick (ed.), Washington D.C., The Catholic University of America Press.
2. Rudnick Hans H. et Jolanta W. Wawrzycka, 1990, «Roman Ingarden : An International Bibliography (1915-1989)», *Analecta Husserliana*, 30.

Textes cités

Les œuvres d'Ingarden

(1921), «Uber die Gefahr einer Petitio Principii in der Erkenntnistheorie», *Jahrbuch für Philosophie und phänomenologische Forschung*, 6, 546-568.

(1925), «Essentiale Fragen. Ein Beitrag zum Problem des Wesens», *Jahrbuch für Philosophie und phänomenolgische Forschung*, 7, 125-304.

(1925), *Uber die Stellung der Erkenntnistheorie im System der Philosophie*, Halle, Max Niemeyer.

(1929), «Bemerkung zum Problem Idealismus-Realismus», *Jahrbuch für Philosophie und phänomenologische Forschung*, 11, 159-190.

(1931), *Das literarische Kunstwerk*, Halle, Max Niemeyer, 1931 (cf. *L'œuvre d'art littéraire*, 1983, et *The Literary Work of Art*, 1973).

(1935), «L'Essai logistique d'une refonte de la philosophie», *Revue Philosophique*, 50, 137-159.

(1938), «Das Form-Inhalt Problem im literarischen Kunstwerk», *Helicon*, 1, 61-67 (repris dans *Erlebnis Kunstwerk und Wert*, 1969; cf. «The General Question ot the Essence of Form and Content», 1960).

(1947), « Quelques remarques sur le problème de la relativité des valeurs », *Actes du III-ième Congrès des Sociétés de Philosophie de langue française*, Bruxelles-Louvain, Paris, Vrin (*cf.* « Zum Problem der "Relativität" der Werte », dans *Erlebnis, Kunstwerk und Wert*, 1969).

(1949), « Des Différentes Conceptions de la vérité dans l'œuvre d'art », *Revue d'Esthétique*, 2, 162-180.

(1957), « Die Asymmetrie der ursächlichen Beziehung », *Philosophisches Jahrbuch der Görres-Gesellschaft*, 54, 100-110.

(1957), « La Valeur esthétique et le problème de son fondement objectif », *Atti del III Congresso Internationale die Estetica, Venezi 1956*, Torino, Instituto di estetica dell'Università di Torino, 167-173 (*cf.* « Der ästhetische Wert und das Problem seiner Fundierung im Kunstwerk », dans *Erlebnis, Kunstwerk und Wert*, 1969).

(1957-58), « The Hypothetical Proposition », *Philosophy and Phenomenological Research*, 18, 435-450.

(1958), « Bemerkungen zum Problem des ästhetischen Werturteils », *Revista di Estetica*, 3, 414-423 (repris dans *Erlebnis, Kunstwerk und Wert*, 1969).

(1958), « Le Problème de la constitution et le sens de la réflexion constitutive chez Edmond Husserl », *Husserl, Cahiers de Royaumont III*, Paris, Editions de Minuit, 242-263.

(1959), « De l'Idéalisme transcendantal chez E. Husserl », *Husserl et la pensée moderne*, The Hague, Nijhoff, 205-215 (*cf.* « Uber den transcendentalen Idealismus bei E. Husserl », 1959).

(1959), « Uber den transcendentalen Idealismus bei E. Husserl », *Phaenomenologica 2 : Husserl und das Denken der Neuzeit*, The Hague, Nijhoff, 190-204 (*cf.* « De l'Idéalisme transcendantal chez E. Husserl », 1959).

(1959), « Von der Funktion der Sprache im theaterschauspiel », *Zagadnienia rodzajow literackich*, 1, 65-91 (*cf. Das literarische Kunstwerk*, 1931, *The Literary Work of Art*, 1973, et *L'œuvre d'art littéraire*, 1983).

(1960), « The General Question of the Essence of Form and Content », *Journal of Philosophy*, 47, 222-233 (*cf.* « Das Form-Inhalt Problem im literarischen Kunstwerk », *Helicon*, 1, 1938; repris dans *Erlebnis, Kunstwerk, und Wert*, 1969).

(1960), « L'Homme et la nature », *Atti del XII Congresso Internazionale di Filosofia, Venezia*, Firenze, Sansoni, 209-213.

(1960), « Note sur l'objet de la philosophie », *Diogène*, 29, 130-141 (*cf.* « The Hypothetical Proposition », 1957-58).

(1960), « Racourcis de perspective temporelle dans la concrétisation de l'œuvre littéraire », traduit par Elisabeth Willman, *Revue de Métaphysique et de Morale*, 54, 19-51 (*cf.* « De la Connaissance de l'œuvre littéraire », 1968; *cf.* aussi *The Cognition of the Literary Work of Art*, 1973, et *Vom Erkennen des literarischen Kunstwerks*, 1968).

(1960), « Reflections on the Subject-Matter of the History of Philosophy », *Diogenes*, 7, 111-121 (*cf.* « Note sur l'objet de l'histoire de la philosophie », 1960).

(1961), « Aesthetic Experience and Aesthetic Object », *Philosophy and Phenomenological Research*, 21, 289-313 (*cf.* « Racourcis de perspective temporelle dans la concrétisation de l'œuvre littéraire », 1960, « De la Connaissance de l'œuvre littéraire », 1968, *The Cognition of the Literary Work of Art*, 1973, et *Vom Erkennen des literarischen Kunstwerks*, 1968).

(1961), « Nature humaine », *Nature humaine, Actes du XI-ième Congrès des Sociétés de Philosophie de langue française, Montpellier, 1961*, 220-223 (*cf.* « On Human Nature », *Man and Value*, 1983).

(1961-62), « A Marginal Commentary on Aristotle's Poetics », *Journal of Aesthetics and Art Criticism*, 20, 163-173 et 273-285.

(1962), «Le Mot comme élément d'une langue», *Thinking and Meaning. Entretien d'Oxford 1962, Logique et Analyse*, 5, 212-216.

(1962), *Untersuchungen zur Ontologie der Kunst : Musikwerk, Bild, Architektur, Film*, Tübingen, Max Niemeyer (*cf. Ontology of the Work of Art*, 1989).

(1964), «Artistic and Aesthetic Values», *The British Journal of Aesthetics*, 4, 198-213 (repris dans H. Osborne (ed.), *Aesthetics*, 1972, Oxford, Oxford University Press, et dans P. McCormick (ed.), *Selected Papers in Aesthetics*, 1985, Washington, D.C., The Catholic University of America Press; *cf.* «Künstlerische und ästhetische Werte», *Erlebnis, Kunstwerk und Wert*, 1969).

(1964), «Das Problem des Systems der ästhetisch relevanten Qualitäten», *Actes du V. Congrès International d'Esthétique, Amsterdam*, 448-456 (*cf. Erlebnis, Kunstwerk und Wert*, 1969.

(1964), *Time and Modes of Being*, traduit par Helen R. Michejda, Springfield Illinois, Charles C. Thomas (*cf. Der Streit um die Existenz der Welt*, 1964, et *Uber die kausale Struktur der realen Welt*, 1974).

(1964, 1965), *Der Streit um die Existenz der Welt*, Tübingen, Max Niemeyer (*cf. Time and Modes of Being*, 1964).

(1966), «Einige ungelöste Probleme der Werttheorie», *Orbis Scriptus*, 365-373 (*cf.* «Was wir über die Werte nicht wissen», *Erlebnis, Kunstwerk und Wert*, 1969).

(1967), «Betrachtung zum Problem der Objektivität», *Zeitschrift für philosophische Forschung*, 21, 31-46 et 242-260 (repris dans *Erlebnis, Kunstwerk und Wert*, 1969).

(1968), «De la Connaissance de l'œuvre littéraire», *Archives de Philosophie*, 31, 202-343 (*cf.* «Racourcis de perspective temporelle dans la concrétisation de l'œuvre littéraire», 1960, *The Cognition of the Literary Work of Art*, 1973, et *Vom Erkennen des literarischen Kunstwerks*, 1968).

(1968), *Vom Erkennen des literarischen Kunstwerks*, Tübingen, Max Niemeyer (*cf. The Cognition of the Literary Work of Art*, 1973).

(1969), «Der ästhetische Wert und das Problem seiner Fundierung im Kunstwerk», dans *Erlebnis, Kunstwerk und Wert*, 1969 (*cf.* «La Valeur esthétique et le problème de son fondement objectif», 1957).

(1969), «Le Concept de philosophie de Franz Brentano», *Archives de Philosophie*, 32, juillet-septembre, 458-475, et octobre-décembre, 609-638.

(1969), *Erlebnis, Kunstwerk und Wert*, Tübingen, Max Niemeyer Verlag.

(1969), «Künstlerische und ästhetische Werte», dans *Erlebnis, Kunstwerk und Wert*, 1969 (*cf.* «Artistic and Aesthetic Values», 1964).

(1969), «The Physicalist Theory of Language and the World of Literature», *Yearbook of Comparative Criticism*, 2, 80-98; aussi dans J. Strelka (éd.), *Problems of Literary Evaluation*, 1969, University Park and London, The Pennsylvania State University Press.

(1969), «Was wir über die Werte nicht wissen», dans *Erlebnis, Kunstwerk und Wert*, 1969 (*cf.* «What we do not know about Values», *Man and Value*, 1983).

(1969), «Zum Problem der "Relativität" der Werte», dans *Erlebnis, Kunstwerk und Wert*, 1969 (*cf.* «Quelques remarques sur le problème de la relativité des valeurs», 1947).

(1970), «Künstlerische Funktionen der Sprache. Ein Ausblick», *Sprachkunst*, 1, 20-31.

(1970), «Letters Pro and Con», *Journal of Aesthetics and Art Criticism*, 28, 541-542.

(1970), *Uber die Verantwortung. Ihre ontische Fundamente*, Stuttgart, Reclam (*cf.* «On Responsibility – its Ontic Foundations», *Man and Value*, 1983).

(1971), «Ausgangsprobleme zur Betrachtung der kausalen Struktur der Welt», dans R.B. Palmer and R. Hamerton-Kelly (eds), *Philomathes, Studies and Essays in Memory of Philip Merlan*, The Hague, Nijhoff, 398-411.

(1971), «Die Vier Begriffe der Transzendenz und das Problem des Idealismus bei Husserl», *Analecta Husserliana*, 1, 36-74.

(1972), «Der Brief an Husserl über die VI. Logische Untersuchung und den Idealismus», *Analecta Husserliana*, 2, 357-374.

(1973), «About the Motives that led Husserl to Transcendental Idealism», dans Dale Riepe (ed.), *Phenomenology and Natural Science*, New York, 95-117 (*cf.* On the Motives which led Edmund Husserl to Transcendental Idealism, 1975).

(1973), *The Cognition of the Literary Work of Art*, traduit par Ruth Ann Crowley and Kenneth R. Olson, Evanston, North Western University Press (*cf.* «Aesthetic Experience and Aesthetic Object», 1960-61, «Racourcis de perspective temporelle dans la concrétisation de l'œuvre littéraire», 1960, «De la Connaissance de l'œuvre littéraire», 1968, et *Vom Erkennen des Literarischen Kunstwerks*, 1968).

(1973), *The Literary Work of Art*, traduit par Georges G. Grabowicz, Evanston, North Western University Press (*cf. L'œuvre d'art littéraire*, 1983, *Das Literarische Kunstwerk*, 1931, et «Von der Funktion der Sprache im theaterschauspiel», 1959).

(1973), «On so-called Truth in Literature», dans J.G. Harrel (ed.), *Aesthetics in Twentieth Century Poland*, Pennsylvania, Bucknell University Press, 154-204.

(1974), «Psychologism and Psychology in Literary Scholarship», *New Literary History*, 5, 213-223.

(1974), *Uber die Kausale Struktur der Realen Welt. Der Streit um die Existenz der Welt III*, Tübingen, Max Niemeyer.

(1975), *On the Motives which Led Husserl to Transcendental Idealism*, Collection Phaenomenologica, traduit par Arnor Hannibalsson, Den Haag, Martinus Nijoff (*cf.* «About the Motives that led Husserl to Transcendental Idealism», 1973).

(1975), «On the Ontology of Relations», *Journal of the British Society for Phenomenology*, 6, 75-80.

(1975), «Phenomenological Aesthetics : An Attempt at Defining its Range», *Journal of Aesthetics and Art Criticism*, 33, 257-269.

(1975), «Remarks Concerning the Relativity of Values», *Journal of the British Society for Phenomenology*, 6, 102-108 (repris dans *Man and Value*, 1983; *cf.* «Zum Problem der "Relativität" der Werte», *Erlebnis, Kunstwerk, und Wert*, 1983).

(1976), *Gegenstand und Aufgaben der Literaturwissenschaft. Aufsätze und Diskussionsbeiträge. Ausgewählt und eingeleitet von R. Fieguth*, Tübingen, Max Niemeyer.

(1976), «The Letter to Husserl about the VI Logical Investigation and Idealism», *Analecta Husserliana*, 6, 419-438 (*cf.* «Der Brief an Husserl über die VI. Logische Untersuchung und den Idealismus», 1972).

(1978), «On Moral Action», *Analecta Husserliana*, 7, 151-162 (*cf.* «On Responsibility – Its Ontic Foundation», *Man and Value*, 1983, et «Uber die Verantwortung. Ihre ontischen Fundamente», 1970).

(1983), «An Analysis of Moral Values», dans *Man and Value, 1983*.

(1983), «Man and His Reality», dans *Man and Value*, 1983.

(1983), «Man and Nature», dans *Man and Value*, 1983 (*cf.* «L'Homme et la nature», *Atti del XII Congresso Internazionale di Filosofia, Venezia*, 1960, Firenze, Sansoni, 209-213).

(1983), «Man and Time», dans *Man and Value*, 1983.

(1983), *Man and Value*, traduit par Arthur Szlewicz, Washington, D.C., The Catholic University of America Press.

(1983), *L'œuvre d'art littéraire*, traduit par Philibert Secretan avec N. Luchinger et B. Schwegler, Lausanne, L'Age d'Homme (*cf. The Literary Work of Art*, 1973, *Das Literarische Kunstwerk*, 1931, et «Von der Funktion der Sprache im Theaterschauspiel», 1959).

(1983), «On Human Nature», dans *Man and Value*, 1983 (*cf.* «Nature humaine», 1961).

(1983), «On Philosophical Aesthetics», *Dialectics and Humanism*, 1, 5-12.

(1983), «Remarks on the Relativity of Values», dans *Man and Value*, 1983 (*cf.* «Remarks Concerning the Relativity of Values», 1975).

(1983), «On Responsibility – Its Ontic Foundations», dans *Man and Value*, 1983 (*cf.* «Uber die Verantwortung. Ihre ontischen Fundamente», 1970).

(1983), «What we do not know about Values», dans *Man and Value*, 1983 (*cf.* «Was wir über die Werte nicht wissen», 1969).

(1985), *Selected Papers in Aesthetics*, Peter J. McCormick (ed.), Washington, D.C., The Catholic University of America Press.

(1989), *Ontology of the Work of Art*, traduit par Raymond Meyer avec John T. Goldthwait, Athens, Ohio, Ohio University Press (*cf. Untersuchung zur Ontologie der Kunst*, 1962).

Ouvrages critiques sur la pensée d'Ingarden

Bartoszynski K., 1989, «The Ontology of Objects in Ingarden's Aesthetics», *Analecta Husserliana*, 27, 369-393.

Brunius Teddy, 1969, «The Aesthetics of Roman Ingarden», *Philosophy and Phenomenological Research*, 30, 590-595.

Cohen Sybil, 1977, «Ingarden's Benign Circle», *Dialectics and Humanism*, 4, 137-149.

Colomb G.G., 1976, «Roman Ingarden and the Language of Art and Science», *Journal of Aesthetics and Art Criticism*, 35, 7-13.

Dolgov K.M., 1975, «Roman Ingarden's Phenomenology of Literature», *Dialectics and Humanism*, 2, 95-108.

Dziemidok B., 1975, «Roman Ingarden's Theory of Value of the Work of Art in the Light of Marxist Aesthetics», *Dialectics and Humanism*, 2, 123-132.

Dziemidok B., 1975, «Roman Ingarden's Views on the Aesthetic Attitude», dans Graff P. et S. Krzemien-Ojak (eds), *Roman Ingarden and Contemporary Polish Aesthetics*, 1975, 9-31.

Dziemidok B., 1976, «Aestheticism and Formalism in the Theory of the Value of the Work of Art – Ingarden versus Marxism», *VIIIth International Congress of Aesthetics*, Darmstadt, 5-11.

Dziemidok B., 1988, «Roman Ingarden on Evaluation of the Work of Art», *Reports on Philosophy*, 12, 13-18.

Dziemidok B., 1989, «Ingarden's Theory of Values and the Evaluation of the Work of Art», dans B. Dziemidok et P. McCormick (eds), 1989, *On the Aesthetics of Roman Ingarden*, 71-100.

Dziemidok B. et P. McCormick (eds), 1989, *On the Aesthetics of Roman Ingarden*, Dordrecht, Boston, London, Kluwer Academic Publishers.

Falk E., 1981, «Ingarden's Concept of Aesthetic Object», *Comparative Literature Studies*, 18, 230-237.

Falk E., 1981, *Poetics of Roman Ingarden*, Chapel Hill, University of North Carolina Press.

Falk E., 1983, «Ingarden's Conception of Aesthetic Values in Literature», dans J.P. Strelka (ed.), *Literary Criticism and Philosophy*, University Park and London : The Pennsylvania State University Press, 78-85.

Fitch Brian T., 1988, «The Bilingual Work», dans B.T. Fitch, *Beckett and Babel*, Toronto, Buffalo, London, University of Toronto Press, 217-224.

Fiedler T., 1975, «Taking Ingarden Seriously : Critical Reflections on *The Cognition of the Literary Work of Art*», *Journal of the British Society for Phenomenology*, 6, 131-140.

Fieguth R., 1971, «Rezeption kontra falsches und richtiges Lesen oder : Missverständnisse mit Ingarden», *Sprache im technischen Zeitalter*, 38, 142-159.

Fizer J., 1968-69, «Schematism : Aesthetic Device or Psychological Necessity», *Journal of Aesthetics and Art Criticism*, 27, 417-423.

Fizer J., 1973, «The Concept of Strata and Phases in Roman Ingarden's Theory of Literary Structure», dans J.P. Strelka (ed.), *The Personality of the Critic*, University Park and London : The Pennsylvania State University Press, 10-39.

Fizer J., 1973, «Conceptual Affinities and Differences Between A.A. Potebnaja's Theory of "Internal Form" and Roman Ingarden's "Stratum of Aspects"», *American Contributions to the VIIth International Congress of Slavists*, 1, 101-115.

Fizer J., 1975, «Ingarden's Phases, Bergson's Durée Réelle, and William James' Stream : Metaphoric Variants or Mutually Exclusive Concepts on the Theme of Time», *Dialectics and Humanism*, 2, 33-48 (cf. *Analecta Husserliana*, 4, 1976, 121-139).

Fizer J., 1979, «Epoché, Artistic Analysis, Aesthetic Concretization : Reflections upon Roman Ingarden's Reflections», dans J. Odmark (ed.), *Linguistic and Literary Studies in Eastern Europe I*, 351-371.

Fizer J., 1979, «Indeterminacies as Structural Components in Semiotically Meaningful Wholes», *PTL : A Journal for Descriptive Poetics and Theory of Literature*, 4, 119-131.

Fizer J., 1983, «"Actualization" and "Concretization" as Heuristic Devices in the Study of Literary Art», dans J.P. Strelka (ed.), *Literary Criticism and Philosophy*, University Park and London : The Pennsylvania State University Press.

Fizer J., 1986, «Deconstruction of the Subject in Light of Ingarden's Philosophy», *Reports on Philosophy*, 10, 19-26.

Fizer J., 1989, «Ingarden's and Mukarovsky's Binominal Definition of the Literary Work of Art : A Comparative View of Their Ontologies», dans B. Dziemidok et P. McCormick (eds), *On the Aesthetics of Roman Ingarden*, 159-186.

Gabriel G., 1975, *Fiktion and Wahrheit*, Stuttgart-Bad Cannstatt, Friedrich Fromman Verlag.

Galewicz Wlozimierz, 1990, «The Aesthetic Object and the Work of Art : Reflections on Ingarden's Theory of Aesthetic Judgment», *Analecta Husserliana*, 30, 193-210.

Gierulanka Danuta, 1977, «The Philosophic Work of Roman Ingarden», *Dialectics and Humanism*, 4, 117-129.

Gierulanka Danuta, 1989, «Ingarden's Philosophical Work : A Systematic Outline», dans B. Dziemidok et P. McCormick (eds), *On the Aesthetics of Roman Ingarden*, 1-20.

Glowinski M., 1975, «On Concretization», dans P. Graff et S. Krzemien-Ojak (eds), *Roman Ingarden and Contemporary Polish Aesthetics*, 93-115 ; dans J. Odmark (ed.), *Linguistic and Literary Studies in Eastern Europe I*, 325-349.

Golaszewska M., 1975, «Aesthetic Values in Ingarden's System of Philosophy», dans P. Graff et S. Krzemien-Ojak (eds), *Roman Ingarden and Contemporary Polish Aesthetics*, 47-68.

Golaszewska M., 1975, «Ingarden's World of Values», *Dialectics and Humanism*, 2, 133-146.

Golaszewska M., 1976, « Roman Ingarden's Moral Philosophy », dans A.T. Tymieniecka (ed.), *Analecta Husserliana*, 4, 73-103.

Golaszewska M., 1988, « Roman Ingarden on the Artistic Creativity », *Reports on Philosophy*, 12, 3-12.

Grabowicz G.G., 1973, « Translator's Introduction », dans R. Ingarden, *The Literary Work of Art*, LV-LXX.

Graff P., 1975, « The Ontological Basis of Roman Ingarden's Aesthetics. A Tentative Reconstruction », dans P. Graff et S. Krzemien-Ojak (eds), *Roman Ingarden and Contemporary Polish Aesthetics*, 69-75.

Graff P. et S. Krzemien-Ojak (eds), 1975, *Roman Ingarden and Contemporary Polish Aesthetics*, Warszawa, PWN.

Gregoire F., 1960, « Notes sur la philosophie de Roman Ingarden », *Revue Philosophique*, 150, 505-512.

Günter H., 1973, *Struktur als Prozess. Studien zur Asthetik und Literaturtheorie*, München, Wilhelm Fink Verlag.

Hamburger Käte, 1986, *La Logique des genres*, traduit par Pierre Cadiot, Paris, Editions du Seuil.

Hamm V.M., 1961, « The Ontology of the Literary Work of Art : Roman Ingarden's *Das literarische Kunstwerk* », dans P.R. Strelka (ed.), *The Critical Matrix*, Washington, D.C., Georgetown University Press, 171-209.

Hamrick William S., 1974, « Ingarden on Aesthetic Experience and Aesthetic Object », *Journal of the British Society for Phenomenology*, 5, 71-80.

Hamrick William S., 1975, « Ingarden and Artistic Creativity », *Dialectics and Humanism*, 2, 39-49.

Iseminger Gary, 1973, « Roman Ingarden and the Aesthetic Object », *Philosophy and Phenomenological Research*, 33, 417-420.

Kalinowski G., 1975, « Métaphysique : science ou mythe? A propos des récents livres d'Ingarden et de Kolakowski », *Archives de Philosophie*, 38, 239-252.

Kmita J., 1975, « Work of Art – Its Concretization, Artistic Value, Aesthetic Value », dans P. Graff et S. Krzemien-Ojak (eds), *Roman Ingarden and Contemporary Polish Aesthetics*, 109-128.

Kocay Victor, 1990, « L'Objet esthétique chez Roman Ingarden : prémisses et valeur », *Revue Canadienne de Littérature Comparée*, 17, 36-44.

Kocay Victor, 1991, « Le Jugement chez Roman Ingarden et chez Saint Thomas : perspective référentielle », *Texte*, 11, 265-281.

Kocay Victor, 1992, « La Signification révisée dans le contexte littéraire et esthétique du « modèle » ingardénien », *Recherches Sémiotiques/Semiotic Inquiry*, 12, 135-147.

Kocay Victor, 1995, « L'Axiologie d'Ingarden », *Philosophiques*, 22, 35-52.

Konstantinovic Z., 1973, *Phänomenologie und Literaturwissenschaft*, München, List Verlag.

Konstantinovic Z., 1975, « Uber Ingarden hinaus : Forschungsgeschichtliche Hinweise zur Entwicklung des phänomenologischen Ansatzes in der Literaturwissenschaft », *Zeitschrift für Literaturwissenschaft und Linguistik*, 1, 25-34.

König R., 1936, « Das Kunstwerk als Quelle kunsttheoretischer Einsichten », *Zeitschrift für Asthetik und allgemeine Kunstwissenschaft*, 30, 1-27.

Krenzlin N., 1969, Bürgerliche Ideenentwicklung und ästhetische Theorie », *Deutsche Zeitschrift für Philosophie*, 17, 1285-1309.

Krenzlin N., 1977, « A Critique of the Phenomenological Approach to the Theory of Literature », *Dialectics and Humanism*, 4, 151-156.

Krenzlin N., 1979, *Das Werk «rein für sich»*, Berlin, Akademic-Verlag.

Küng G., 1972, «Ingarden on Language and Ontology», *Analecta Husserliana*, 2, 204-217.

Küng G., 1972, «The World as Noema and as Referent», *Journal of the British Society for Phenomenology*, 3, 15-26.

Küng G., 1975, «Zum Lebenswerk von Roman Ingarden, Ontologie, Erkenntnistheorie und Metaphysik», dans H. Kuhn (ed.) *et al.*, *Die Münchener Phänomenologie*, Den Haag, Martinus Nijhoff, 158-173.

Küng G., 1986, «Ingarden and Brentano on the Experience and Cognition of Values», *Reports on Philosophy*, 10, 57-67.

Küng G. et E. Swiderski, 1976, «Marxism and Phenomenology», *Studies in Soviet Thought*, 16, 113-120.

Laskey D., 1972, «Ingarden's Criticism of Husserl», *Analecta Husserliana*, 2, 48-54.

Levin David Michael, 1973, «Forward», dans R. Ingarden, *The Literary Work of Art*, xi-liv.

Lüthe R., 1978, «Objectivism or Decisionism? A Critical Interpretation of Ingarden's Value Theory from an Ingardian Point of View», *Journal of the British Society for Phenomenology*, 9, 82-92.

McCormick, Peter, 1975, «On Ingarden's Account of the Existence of Aesthetic Objects», *Dialectics and Humanism*, 2, 31-38.

McCormick Peter, 1983, «Literary Truths and Metaphysical Qualities», *Journal of the Faculty of Letters, The University of Tokyo (Aesthetics)*, 8, 1-14 (*cf.* B. Dziemidok et P. McCormick (eds), *On the Aesthetics of Roman Ingarden*, 187-232).

McCormick Peter, 1988, *Fictions, Philosophies, and the Problems of Poetics*, Ithaca and London, Cornell University Press.

Makota J., 1972, «Applicability of Roman Ingarden's Aesthetic Categories to Contemporary Art», *Proceedings of the VIIth International Congress of Aesthetics, Bucharest*, 611-616.

Makota J., 1975, «Roman Ingarden's Views on the Communication with a Work of Art», dans P. Graff et S. Krzemien-Ojak (eds), *Roman Ingarden and Contemporary Polish Aesthetics*, 145-157.

Makota J., 1975, «Roman Ingarden's Philosophy of Man», *Journal of the British Society for Phenomenology*, 6, 126-130.

Makota J., 1986, «Nicolai Hartmann's and Roman Ingarden's Philosophy of Man», *Reports on Philosophy*, 10, 69-79.

Markiewicz H., 1975, «Places of Indeterminacy in a Literary Work», dans P. Graff et S. Krzemien-Ojak (eds), *Roman Ingarden and Contemporary Polish Aesthetics*, 159-171.

Markiewicz H., 1989, «Ingarden and the Development of Literary Studies», dans B. Dziemidok et P. McCormick (eds), *On the Aesthetics of Roman Ingarden*, 101-129.

Misiewicz J., 1989, «The Work of Art and Aesthetic Categories According to Ingarden», dans B. Dziemidok et P. McCormick (eds), *Roman Ingarden and Contemporary Polish Aesthetics*, 55-70.

Mitias M.H., 1985, «Ingarden on the Aesthetic Object», *Dialectics and Humanism*, 12, 199-220.

Mitscherling J., 1985, «Roman Ingarden's *The Literary Work of Art* : Exposition and Analysis», *Philosophy and Phenomenological Research*, 45, 351-381.

Motroshilova N.V., 1975, «The Problem of the Cognitive Subject as Viewed by Husserl and Ingarden», *Dialectics and Humanism*, 2, 17-31.

Morawski S., 1975, «Ingarden on the Subect Matter and Method of Aesthetics», dans P. Graff et S. Krzemien-Ojak (eds), *Roman Ingarden and Contemporary Polish Aesthetics*, 173-189.

Müller G., 1939, «Uber die Seinsweise der Dichtung», *Deutsche Vierteljahresschrift für Literaturwissenschaft und Geistesgeschichte*, 17, 137-152.

Odmark John (ed.), 1979, *Linguistic and Literary Studies in Eastern Europe I*, Amsterdam, John Benjamins B.V.

Poltawski A., 1967, «Roman Ingarden – the Structure of Reality and the Structure of Art», *Poland (Polen, La Pologne)*, 6, 18-19.

Poltawski A., 1972, «Constitutive Phenomenology and Intentional Objects», *Analecta Husserliana*, 2, 90-95.

Poltawski A., 1974, «Consciousness and Action in Ingarden's Thought», *Analecta Husserliana*, 3, 124-137.

Poltawski A., 1975, «Ingarden's Way to Realism and His Idea of Man», *Dialectics and Humanism*, 2, 65-76.

Poltawski A., 1978, «The Idea and Place of Human Creativity in the Philosophy of Roman Ingarden», *Dialectics and Humanism*, 5, 129-140.

Poltawski A., 1986, «Roman Ingarden — ein Metaphysiker der Freiheit», *Reports on Philosophy*, 10, 43-56.

Riska A., 1974, «The "A priori" in Ingarden's Theory of Meaning», *Analecta Husserliana*, 3, 138-146.

Riska A., 1976, «Language and Logic in the Work of Roman Ingarden», *Analecta Husserliana*, 4, 187-217.

Rosner K., 1975, «Ingarden's Philosophy of Literature and Analysis of Artistic Communication», dans P. Graff et S. Krzemien-Ojak (eds), *Roman Ingarden and Contemporary Plish Aesthetics*, 191-221.

Rudnick H.H., 1974, «Roman Ingarden's Aesthetics of Literature», *Colloquia Germanica*, Kentucky, 1-14.

Rzepka Charles J., 1991, «Thomas de Quincey and Roman Ingarden : the Phenomenology of the "Literature of Power"», *Analecta Husserliana*, 30, 119-130.

Schopper W., 1974, *Das Seiende und der Gegenstand*, München, Berchmanskolleg Verlag.

Seifert Josef, 1986, «Roman Ingarden's Realism and the Motives that led Husserl to Adopt Transcendental Idealism : Critical Reflections on the Importance and Limits of Ingarden's Critique of Husserl's Transcendental Phenomenology», *Reports on Philosophy*, 10, 27-42.

Shusterman R., 1987, «Ingarden, Inscription, and Literary Ontology», *Journal of the British Society for Phenomenology*, 18, 103-119 (*cf.* B. Dziemidok et P. McCormick (eds), *On the Aesthetics of Roman Ingarden*, 131-157).

Slawinski J., 1975, *Literatur als System und Prozess*, München, Nymphenburger Verlagshandlung.

Smith B., 1978, «An Essay in Formal Ontology», *Grazer Philosophische Studien*, 6, 39-62.

Smith B., 1979, «Roman Ingarden : Ontological Foundations for Literary Theory», dans J. Odmark (ed.), *Linguistic and Literary Studies in Eastern Europe*, 373-390.

Smith B., 1980-81, «Ingarden Versus Meinong on the Logic of Fiction», *Philosophy and Phenomenological Research*, 41, 93-105.

Smith B., 1983, «Meinen und Vorstellen in der literarsichen Gegenstandskonstitution», dans G. Wohlandt (ed.), *Kunst und Kunstforschung, Beiträge zur Aesthetik*, Bonn, 49-61.

Smith Jadwiga S., 1991, «The Theory of Drama and Theatre : A Continuing Investigation of the Aesthetics of Roman Ingarden», *Analecta Husserliana*, 33, 3-62.

Stucki P.A., 1965, «Le Langage littéraire selon M. Roman Ingarden», *Studia Philosophica*, 25, 189-199.

Sweeny R.D., 1975, «Axiology in Scheler and Ingarden and the Question of Dialectics», *Dialectics and Humanism*, 2, 91-97.

Szczepanska A., 1975, «Artistic Functions of Clarity in Proust», dans P. Graff et S. Krzemien-Ojak (eds), *Roman Ingarden and Contemporary Polish Aesthetics*, 247-267.

Szczepanska A., 1975, «Perspectives of the Axiological Investigations of the Work of Art in the Theory of Roman Ingarden», *Journal of the British Society for Phenomenology*, 6, 116-125.

Szczepanska A., 1989, «The Structure of Artworks», dans B. Dziemidok et P. McCormick (eds), *On the Aesthetics of Roman Ingarden*, 21-54.

Swiderski E., 1975, «Some Salient Features of Ingarden's Ontology», *Journal of the British Society for Phenomenology*, 6, 81-90.

Swiderski E., 1987, «Ingarden's Puzzling Ontology-Metaphysic Distinction», *Reports on Philosophy*, 11, 67-85.

Takei Yushiro, 1984, «The Literary Work and its Concretization in Roman Ingarden's Aesthetics», *Analecta Husserliana*, 17, 285-307.

Tarnowski K., 1976, «Roman Ingarden's Critic of Transcendental Constitution», *Dialectics and Humanism*, 3, 11-119.

Tymieniecka A.T., 1955, 1957, *Essence et Existence : études à propos de la philosophie de Roman Ingarden et de Nicolaï Hartmann*, Paris, Aubier, Editions Montaigne.

Tymieniecka A.T. (ed.), 1959, *For Roman Ingarden : Nine Essays in Phenomenology*, The Hague, Martinus Nijhoff.

Tymieniecka A.T., 1976, «Beyond Ingarden's Idealism-Realism Controversy with Husserl – The New Contextual Phase of Phenomenology», dans A.T. Tymieniecka (ed.), *Analecta Husserliana*, 4, 241-418.

Tymieniecka A.T., 1984, «The Tenets of Roman Ingarden's Aesthetics in a Philosophical Perpsective», *Analecta Husserliana*, 17, 271-283.

Wellek René, 1981, *Four Critics : Croce, Valéry, Lukács, and Ingarden*, Seattle and London, University of Washington Press.

Wellek R. et A. Warren, 1942, *Theory of Literature*, New York, Harcourt, Brace.

Wegrzecki A., 1975, «On the Absoluteness of Values», *Journal of the British Society for Phenomenology*, 6, 109-115.

Ouvrages généraux consultés

Aristote, 1965, *Ethique à Nicomaque*, traduit par Jean Voilquin, Paris, Garnier-Frères.

Aristote, 1965, *Poétique*, 4ᵉ éd., traduit par J. Hardy, Paris, Société d'Editions «les Belles Lettres».

Bakhtine Mikaïl, 1978, *Esthétique et théorie du roman*, traduit par Daria Olivier, Paris, Gallimard.

Beardsley Monroe C., 1958, *Aesthetics*, New York, Harcourt, Brace and Company.

Benveniste Emile, 1966, *Problèmes de linguistique générale, 1*, Paris, Editions Gallimard.

Benveniste Emile, 1974, *Problèmes de linguistique générale, 2*, Paris, Editions Gallimard.

Buyssens Eric, 1969, *Vérité et langue. Langue et pensée*, Université libre de Bruxelles, Editions de l'Institut de Sociologie.

Cassirer Ernst, 1944, 1972, *An Essay on Man*, New Haven and London, Yale University Press.

Cassirer Ernst, 1972, *La Philosophie des formes symboliques, I*, traduit par Hansen-Love, Ole et Jean Lacoste, Paris, Les Editions de Minuit.

Cassirer Ernst, 1972, *La Philosophie des formes symboliques, II*, traduit par Jean Lacoste, Paris, Les Editions de Minuit.

Cassirer Ernst, 1972, *La Philosophie des formes symboliques, III*, traduit par Claude Fronty, Paris, Les Editions de Minuit.

Cassirer Ernst, 1981, *Kant's Life and Thought*, traduit par James Haden, New Haven and London, Yale University Press.

Ducrot Oswald et Tzvetan Todorov, 1972, *Dictionnaire encyclopédique des sciences du langage*, Paris, Editions du Seuil.

Dufrenne Mikel, 1953, 1967, *Phénoménologie de l'expérience esthétique*, Paris, Presses Universitaires de France.

Dufrenne Mikel, 1963, *La Poétique*, Paris, Presses Universitaires de France.

Gadamer H.G., 1972, «Die phänomenologische Bewegung», dans *Kleine Schriften III*, Tübingen, J.C.B. Mohr (Paul Siebeck), 150-189.

Hamm Victor M., 1960, *Language, Truth and Poetry*, Milwaukee, Marquette University Press.

Hjelmslev Louis, 1966, *Le Langage*, traduit par Michel Olson, Paris, Les Editions de Minuit.

Hjelmslev Louis, 1966, *Prolégomènes à une théorie du langage*, traduit par Michel Olson, Paris, Les Editions de Minuit.

Holub Robert C., 1984, *Reception Theory*, London and New York, Methuen.

House Humphrey, 1966, *Aristotle's Poetics*, London, Rupert Hart-Davis.

Husserl Edmund, 1950, *Idées directrices pour une phénoménologie*, traduit par P. Ricœur, Paris, Editions Gallimard.

Husserl Edmund, 1970, 1985, *L'Idée de la phénoménologie*, traduit par Alexandre Lowit, Paris, Presses Universitaires de France.

Husserl Edmund, 1977, *Expérience et jugement*, traduit par D. Souche, Paris, Presses Universitaires de France.

Iser Wolfgang, 1978, *The Act of Reading*, Baltimore and London, The Johns Hopkins University Press.

Ivic Milka, 1965, *Trends in Linguistics*, traduit par Muriel Heppel, London, The Hague, Paris, Mouton & Co.

Jakobson Roman, 1963, *Essais de linguistique générale*, traduit par Nicolas Ruwet, Paris, Les Editions de Minuit.

Kant Emmanuel, 1986, *Critique de la faculté de juger*, traduit par A. Philonenko, Paris, Librairie Philosophique J. Vrin.

Lewis C.S., 1964, *The Discarded Image*, Cambridge, Cambridge University Press.

Merleau-Ponty Maurice, 1945, *Phénoménologie de la perception*, Paris, Editions Gallimard.

Miller O.J., 1978, «Reading as a Process of Reconstruction : A Critique of Recent Structuralist Formulations», dans M.J. Valdés et O.J. Miller (eds), *Interpretation of Narrative*, Toronto, Buffalo, London, University of Toronto Press.

Ogden C.K. and I.A. Richards, 1930, *The Meaning of Meaning*, London, Kegan Paul, Trench, Trubner & Co. Ltd.

Pepper Stephen C., 1963, *The Basis of Criticism in the Arts*, Cambridge, Massachusetts, Harvard University Press.

Platon, 1950, *Le Banquet*, traduit par Léon Robin et M.J. Moreau, Paris, Gallimard, 1973.

Ricœur Paul, 1975, *La Métaphore vive*, Paris, Editions du Seuil.

Ricœur Paul, 1976, *Interpretation Theory : discourse and the surplus of meaning*, Fort Worth, Texas, The Texas Christian University Press.

Ricœur Paul, 1983, *Temps et récit*, Paris, Editions du Seuil, vol. 1, 1983, vol. 2, 1984, vol. 3, 1985.

Saussure Ferdinand de, 1969, *Cours de linguistique général*, Paris, Payot.

Schogt Henry G., 1976, *Sémantique synchronique : synonymie, homonymie, polysémie*, Toronto, Buffalo, University of Toronto Press.

Todorov Tzvetan, 1971, 1978, «La Lecture comme construction», *Poétique de la prose*, Paris, Editions du Seuil.

Todorov Tzvetan et Oswald Ducrot, 1972, *Dictionnaire encyclopédique des sciences du langage*, Paris, Editions du Seuil.

Table des matières

Préface de l'auteur 7
Introduction 9

PREMIÈRE PARTIE

L'ESTHÉTIQUE D'INGARDEN

L'expérience esthétique 17
L'harmonie de l'objet esthétique 27
La concrétisation 35
La perspective ontologique 45
L'Idée de l'œuvre et l'idée métaphysique 51
Les qualités de valeur esthétique 57
L'existence de l'objet esthétique 67
Le noyau de l'objet esthétique 71

DEUXIÈME PARTIE

LE «RYTHME» DE L'ŒUVRE LITTÉRAIRE

Préambule	81
La couche des formations phoniques (*die Schicht der sprachlichen Lautgebilde*)	83
La couche des unités de signification (*die Schicht der Bedeutungseinheiten*)	89
La signification nominale	95
La signification verbale	105
La linguistique intentionnelle d'Ingarden	115
La couche des objets figurés (*die Schicht der dargestellten Gegenständlichkeiten*)	127
L'espace littéraire	133
La couche des aspects schématisés (*die Schicht der schematisierten Ansichten*)	139

TROISIÈME PARTIE

CONCLUSION

L'analyse littéraire	163
Le Journal d'un curé de campagne	167
Journal du voleur	175
Sources bibliographiques	185

PHILOSOPHIE ET LANGAGE
Collection publiée sous la direction de Sylvain AUROUX, Claudine NORMAND, Irène ROSIER

Ouvrages déjà parus dans la même collection :

ADAM : Eléments de linguistique textuelle.
ANDLER *et al.* : Philosophie et cognition - Colloque de Cerisy.
ANSCOMBRE / DUCROT : L'argumentation dans la langue.
AUROUX : Histoire des idées linguistiques - Tome 1.
AUROUX : Histoire des idées linguistiques - Tome 2.
AUROUX : La révolution technologique de la grammatisation.
BESSIERE : Dire le littéraire.
BORILLO : Information pour les sciences de l'homme.
CASEBEER : Hermann Hesse.
CAUSSAT : La langue source de la Nation.
CHIROLLET : Esthétique et technoscience.
COMETTI : Musil.
COUTURE : Ethique et rationalité.
DECROSSE : L'esprit de société.
DOMINICY : La naissance de la grammaire moderne.
DUFAYS : Stéréotype et lecture - Essai sur la réception littéraire.
EVERAERT-DESMEDT : Le Processus interprétatif - Introduction à la sémiotique de Ch. S. Peirce.
FORMIGARI : La sémiotique empirique face au kantisme.
GELVEN : Etre et temps de Heidegger.
GUILHAUMOU-MALDIDIER-ROBIN : Discours et archive. Expérimentation en analyse du discours.
HAARSCHER : La raison du plus fort.
HEYNDELS : La pensée fragmentée.
HINTIKKA : Investigations sur Wittgenstein.
ISER : L'acte de lecture.
JACOB : Anthropologie du langage.
KIBEDI-VARGA : Discours, récit, image.
KOCAY : Forme et référence - Le langage de Roman Ingarden.
KREMER-MARIETTI : Les racines philosophiques de la science moderne.
LAMIZET : Les lieux de la communication.
LARUELLE : Philosophie et non-philosophie.
LATRAVERSE : La pragmatique.
LAUDAN : Dynamique de la science.
LAURIER : Introduction à la philosophie du langage.
LEMPEREUR : L'argumentation - Colloque de Cerisy
MAINGUENEAU : Genèse du discours.
MARTIN : Langage et croyance.
MEYER : De la problématologie.
MOUREY : Borges, vérité et univers fictionnels.
NEUBERG : Théorie de l'action.
PARRET : Les passions.
PARRET : La communauté en paroles.
POUIVET : Esthétique et logique.
SCHLIEBEN-LANGE : Idéologie, révolution & uniformité de la langue.
SHERIDAN : Discours, sexualité et pouvoir (Michel Foucault).
STUART MILL : Système de logique.
TRABANT : Humboldt ou le sens du langage.
TROUBETZKOY : L'Europe et l'humanité.
VANDERVEKEN : Les actes de discours.
VECK : Francis Ponge ou le refus de l'absolu littéraire.
VERNANT : Introduction à la philosophie de la logique.